女孩 养气质
男孩 养志气

陈靖昕◎著

台海出版社

图书在版编目(CIP)数据

女孩养气质,男孩养志气 / 陈靖昕著.--北京:台海
出版社,2015.8

ISBN 978-7-5168-0690-6

Ⅰ.①女… Ⅱ.①陈… Ⅲ.①家庭教育 Ⅳ.①G78

中国版本图书馆 CIP 数据核字(2015)第 200061号

女孩养气质,男孩养志气

著　　者:陈靖昕

责任编辑:姚红梅

装帧设计:天下书装　　　　版式设计:通联图文
责任校对:钱娇娇　　　　　责任印制:蔡　旭

出版发行:台海出版社
地　　址:北京市朝阳区劲松南路1号　邮政编码:100021
电　　话:010-64041652(发行,邮购)
传　　真:010-84045799(总编室)
网　　址:www.taimeng.org.cn/thcbs/default.htm
E-mail:thcbs@126.com

经　　销:全国各地新华书店
印　　刷:北京柯蓝博泰印务有限公司
本书如有破损、缺页、装订错误,请与本社联系调换

开　　本:710mm×1000 mm　　　1/16
字　　数:239千字　　　　　　印　张:17.5
版　　次:2015年10月第1版　　印　次:2015年10月第1次印刷
书　　号:ISBN 978-7-5168-0690-6

定　　价:35.00元

前 言／PREFACE

①

　　男孩是未来的男人,女孩是未来的女人,他们各占未来世界的半边天,他们各担社会赋予的不同责任。男孩将来能否成就一番壮丽事业,女孩将来能否集万千宠爱于一身,都取决于小时候父母对他们进行多少的"投入"。

　　专家指出,男孩女孩虽然都是父母的宝贝,但在语言与行为上毕竟存在着不同,这些差异主要体现在后天的学习、生活等各个方面上。女孩如果能接受良好的教育,就有机会成为鹤立鸡群、有修养有气质的女人;而对男孩子来讲,适当的挫折教育也许比完全的表扬教育更有力度,"磨砺将成为男人一生的财富"。这不是有意的性别区分,也非恶意的性别歧视与性别规定,这是因材施教的另一种体现方式。男女天生有别——这是应该正视的自然前提。

　　但是,很多家长往往用同一个标准去教育不同性别的孩子。甚至有些专业教育者,也不太清楚这个道理,对男学生和女学生采用同一套教育理论。可想而知,效果不会理想。

②

　　女孩相对男孩来说,比较脆弱,更容易受到伤害。因此,家长在教育女儿的过程中,要从女孩的特点出发,给予女儿完全符合她们生理特征的爱和教育。

　　比如,在女孩气质的培养上,要注重培养她的内在美,而不是一味地强调外貌。爱美是女孩的天性,女孩再漂亮,如果缺少优秀的个性和气质,那么她就如一朵枯萎的玫瑰,空留色彩,却没有一丝香气;相反,相貌一般的女孩,如果被赋予优秀的个性和气质,那么她就会风韵动人、魅力十足。女性的个性和气质的形成虽有先天因素的影响,但更需后天的全力培养。因此,家长从女孩小的时候就要正确引导她的成长,培养她的迷人气质和个性。

家长只有根据女孩的特点,用独特的方式进行培养,才能把她培养成为一个有智慧、有气质、有个性、温柔贤淑、会说话会办事、敢于竞争和善于竞争的现代淑女。既然上天赐给我们女孩,我们就要满怀欣喜地接受这个"用糖、香料和所有美好的东西做成的小生灵"。对待女孩,因材施教,使其具有生存和竞争的优势,才是事半功倍的教育方略。

本书上篇就女儿的心灵成长需要、如何与女儿沟通、如何培养女儿的气质、如何培养女儿的良好品德和习惯,以及开发智力、提高学习能力、社交能力等方面,提出了一套完整可行的培养女孩方法。

③

古希腊伟大的哲学家柏拉图曾说:"男孩是最难控制对付的。"这话虽然有点夸张,但也说明想教养好男孩并不是一件容易的事。男孩好动、好玩、喜欢冒险、不喜欢顺从……由此可见,教养男孩是令很多父母头疼的事情。

相对而言,男孩将来承担的压力和责任要比女孩大得多。对于男孩,父母应培养其艰苦朴素、吃苦耐劳的作风以及仁义孝道的思想。除此之外,还要培养其自立能力以及坚强、乐观的性格。这样,男孩才能适应将来的竞争,开创出一片属于自己的天地。

在教养男孩的过程中,父母应该以细心引导和真诚理解的方式,把男孩身上的男子汉潜质激发出来,把未来交到他们的手里。只有让男孩学会做人、学会学习、学会生活,才能把他培养成真正的男子汉。

有句话说得好:每个问题孩子的背后,都是教育方法有问题的父母。的确,父母的一言一行、一举一动无不影响着孩子,甚至影响着孩子一生。所以,想要培养最优秀的男孩,父母也要优秀起来。只有优秀的父母,采用科学、合理的教子方法,才能培养出优秀的男孩。

父母作为男孩的第一任老师,应及时纠正孩子身上的不良习气,帮助他养成优秀的品质。当然,这也要注意方式和方法。男孩在成长过程中,需要父母给予提醒和劝诫,但更需要的是来自父母的肯定与赞美,而不是批评与打骂。

父母都是爱孩子的,但父母不可能永远将孩子庇护在温暖的环境中。男孩未来的路是要靠他自己去走的,培养一个自信、自立、自强的男子汉,才是父母对男孩最大的关爱。

本书下篇分别从品德、学习、财商、智商、领导能力、交际能力、自立自强等十个方面,为父母设置了一套立体式的教育方案,帮助父母培养出最优秀的男孩。

④

女孩要养气质。一个女孩,只有懂得幸福生活的真谛并满怀信心地拥有它,不断提高学识和修养,她才能成为真正的"大家闺秀"。其实,"养气质"的实质就是对女孩品行气质进行发掘、培养、完善的过程。

男孩要养志气。一个男孩,只有勇于面对生活中的磨难并毫不畏惧地克服它,不断迎接下一个挑战,他才能成为最后的赢家。当然,"养志气"的实质就是对男孩意志品质进行磨砺、锻炼、培养的过程。

心理学家威廉·詹姆士说过:"播下一个行动,收获一种习惯;播下一种习惯,收获一种性格;播下一种性格,收获一种命运。"那么,培养一个什么样的孩子,就将收获一个什么样的人生。

目 录／CONTENTS

上篇：女孩养气质

下篇:男孩养志气

上篇

女孩养气质

第一章

内外兼修,培养女孩淑女气质

1.举止优雅,淑女从小做起

　　哲学家培根有句名言:"相貌的美高于色泽的美,而秀雅合适的动作的美又高于相貌的美,这是美的精华。"对女性来说,美丽的容貌固然能够为其加分不少,但是高雅的气质,则更能凸显女性的美。优雅得体的举止,是女性气质的一种表现形式,也是女性的魅力筹码。无论是一举步、一抬头、一低眉、一蹙首,都能在无声无息中展现出一个女性的个人气质和内涵,是女性在平凡之中的个人魅力展现。一个拥有优雅举止的女性往往有着美好的气质和丰富的内涵。

　　女性优雅的举止也是人际交往中最美丽的名片,塞缪尔·斯迈尔斯说:"友善的言行、得体的举止、优雅的风度,这些都是走进他人心灵的通行证。"一个拥有优雅举止的女人,往往更容易在社交中受到注视和欢迎。

女性能够拥有优雅的举止大多源自其幼年时父母的纠正和引导。女孩只有从小养成举止优雅的好习惯,才能最终成为一位气质出众、举止得体的女子。所以,父母要从女儿小时候就注重她的举止,使女孩形成良好的举止习惯。

那么,身为父母,我们应如何约束自己女儿不当的言行,一点一滴地培养起女孩优雅得体的举止呢?

(1)父母要注意自己的言行举止,为女儿做好榜样

父母在生活中,也要时刻注意自己的言行。父母怎样穿着打扮、怎样同其他人谈话、如何议论别人、怎样对待朋友等,所有这些都是女儿模仿的对象。尤其母亲的行为举止,更是女儿成长中的典范。父母一定要及早规避自己行为举止上的错误,同时还要及早为女儿的行为举止做出规范,让女儿自己意识到美的行为对自身的重要性。

(2)让女孩注意站立的姿势

站一定要挺,抬头挺胸收腹,这是最起码的站姿。不管在哪里、哪种场合,只要是站就要保持这种形态,长久下来就会形成一种习惯。而且,这对于成长中的女孩子的身体塑形也很重要。告诉你的女儿,站立时身体要直立、挺胸收腹、脚尖稍向外呈V字型,切不可无精打采、缩脖、耸肩、塌腰。在正式场中,更不能双手叉腰或将双臂环抱于胸前。

(3)让女孩做到坐姿优雅

在女孩坐着时,父母要让她做到身要正,双腿并拢向左或向右侧放,最好不要翘二郎腿。当然,坐姿要求端正挺直而不死板僵硬,不能半躺半坐,双手要自然放在膝上或扶手上,两腿间距与肩同宽,两腿自然下垂即可,切忌两腿分开。

(4)女孩走路时,要端正优雅

让你的女儿明白,挺胸收腹是最基本的姿势,但同时也要走得自然、目不斜视,不要急步流星,也不要像生怕踩了路上的蚂蚁似的畏首畏尾,

要不快不慢、稳稳当当。

(5)让女孩注意出入次序

父母要教会女儿尊敬长者。让你的女儿明白,请长者先出门、为他们提供茶点、保证他们座位舒适、留意是否有危险的楼梯等,这些都是尊重老人的标志。

(6)教女孩学会餐桌礼仪

让女孩保持坐姿良好,正确使用餐具。请别人先取用食物,如需取食搁放较远的食物,要注意礼貌。自己喜欢的食物不要多取。无论在什么地方,用餐之后记得道谢。

让女孩的行为举止更文明优雅,并不是要将女孩子培养成柔弱的"寄生虫",也不是压迫女孩的个性发展。她可以爽朗率性如"凤辣子",却不能举止粗野如"拼命三郎"。之所以要塑造女孩子的文明举止,并不是期望女孩在性格上有所转变,也不是企图让所有的女孩都文静,而是要求女孩注意自己的形象,不要忸怩羞怯,不要行为放浪,更不要看不起别人,也不要看不起自己。一个女孩子只要能够表现得自然从容,没有不雅的动作,就会受到别人的欢迎和尊重。

2.做有礼貌的"小公主"

我国著名儿童文学家冰心一直崇尚"爱的哲学",对于怎么培养女孩的淑女气质,冰心也给出了自己的建议:让女孩从小注意个人礼仪,包括仪容仪表、仪态举止、谈吐、着装等几个方面,要帮助女孩掌握必要的文明礼貌常识,要帮助女孩建立自尊和尊重他人的意识。

讲文明、懂礼貌是为人处世的起点。中国大教育家孔子曾经说过:"不学礼,无以立。"英国著名教育家斯宾塞也曾经说过:"礼仪修养是一个人全部品德的基础。"由此可见,无论是在东方还是在西方,都把文明礼貌看得非常重要。

在一个会议室中,耶鲁大学的一批应届生正在等待华盛顿国家实验室主任胡里奥,他们将要去参观这所实验室。

不一会儿,秘书来了,挨个给大家倒水。学生们木然地看着秘书,一个学生问:"有没有黑咖啡?天真热!"秘书表示歉意,说刚刚用完了。秘书继续倒水,走到一个叫比尔的学生旁。比尔微笑着对秘书说:"谢谢你!天这么热,辛苦你了!"秘书看了他一眼,顿时感到一阵温暖。

胡里奥主任走进来,他跟同学们打着招呼,但是却没有人回应。比尔看看左右,便带头鼓起掌来,大家也都跟着拍手了。胡里奥看学生们没带笔记本,便亲自给每个人发放纪念手册。大家都很随意地接过胡里奥主任双手递来的手册,这让胡里奥的脸色十分难看。没想到,在轮到比尔时,比尔竟站起身。他身体微倾,双手接过手册,并恭敬地表示感谢。胡里奥看在眼里,询问了比尔的姓名。

两个月后,比尔的去向表上赫然写着国家实验室。几个学生不服气,去找导师理论,导师笑着对他们说:"人家国家实验室点名要比尔。其实,比尔的成绩是没你们好,但除了学习,礼貌也是重要的一门功课啊!"

一个人懂礼貌,不仅代表着她本人的素质,也体现着从小受到的家庭教育。在生活中,那些讲文明、懂礼貌的人往往更容易受到大家的欢迎和尊敬,也更容易建立较好的人际关系;而那些不讲文明、不懂礼貌的人,则不会有较好的人缘,有时甚至会被大家嫌弃和讨厌。

有一个姑娘去外地办事，在途中迷了路，正不知如何是好的时候，看见前面走来一位老大爷。姑娘由于心情焦急，脱口喊到："喂，往王村还有多远？"老大爷一看这个打扮漂亮的姑娘说话一点礼貌都没有，也就没好气地回答说："还有五拐杖！"姑娘心想，人家都急死了，你还有心思开别人的玩笑，就说："哎呀，路是论里的，怎么论拐杖呢？""'论里'？论理你该叫我声'大爷'！"姑娘这时才意识到自己由于心急而忘了礼貌，赶紧给老大爷赔不是，并正确称呼了老大爷。这位老大爷也就很详细地给姑娘指了去王村的路，姑娘连声谢谢，最终到达了目的地。

礼貌是修养的外衣，一个有教养的人身上必定有良好的文明礼仪；相反，一个缺乏教养的人在众人眼中，即使勇敢也会成为粗暴，即使有渊博的学识也显得迂腐和卖弄，机智也会变为诋毁，纯真也会成为粗鲁无知。礼貌待人既体现出对他人的尊重，也反映了人与人之间平等与友好的关系。一个懂文明礼貌的孩子，将来必定有卓越的成就。所以，父母要赶快行动起来，抓紧时间把女儿培养成有教养、有礼貌的"小公主"。

首先，让孩子了解、掌握礼貌用语。让女儿掌握基本的礼貌用语，比如"请、您好、谢谢、对不起、不客气"。虽然只有简短的几个字，但是却表达了对他人的尊重、关心、热情、谦让。父母一定要训练自己的孩子经常主动地使用，让这些礼貌用语成为她的语言习惯，要使孩子无时无刻都懂得把礼貌用语挂在嘴边。在教育儿童礼貌用语时，父母应该遵循简单实用、上口的原则。

欢欢是一个活泼的小女孩，让爸爸比较头疼的一点就是不懂礼貌。有一天，欢欢肚子饿了，冲爸爸大喊："我饿了，给我弄点吃的。"爸爸听到了，却没理她。欢欢叫了几声，见爸爸不理，就跑到爸爸身边说："爸爸你没听到我说饿了吗？"爸爸说："我听到了，可是我不知道你在和谁说话啊，你又没叫'爸爸'。"欢欢笑着说："爸爸，我饿了，给我弄点吃的。""说得还不对。""怎么又不对了？""你要说'爸爸，我饿了，请您帮我弄点吃的，好吗？'"欢欢重复了一遍这句话后，爸爸才去给她做吃的。欢欢吃完，转身要去玩时，却被爸爸一把拉住："还没完呢！"欢欢瞪着大眼睛说："完了，吃完了！"爸爸说："你还没说'谢谢'呢，别人帮你做了事，你就得和别人说谢谢，这是礼貌，以后要记住了。"欢欢会心地点点头，说了句："嗯，知道了，爸爸，谢谢您！"这位爸爸就是这么一点一点地培养女儿学会使用文明语言的。

其次，让孩子懂得礼貌行为。一些人很少说话，但通过他的举止可以知道他的修养魅力。一个人不仅要有良好的品质，还要有良好的举止。在女孩的成长过程中，家长对于她们在举止上表现出来的种种弊端要随时注意和矫正。例如，一些孩子乱吐口水、当众挖鼻孔、走路左摇右晃、横冲直撞、乱涂乱画等等，这些行为，一开始只是孩子偶然做出来的。而如果父母忽视，这些偶然的行为就会慢慢变成坏习惯，而且难以克服。为了让孩子有个良好的形象，就必须让孩子学会从小事做起。

最后，父母必须教孩子养成礼貌行为。孩子虽然不是成人，但在与他人交往中，要有尊重他人的友善态度。一个没礼貌的孩子，是不受欢迎、不讨人喜欢的，相当于关闭了与他人进一步交往与合作的大门。尤其是在与人初次见面的时候，礼貌待人更加重要。父母要教会孩子一些礼貌常识。比如，去别人家做客，不能随便要这要那，不能乱翻人家东西；有客人来时，要请客人坐，给客人端茶；与他人交流时，不能骂人，讲脏话，等等。父母通过这些礼貌常识让女孩的言行举止文明，来培养她们的规范意识，使她们进入社会后遵规守纪。

3.端庄大方,培养健康的审美观

心理学研究表明,女孩在两三岁时就会产生审美需求,并且迎来自己的审美敏感期。例如,在三四岁的时候,她们会穿妈妈的鞋子、用妈妈的口红。等到年纪再大一点儿,她们爱美的心变得更加强烈。有的女孩宁可挨冻,也要在冬天穿裙子。另外,由于年纪小,女孩还容易受电视媒体的影响,在穿衣打扮上尽量把自己打扮得妖艳、性感。以上这些都是妈妈们不愿意见到的,当女儿出现这些情况时,她们会严厉斥责女儿,但是这样真的能够起到很好的教育作用吗?

宣萱今年14岁,正是爱美的年纪,但是她从来不穿裙子,即使妈妈给她买来,她也拒绝穿。其实,出现这样的情况,和妈妈的责骂有很大关系。在宣萱6岁的时候,她非常喜欢穿裙子,即使到了冬天,也不肯脱下来。为此,妈妈给女儿讲道理,但是宣萱死活不听,后来妈妈发了火:"你这丫头这么小就这样臭美,长大了一定会长成狐狸精,只有狐狸精才喜欢穿裙子。"妈妈说这句话本来只是想吓吓她,但是却给宣萱留下这样一个印象:喜欢穿裙子会成为坏女人。从那以后,宣萱每次穿裙子的时候都有一种罪恶感,到后来干脆再也不穿了。

爱美是女孩的天性,如果妈妈在她们刚刚产生审美需求时粗暴地干涉、阻止、限制她们,就会让她们的审美观停滞不前。久而久之,她们很难成为审美能力极高的女孩。但是女孩又极容易受电视媒体、同学朋友的影响,要是妈妈不闻不问,她们的审美观也很可能会被扭曲,形成一种错误的审美观念。所以,穿衣打扮这件事看似不大,却会直接影响到女儿的审美观念,妈妈一定要认真对待。

有一天早晨,妈妈到女儿的房门外喊女儿吃饭。女儿对门外的妈妈说:"妈妈,再等会儿,你可能有惊喜哦。"

几分钟后,妈妈再次来到女儿的房前说:"干什么呢? 早餐都凉了。"

门猛地被拉开了,站在面前的人差点儿让妈妈晕过去。女儿的两个脸蛋涂得血红,头发弄成鸡窝状,眉毛画得又粗又黑。妈妈不禁皱起了眉头:"我的天啊,我当遇到了怪物呢! 你这是干什么? 你才多大啊,就弄得跟个妖精一样!"

女儿听了差点儿哭出来,迅速跑到卫生间把脸上的东西全洗掉了。

不久以后,女儿的班主任打电话给妈妈说:"我们班里要表演节目,可是你的女儿死活不肯化妆,说化了就是妖精。"妈妈这才意识到自己的错误。

女人天生就代表着浪漫的梦幻和一切美好的事物。每个女孩心中都有一个关于美丽的梦,梦到自己某天醒来变得漂亮可爱,所有的人都夸奖她,称赞她是个美丽的公主。作为父母,应该维护女儿这种对美的渴望和向往,让女儿保持这种浪漫的情怀,从而实现自己成为美丽女人的梦想。

所以,不论女儿对美的追求和认识多么偏怪,家长都不可采取强硬的措施去封闭孩子的想法,而是要拿出客观态度,以正确的教育方式引导她、尊重她、理解她,使女儿成为一个乖巧可人、美丽灵动的小姑娘。

一个女性的气质如何,大多体现在她的审美观上。气质好的女性,必定有着很好的审美观。想要女儿成长为一位气质出众的女子,父母就要注意从小就培养她较高层次的审美观。那么,作为父母,应该如何培养女儿正确的审美观呢? 在家庭教育中,父母可以从以下方面入手。

（1）引导孩子进入正确的审美世界

在女孩幼年，审美观经常受到外界的影响，加之女孩爱美的天性，不少女孩都曾有过穿着妈妈的花裙子、踩着妈妈的高跟鞋在镜子前"臭美"的经历。甚至还有一些女孩会拿着妈妈的大耳环、化妆品自我打造一番，然后陶醉于自己的美丽中。久而久之，女孩子开始更多地注重自己的裙子是不是最漂亮，自己的穿着打扮有没有受到别人的羡慕、得到老师的夸奖。红指甲、粉裙子、项链、花衣服……对美丽过于盲从的追求，也让很多女孩更容易形成错误的审美观。但是对于年龄尚小的女孩来说，产生不正确的审美观很正常。她们认为只要衣服的颜色艳丽、配有首饰，她们就会很漂亮。对于女孩这些错误的审美观，父母不能用强硬的方式干涉和禁止，而是要运用正确的方法，适当地引导孩子，使她们认识到美的意义。

姚女士和丈夫都是在工厂上班的普通工人，他们有一个可爱的女儿名叫阿珂。因为家境不很富裕，加上工作比较忙，姚女士很少注意培养女儿对美的需求。然而有一段时间，女儿阿珂从幼儿园回来后，总是向姚女士诉说自己的"小心事"。比如，哪个小伙伴戴了项链、谁穿了新裙子、哪个人又买了新皮鞋等。在阿珂心中，戴着项链、戒指，穿着花裙子、戴着大头花的女孩子才是最漂亮的。每当说起这些女孩来，阿珂就表现出一副羡慕的样子。对于自己以前的衣服，阿珂也开始表现出厌烦的情绪，常常嫌自己的衣服难看。看到女儿这个样子，姚女士开始意识到，女儿开始知道美了。但是姚女士也发现，女儿对美的认识出现了偏差。

虽然家里经济条件不宽裕，但是为了不影响女儿的自尊心和自信心，姚女士到毛衣厂买来了各种颜色的毛线头，并根据女儿的特点和气质，为女儿织了十多件颜色跳跃、款式新颖的衣服。

在此基础上，姚女士还对阿珂进行了整体打造，使阿珂变成了一个可爱的小精灵。虽然累,但姚女士觉得是值得的。后来,姚女士的女儿从幼儿园回来后,总是一脸的兴高采烈。因为阿珂的很多小伙伴看到她的衣服,都表现得十分羡慕,还有不少家长想要借阿珂的衣服做样子。随着自己越来越受欢迎,阿珂再也不去羡慕别人的衣服了,反而时常还会像个小评论家似的,和姚女士讨论小伙伴的穿着。看着女儿快乐的样子,姚女士感到很欣慰。

女孩的审美观,常常受到自我天性和周围环境的影响,有像阿珂一样心理的小女孩在生活中并不少见。这时,作为父母,就要做到正确的引导,让女儿逐渐懂得怎样打扮才是真正的美。

(2)让女儿参与到装扮的乐趣中

一个拥有自我个性装扮的女性,才能表现出独属自己的美丽。在现实生活中,不少女性都习惯于随波逐流,追求所谓的流行,结果往往失去了自己的特点。对于小女孩来说,这样的现象就更为常见。小伙伴之间最受欢迎的衣着方式、衣服款型,往往成为小女孩追捧的对象。不少父母只是一味地满足孩子爱美的心理,却忽略了培养女儿对美的独特观点,使孩子成了"跟风族",并且失去了自己的特点。长此以往,孩子不仅无法突出自己本身的特点,而且也不容易建立真正属于自己的审美观。

所以作为女孩的父母,就要时刻向女儿传达美的概念,让她知道美不仅需要单纯的漂亮衣服,更需要她拥有自己的个性。在现实生活中,父母不妨让女儿自己开动脑筋,参与设计,建立自我独立的审美观念。

陈女士是一个特别有心的人。有一天,她10岁的女儿巧巧忽然跑到她面前,要陈女士给她买一件衣服。然而陈女士发现,女儿所说的衣服几乎每一个小女孩都有,原来女儿是在"追流行"。后来,陈女士就对女儿说:"巧巧,你愿意设计一件属于自己的衣服吗?你来设计,然后妈妈帮你一起做,你看好吗?妈妈相信你会设计出比任何小朋友穿得都要漂亮的衣服。"

听到妈妈的鼓励,巧巧一下子来了精神,在自己的小屋里关了两个晚上后,终于向妈妈拿出了自己的小设计。根据巧巧的设计,陈女士购买了布料、扣子和相关的一些材料。从画图、裁剪到缝制,陈女士都和女儿一起动手。用了整整三天,巧巧穿上了自己设计并参与制作的裙子。没想到,女儿的新裙子受到了很多同学的喜爱,并且不少女孩开始询问巧巧的裙子是哪里买的。经历了这场设计之后,巧巧开始有了自己的梦想——成为一名真正的服装设计师。

孩子的审美能力如何,离不开父母的教育和引导。而培养女孩拥有自己独特的审美视角,更是父母的责任。不论孩子是否真的能够成为设计师,让孩子体会自己设计、制作的过程,是有助于孩子自信心和自我判断能力的提高,是有助于孩子审美能力的提升。因此,父母要特别注重对女儿个性审美观的培养。

(3)让女儿在穿衣打扮上充满自信

女儿放学回家很不高兴地对妈妈说:"妈妈,丽丽买了一条名牌的裙子,老是在我面前炫耀。我也要一条,我保证穿上比她好看。"

妈妈语重心长地对女儿说:"孩子,你学习好、性格开朗、自信乐观,并且身体健康。在妈妈的眼里,你穿什么样的衣服都好看。你已经赢了,为什么还要跟她比是不是名牌呢?再说,整个人是否美丽,衣服只是微不足道的一部分,最重要的是你有没有好的性格、好的学识、好的谈吐、好的气质。如果这些都有了,所有的人都不会在乎你穿的是不是名牌。你说,大家是喜欢名牌衣服呢,还是喜欢一个人好的性格、好的学识、好的谈吐、好的气质呢?"

"当然是喜欢一个人好的性格、好的学识、好的谈吐、好的气质了。"

妈妈微笑着点了点头,说:"这下我的女儿说对了。看你身上的这件裙子吧,虽然不是名牌,但是穿在你身上多合适啊。来,再笑得甜美一些,对,像不像可爱的公主?"

女儿在镜子前转了一圈后,心满意足地出门了。

作为妈妈,我们应该告诉女儿,气质才是女孩最鲜亮的衣裳。这样,女儿会更注重自己的气质培养,而不再是只关心穿什么样的衣服、戴什么样的首饰、用什么样的化妆品。当她认为自己拥有了不俗气质的时候,在穿衣打扮上也会有自己的想法,进而也能形成健康的审美观。

4.做知性女孩,提升个人品位

知性美是一种聪明的、智慧的美。感性、知性与理性,这中间是有很大区别的。感性偏向热情,理性偏向冷静,而知性应该是介于两者中间,它偏向智慧。

"知"就是有知识、有涵养,能够熟知自己、了解他人、理解父母、认识世界,不断提升自身价值,在人生的道路上进退有度;而"性"则是指女性的灵性、悟性、个性以及性感和性格。

余秋雨先生在鲁豫《心相约》里作的序,把陈鲁豫的知性特质描述得淋漓尽致:"摆在她面前的采访目标,拿出任何一个来都会让最有经验的男性记者忙乱一阵。而她,却一路悠然地面对难以形容的约旦河西岸、佩雷斯、拉马丹,勇敢激愤地与伊拉克海关吵架,眼泪汪汪地拥抱在战火中毁家的妇女,企图花钱靠近萨达姆,直到在伊朗一次次与宗教极端主义的行为辩论……她的这些言行,都是个人即兴,绝无事先准备的可能,却总是响亮强烈,如迅雷疾风,让全球华语观众精神一振。这样的历练,常人不可能拥有,只是其蕴含的质地品性,真的可以借鉴。"

知性美的人拥有比较丰厚的知识底蕴,对其思想、观念、性格、爱好等方面产生了深远的影响,因此而形成了某种具有文化气息的气质和风格,并在言行举止中表现出来,使接触到的人都能感受到其深厚的文化背景,从而令女孩透出源源不断的魅力。

著名主持人杨澜在《天下女人》中说,完美的女人有三条:第一,貌美。她在我的审美标准中是美的;第二,高贵感。不是指贵族气质,而是她有知识、有修养;第三,性感。不是指挠首弄姿,而是一种女性魅力,一种从内而外流露出来的气质。而吴小莉正具备这些特质,她成熟而从容、自然而美丽。吴小莉是从容的,从容到将人生的来龙去脉看得清澈见底;她是成熟的,成熟到一切好像都是瓜熟蒂落、水到渠成。吴小莉在荧屏前清纯、高雅、漂亮、笑容满面,在荧屏后面却拥有一股阳刚之气,她坚韧、耐苦、敬业。平淡如菊的笑容与闪着智慧光芒的眼神,令吴小莉成功地打动了千万观众。

知性女孩懂得如何审视时尚,在追求物质打扮的同时,能够用心灵洗涤媚俗的拜金。她们会将丰富的阅历留在脑海中,将岁月的痕迹遗忘在脑后。她们感性却不张狂,典雅却不孤傲,内敛却不失风趣,同时,她们也有自信的谈吐、大度的胸襟、睿智的头脑。

徐静蕾是公众认可的才女之一,无论是作为演员还是作为编剧、导演,她都能够出色地胜任,可谓是知性美的代表人物之一。但是,面对公众的认可,徐静蕾则谦虚地说:"如果大家认为我的审美能力和分寸感掌握得还不错的话,那么,这在很大程度上得益于父亲小时候对我的教育和培养。"

父亲徐子健在女儿徐静蕾的教育上花费了不少心血。为了能够使女儿得到最好的教育,徐子健特意到图书馆查阅了关于早期教育的书籍,希望借助这些书籍能够培养出一个有修养、有内涵的女孩。

熟悉徐静蕾的人都知道她的毛笔字写得非常好,这得益于她父亲的教导。在徐静蕾两三岁时,就开始练习识字、写字。像所有孩子刚开始学习写字一样,徐静蕾最早使用铅笔写字。后来,父亲发现她对毛笔情有独钟,于是就陪她每天练习写毛笔字。在父亲悉心的栽培下,再加上徐静蕾勤奋刻苦的练习,几年的时间,徐静蕾的书法就突飞猛进。

有一次,从事广告制作行业的父亲要请某名家为商厦题字,但是花费很大,而客户方则希望减少这项开支。对此,徐子健灵机一动,就将徐静蕾写的字送过去了。对方看了一下觉得很满意,并且夸奖道:"此字刚劲有力,没有三四十年的功底是练不出来的!"而当时徐静蕾只有13岁,此时父亲心中充满了自豪感。

读者如果有机会看到徐静蕾自导的《我和爸爸》《一个陌生女人的来信》,就能够明白她父亲的自豪感了,因为片头的字都是徐静蕾亲自书写的。此外,徐静蕾对绘画也特别感兴趣,这同样是受到了父亲极大的鼓励。只要北京有美术展览,父亲就会骑着自行车带她去看,父亲认为艺术能够陶冶人的情操。

看似文静的徐静蕾对新鲜事物充满好奇,有着强烈的求知欲望。对一些事情,她总是主动出击。一些独闯的经历使她从小就不怕生,即使见到陌生人也能谈吐自如。在没有经过专门训练和指导下,徐静蕾顺利考取了北京电影学院,并在影视界有了长足的发展,取得了不凡的成就。当然,这些成果都得益于她年少时的锻炼。

知性美是一种健康的审美观念,它能够从思想和心理两个方面来影响女孩,帮助女孩成长,让她们拥有优雅、独立、睿智的魅力,可以自在、从容地面对真实的生活。因此,家长一定要注重对女孩知性美的培养。

(1)要善于挖掘女孩的潜力

在女孩小的时候,虽有强大的潜力,但她尚不成熟,难以疏导。于是,问题控制了她,而她却不能控制它们。故此,在很多时候,父母们把这些潜在的天赋当作了一种教育的苦恼,忽视了发挥孩子内在的聪明才智。

医学证明,有时候,女孩的缺陷甚至也可能是一种潜在的天赋。比如,一个对什么事情都发牢骚、抱怨的女孩,可能将来会成为眼科大夫,她具有敏感和精细的品质;喜欢组织一群朋友活动、表现出专横的女孩,可能成为公司的行政人员,她会通过把任务和权力委托给员工的方法来建立威信;在每一件小事情上都喜欢与人争论的女孩,可能会成为律师,她会替那些不懂得为自己争辩的人辩护。

也就是说,任何女孩,都是一个潜在的知性美女,都有着固有的内涵。作为父母,要善于挖掘孩子的潜力,顺应孩子的天赋,而不是强迫她按照自己规定的方向去发展。

培养知性美就是要挖掘女孩的潜力,让父母顺从于女孩的天性。在内外因素的综合作用下,女孩就有机会成为知性的“小公主”,而不是刁蛮、任性的“野蛮公主”。

(2)教育要顺其自然,因势利导

“顺其自然,因势利导”是一个早已得到众多家长认可的教育方法。为了让女孩更有质感,我们首先要做的就是发现孩子的独特天赋。比如,我们寻找女孩行为的后面隐藏的真实意图,给予成长的空间,提供充足的阳光,在需要时加以修剪。这样,一个女孩就会自然而然地向着她的生活目标成长。

家长需因势利导地让女儿爱上学习,并认识到自己的天赋,找到自己的人生目标。当然这要根据女孩的特性，比如，根据"擅长有时限的任务""对问题的把握很感性"等特征，来诱导孩子的学习兴趣，从而让孩子爱上学习。毕竟，不到二十五六岁，女孩是不会认识到自己的独特天赋、发现自己的真正目标的。

如果压抑她的天赋、遏制她的愿望，或是不让她表达心声，那么她很可能一生都找不到自己的目标。当我们的目的和女儿显现的天赋相冲突时，我们的做法就会阻碍她长大成为一个健康的、具有女性本质和内在才能的女人。我们只有顺其自然，她的真正的本性才会努力冲出来，并通过外在的行为来表现她的存在价值。如此，"知性"才不会虚浮。

5.最重要的品质是温柔

很多时候，我们都会用"温柔"来形容一个女孩。可以说，温柔是女孩独有的一种气质，是一种修养，更是一种智慧。温柔的女孩就像一杯清茶，给人一种温暖、淡雅的感觉，让人很舒服。

然而，有的女孩却丧失了温柔的天性。而女孩之所以会变得如此强势，与她从小接受的教育密切相关。

晓月是一个可爱的小女孩，妈妈对她百依百顺，满足她的所有要求。在妈妈的宠爱和娇惯下，晓月就像一个"刁蛮公主"，稍微有一点不如意的地方，就大哭大闹。每当这时，妈妈就会安慰她："都是妈妈不好，好了，不要哭了。"

而且，晓月很强势。周围的人必须听从她的安排，如果不听的话，她就会哭闹，直到达到自己的目的为止。结果，晓月变得更加蛮横无理，甚至养成了霸道的性格。

温柔，通常用来形容人的性情温顺体贴。那是一种能力，自私冷酷的人无论如何也学不会的；那是一种素质，它总是自然地流露，与人性同在，藏不住也装不出。温柔是一种感觉，所有美丽的言词也替代不了的感觉。温柔更是上天赋予女孩最美好的特质之一，缺失了这种特质，女孩就缺失了身为一名女性应有的美丽元素。温柔使女孩如水般从容谦和，是女孩征服世界、走向成功的最有力武器之一。虽说女人天生就应该是温柔的，但这也离不开后天的培养。

叶莺，柯达全球副总裁，一位美丽、性感、智慧的女性，世界500强中的首位华人女总裁。她之所以有如此之大的成功，依靠的不仅仅是聪明能干，更多的是因为她聪明地掌握了女性特有的温柔。在谈到自己如何屡次获得事业上的成功时，叶莺是这样说的："我的交际之所以成功，首先是女人的柔情，没有人用'柔情似水'这四个字来形容男人。女人是水做的，再硬的钻头也钻不透河床里的鹅卵石，可是水可以做到。所以'柔情似水'不是指徐志摩诗歌中写的那种温柔地一低头，像水莲花无限的娇羞，而是一种滴水穿石的力量。我每次做事前，不会只考虑到自己的利益而把别人当傻瓜，而是会将自己放在别人的位置上想问题。由于环境、文化、价值观、地域的不同，可能我做不到100%，但至少能做到50%。这总比做10%好，更比0%好。"

从叶莺身上，可以看到温柔女性的强大力量。温柔不仅让女性看起来更美丽，同时，也让女性更强大。

卢梭说过："女人最重要的品质是温柔。"马克思也认为："女人最重要的美德是温柔。"总之,温柔是女性美的最基本特征之一。在日常生活中,我们常常听到这样对女人的赞美:"这个不怎么漂亮的女人,却有一种说不出来的特别气质和魅力!"其实,大家看到的是女性身上的温柔之力。温柔的女性像绵绵细雨,润物于无声,总是给人以温馨柔美之感,令人心荡神驰、回味绵长,这就是温柔的魅力。无论在什么情况下,温柔的女人都显得极具人情味儿,能够化解别人的种种无奈和痛苦,使对方充满喧嚣的心灵变得宁静、自信,从而获得对方的好感。

温柔是一个女人最有吸引力的品质,是女人最重要的特质之一。朱德在《回忆我的母亲》里表述了母亲的温柔:"母亲在家庭里极能任劳任怨。她性格和蔼,没有打骂过我们,也没有同任何人吵过架,母亲那种宽厚仁慈的态度,至今还在我心中留有深刻的印象"。

可见,温柔对女人来说是多么重要的品质。它不仅对女人自身有益,还能影响下一代。因此,家长应该培养女孩温柔的特质。

小璐在广东省一所小学里读书,她是一位十分活泼、可爱的女孩。小璐虽然很活泼,但是缺乏温柔的品性,所以在平日参加学校活动时经常会和同伴发生一些小矛盾。同学对她的评价是:"小璐太凶了,我们不想跟她做好朋友。"为此,小璐也逐渐变得孤僻和不讲理。

小璐的老师也是一位孩子的母亲,她深知温柔的特质对一个女孩的重要性。因此,她决定帮助这个可爱而可怜的女孩恢复其温柔的特质。于是,她在班级中就小璐的性格专门展开了一番讨论,不仅帮助小璐,也教育其他小朋友学会温柔和谦逊。

首先她问小朋友:"凶巴巴的小璐是什么样子的?"大家立刻就说出或者模仿小璐平时凶巴巴的样子。老师接着问:"你们喜欢凶巴巴的小璐吗?为什么?"大家边摇头边说:"我们不喜欢凶巴巴的小璐,不想和凶巴巴的小璐做朋友。"

　　当然,老师知道这样的情形会打击小璐,但她更想告诉小璐温柔对女孩是多么重要, 缺失了温柔就会失去别人的友好。老师借机问小璐:"大家都不喜欢凶巴巴的小璐,你开心吗?为什么不开心呢?"小璐难过地低下了头。"那你想不想做个温柔的小璐呢?"老师趁机问道,小路点了点头。"那你告诉小朋友们,温柔的小璐是什么样子的?"小璐立刻轻轻地回话:"不抢别人的玩具,还有轻声和小朋友们说话。"

　　听到小璐的回答,老师很高兴。于是她问小朋友:"你们喜欢温柔的小璐,还是凶巴巴的小璐?"大家齐声回答:"温柔的小璐。"大家又补充了很多喜欢温柔的原因, 接着老师又问小朋友:"你们要做凶巴巴的孩子,还是温柔的孩子?"小璐和小朋友们都回答:"温柔的孩子。"

　　最后,老师又对小璐的转变给予了鼓励,让她感受到温柔对女孩是多么重要。她让小璐和每个孩子都轻轻地拥抱一下,孩子们都很开心,小璐的脸上也洋溢着幸福的表情。虽然小璐偶尔也会凶巴巴的,但是在老师和同学们的提醒下,她慢慢地转变过来,变成温柔可爱的女孩了。

　　(1)妈妈要以身作则

　　随着时代的进步,随着女性独立意识的增强,越来越多的女性走向社会,在职场中也出现了越来越多的女强人。与此同时,有的女性丢失了女人身上一种很珍贵的气质——温柔。

　　当然,作为新一代的女性,我们需要独立,需要在社会上发展属于自己的事业。但是,作为妻子,作为妈妈,我们需要保持温柔的天性,让家人感受到家庭的温暖。而且,在我们的影响下,女孩也会向我们学习,从而变成一个温柔的女性。

　　无论是从外表还是从内心,我们都要保持温柔。比如,言谈举止要柔和,多选择一些展现女性柔美特点的衣服来装扮自己。同时,我们也要时刻提醒自己:我要做一位好妈妈,把温柔的一面展现出来。

(2)培养女孩柔和的性格

我们要想让女孩真正变得温柔,就要培养她柔和的性格,让她无论从态度上还是行为上都展现出温柔的特性。当然,我们对女孩柔和性格的培养,并不需要刻意地训练,只需要在平日里多加引导和提醒。

比如,在女孩与他人相处的过程中,我们要教她保持微笑,态度要柔和,说话要保持平和的语气、平缓的语速、适中的音量,动作要大方不扭捏。慢慢地,女孩的性格自然就会变得柔和,气质也就会变得温柔。

(3)寻找女孩"强势"的源头

女孩天性温柔,之所以会变得强势,一定有一个模仿的源头。女孩的强势也许是从父母、同学等身边人那里学到的,也许是从电视节目中学到的。因此,我们要找到女孩变"强势"的源头,并尽量切断。

形形7岁了,妈妈最近总能看到她强势的一面。有时她会对小伙伴说:"我要用铁锅打你的脑袋,把你的脑袋打流血。"妈妈觉得很奇怪,形形的强势是从哪里学来的呢?后来,妈妈发现,形形喜欢看动画片《喜羊羊与灰太狼》,而红太狼就是一个比较强势的角色。从此之后,对于形形看什么电视节目,妈妈都非常谨慎,还常常提醒形形不要对小伙伴大喊大叫。

形形的妈妈很有教育敏感度,当她发现形形变得强势时,开始寻找源头,不仅从根源上杜绝形形变得强势,而且还注重引导形形如何做一个温柔的女孩,这种做法是值得我们借鉴的。

6.爱笑的女孩最美丽

有人说，真正能够征服一切的迷人微笑是达芬奇的作品《蒙娜丽莎》，那是朦胧的、神秘的、散发甜美和无穷想象力的微笑。这微笑最好地诠释了高贵、高雅，女人的雅致和品味。这个跨越时空的魅力微笑，不经意地展现出了惊人的艺术美和女性独有的吸引力。

微笑，是人世间最美丽的情感表达，是人世间最富瑰丽色彩的表情，它能透露出女孩的自信、快乐、品位与魅力。微笑，蕴藏着不可抗拒的心灵的感召力和感染力，它有着排山倒海般的情感和力量，它可以跨越陌生、融化冷漠、雕琢神奇。

在20年前的美国，曾经发生过一个真实的故事。

美国加州一位六岁的小女孩，在一次偶然的机会中，遇到一个陌生的路人，陌生人一下子给了她4万美元的现款。

一个女孩突然得到这么大金额的馈赠，消息一传出，整个加州都为之疯狂骚动起来。

记者纷纷找上门，访问这个小女孩："小妹妹，你在路上遇到的那位陌生人，你真不认识他么？他是你的一位远房亲戚吗？他为什么给你那么多钱？4万美元，那是一笔很大的数目啊！那位给你钱的先生，他是不是脑子有问题……"

小女孩露出甜美的微笑，回答说："不，我不认识他，他也不是我的什么远房亲戚，我想……他脑子应该也没有问题！为什么给我这么多钱，我也不知道啊……"尽管记者用尽一切方法追问，仍然无法探个究竟。

这位小女孩努力地想了又想，约摸过了十分钟，她若有所悟地告诉父亲："就在那一天，我刚好在外面玩，在路上碰到那个人，当时我对他笑了笑，就只是这样啊！"

父亲接着问："那么，对方有没有说什么话呢？"

小女孩想了想，答道："他好像说了句'你天使般的微笑，化解了我多年的苦闷！'爸爸，什么是苦闷啊？"

原来那个路人是一个富豪，一个不是很快乐的有钱人。他脸上的表情一直是非常冷酷而严肃的，整个小镇根本没有人敢对他笑。他偶然遇到的这个小女孩，对他露出了真诚的微笑。这使他心中不自觉地温暖了起来，让他尘封了不知多少年的心扉打开了。

于是，富豪决定给予小女孩4万美元，这是他对那时候他所拥有的那种感觉定出的价格。

古希腊哲学家苏格拉底曾说："除了阳光、空气、水分和微笑，我们还需要什么呢？"显然，在这位大师的眼里，微笑同生活中阳光、空气、水分一样重要。同样，微笑对孩子来说，也是十分重要的。从小善于微笑的孩子，长大以后，必然会用微笑的态度对待生活，成为在社会上备受欢迎的人。

盲人作家海伦·凯勒曾经说过："我不美丽，也不健康，但我可以给别人带来快乐，因为我在微笑。"由此可见微笑的重要性。微笑尽管只是一个简单动一动肌肉的动作，却是一种令人感觉愉快的面部表情，有很大的价值。

生活是一面镜子，你对着它笑，它也对着你笑。一个微笑面对生活的孩子，总是乐观自信、积极进取的。教育学家多罗茜·洛·诺尔特曾说："如果一个孩子生活在批评之中，他就学会了谴责；如果一个孩子生活在敌意之中，他就学会了争斗；如果一个孩子生活在鼓励之中，他就学会了自信……"由此可知，如果一个女孩生活在微笑之中，她自然也就学会了微笑。而当学会了微笑时，孩子也就懂得了生活的意义。

女孩微笑时，像涓涓的溪流从心底里流淌出来。当然，甜美和从容、教养与高贵,就在这个不经意抬起的嘴角,在柔柔的笑意里被完整地体现出来。那么,父母应该从哪几个方面教会女儿保持微笑呢?

(1)注意培养女孩乐观向上的心态

在任何困难的处境里都要有一个自信的态度,要自始至终地注意培养她良好的心态,教导她平和大度的处事方式。事实上,最有效的培养就是父母要给孩子作出榜样,特别是在孩子小的时候。大人如果总是冷冷的表情、总是抱怨和训斥,那么怎么可能在女孩的心中留下欢愉的印象呢?性格是随着心灵的成长而成熟的,父母是孩子心灵的老师和启蒙者。

美国性格研究中心曾做过这样一个实验:在2个患病的小黑猩猩养病的过程中,一个护理员会严肃地给它打针吃药,另一个则在治疗的同时总是派人陪着它,微笑地望着它的眼睛。结果,有护理员陪伴的小猩猩很快就出了院,而且活泼可爱健壮,而另一个却很久都没有康复。美国的专家认为:这个事例说明,欢愉的心态是一种精神向上的力量和鼓舞,因为在世界上所有的物种中,只有人类才有微笑的功能,而和人类基因最近的黑猩猩也最能体现这种情感的交流与沟通在没有语言的情况下的巨大作用。

所以,父母自始至终微笑着对待孩子,对孩子的心灵成长的作用是不可估量的。由此,美国心理学家说:"您不知道怎么样教导您的孩子吗?那就请您对她微笑吧。"是的,您要是想您的女儿,您亲爱的小公主健康、活泼、聪明,那么首先您就对她微笑吧!

(2)教女孩用微笑面对生活

微笑是对生活的一种态度,跟贫富、地位、处境没有必然的联系。一个富翁可能整天忧心忡忡,而一个穷人也可能心情舒畅;一位处境顺利的人可能会愁眉不展,一位身处逆境的人可能会面带微笑……

百货店里,有个穷苦的妇人带着一个约4岁的男孩在转悠。她们走到一架快速照相机旁,孩子拉着妈妈的手说:"妈妈,让我照一张相吧。"妈妈弯下腰,把孩子额前的头发拢在一边,很慈祥地说:"不要照了,你的衣服太旧了。"孩子沉默了片刻,抬起头来说:"可是,妈妈,我仍然会面带微笑的。"

相信每个读过这个故事的人,都会被小男孩所感动。生活需要微笑。我们不要抱怨生活中有太多的磨难,不必抱怨生命中有太多的挫折,教会孩子用微笑面对生活,用微笑寻找一个坚韧的支点。如此,我们的女孩也能像故事中的小男孩一样,在生活的照相机前,穿着旧的衣服,一无所有,坦然并从容地微笑。

(3)鼓励女孩时刻保持微笑

父母要时刻鼓励孩子微笑,不能在孩子学习成绩不理想、生活遇到问题的时候指责和训斥。因为,良好的心态是经过长期的磨炼而来的。特别是在待人接物、社交的场合中,家长更要时刻注意自己的仪态,同时也要时刻提醒孩子保持端庄淑雅的微笑。

一个日本女孩曾写到:在美国,我们和中国女孩子就是不一样,我们腼腆、胆小、举止呆板、生涩木讷;而中国女孩个个像个公主,像个主人的样子,不卑不亢、从容镇定,最可敬的是她们总是带着自信的微笑,这微笑足以征服每个人,征服傲慢、偏见和陌生。

微笑是一种品位,微笑是一种艺术,微笑是一种高贵的教养,微笑是一种迷人的态度。微笑不是谁都会做的,也不是与生俱来的。微笑的魅力永远只属于那些有美丽心灵、有教养、自信心强、从容面对人生的好女孩,属于那些健康迸发着蓬勃生机与活力的女孩。

第二章

自信乐观,培养女孩优雅气质

1.自信的女孩最迷人

人在自信的时候,面部表情往往是很动人的。眼神的执著和眉毛的力度,在这个时候最为明显。而且在你对一件事特别有信心的时候,周围的人能够感觉得到那种从内而外散发的魅力,像磁场,吸引大家不得不把关注的目光投向你。

有一句话说:"自信的女人才美丽。"对女人来说,缺少自信的心理是"扼杀"美丽的凶手。自信不足,就无法体现女性应有的魅力,更不会成就、主导自己的人生。拥有足够自信的女性,才能展现美丽,描绘自我人生的绚丽。而女性的自信从何而来?不仅仅来自于外貌以及外在物质的丰足,更来自于丰盈的内心世界,来自于那颗自信的心灵。

从小陈妍似乎就没有什么好朋友,因为她觉得自己长得丑,大家好像都看不起她。上学后,在来来往往的人群中,她总是一个人,就像孤单的丑小鸭。陈妍非常自卑,因为觉得自己的容貌非常不看好,所以她十分讨厌镜子,讨厌一切能映出她容貌的东西。

可是,有一天,陈妍坐公车去市里的图书馆查资料,就在车子快到图书馆时,她看到一个穿白色上衣的女孩走了上来,一看到她陈妍的心就禁不住痛苦地抽动了一下,因为那就像一张带着丑陋面具的脸——她的脸有被严重烧伤的痕迹。

陈妍赶紧低下了头,她甚至不敢看第二眼,但天生的好奇心让她再次抬起了脸,此刻,她被深深地震撼了。

那个女孩的脸上自始至终都挂着甜美的微笑,没有任何的自卑和忧愁。即使面对满车人,她也没有躲闪,而是大大方方地和她的母亲说着话,偶尔她还会娇羞地向母亲撒娇。陈妍的心突然充满了许久不曾有过的激动,一直以来她都选择低头逃避,恨不得整日把自己关在屋子里,从来不敢抬头挺胸地走路,她自卑、害怕、怯懦。陈妍以为只有那些长得好看的女孩,才能撒娇甜笑。她不由地对那个女孩心生敬佩。

那对母女下车后,陈妍冲动地做了一个决定,她也跟着下了车,并且有些莽撞地走到那对母女面前,有些怯弱地说:"我——我总是因为自己的容貌而自卑,可是看见你的笑容,我不知道能不能……"

那位母亲似乎一下明白了陈妍的意思,她微笑着对我说:"你长得很可爱、很清纯,难道你都没有照镜子发现自己的美吗?"听完这句话陈妍呆了,从来没人这样对她说过,就连她的父母都因为她的丑而苦恼。

那位母亲又接着说:"我的女儿也很美,她的脸上永远充满自信和阳光,她有什么可自卑的呢?你也一样,有什么可自卑的呢?"

是的,你有什么可自卑的。世界上有各种各样的女孩子,只要自信,你就是最美丽的。

教育专家做过这样一个实验,从一所学校里挑出一个别人认为智商平平、长相一般、不太招人喜欢的女孩,然后让她的同学们暂时改变以往对她的看法。

同学们无论是在学校还是在路上都假装打心眼里认定她是位漂亮、聪慧的姑娘。让人意外的是,这个小女孩真的变得自信从容、楚楚动人了,她的言行举止和以前相比简直判若两人。

她高兴地对身边的人说:"我获得了新生。"但是,她还是她,并没有变成另一个人,只不过她的身上展现了自信的魅力。每个人都蕴藏着美,但这种美只会在我们相信自己、接纳自己的时候才会表现出来。

每个家长都应当让女儿"骄傲"起来,这种"骄傲"并不是看不起其他人,而是让她有底气、更自信。自信才能无畏,自信的人才能够主宰自己的生活,同时有着发自内心的安全感。父母教育女孩要从小养成抬头挺胸的走路习惯,因为女孩的高贵与自信在很大程度上会通过她的形体来展现。

培养女孩的自信心比成绩更重要。女孩如果生活在鼓励中,就形成了自信;女孩如果生活在被信任中,就会有人生目标;女孩如果在生活中被认可,就会自觉、自律。

自信是人对自身力量的一种确信,深信自己一定能做成某件事,实现所追求的目标。自信是女孩取得成功的必要条件,是成功的源泉。当然,自信也是女孩幸福的源泉。无论女孩身处何种险境,自信的力量都能给她必胜的勇气,让她逐渐走出困境。

吴晶在15个月大的时候,因患视网膜细胞瘤而双目失明,从那以后,她一直生活在黑暗里。但她凭借超乎常人的毅力和自信,先后在全国和亚洲残疾人运动会上夺得了14块金牌。在2007年6月,她同时被美国斯坦福大学、哈佛大学、耶鲁大学三所名校录取。精通4国语言的她在瑞典读书时,被选为瑞典盲人协会董事。虽然别人说她眼睛看不见,成为别人的累赘,但她并没有自卑,她时刻提醒自己:"我眼睛看不见,但我有双手、有大脑、有耳朵,决不能成为别人的累赘,我要做一个有用的人。"

美丽是许多人都向往的,尤其是年少的小女孩,更希望自己有漂亮的外表。许多女孩常常为自己的长相而苦恼:长得胖、有青春痘……"伤神"的事情不少,归根结底就是怕自己不够美。为此,有的女孩开始学习使用化妆品,希望自己更漂亮。针对这些情况,父母应该告诉女孩:青春就是美的资本,自然就是最美的。如果一个人自认为是美的,她就真的会越来越美;同样,如果一个人觉得自己聪明,那么她就会成为一个聪明人。这就是自信使一个人发挥出的魅力。

父母要注意培养女孩的自信。一个自信的女孩,也是一个坚强的人、有责任感的人。自信的女孩,会不畏惧自己面临的困境,能够更恰当地发挥自己的潜在力量,让自己的人生目标更加充分地实现。当然,自信也是女孩走向成功的助推力。

(1)用赞美破除女儿的胆怯心理

美国著名心理学家莱特博士说:"父母对女儿及其能力的信任会逐渐给她们自立的信心,特别是女儿处在青春期的时候更是如此。"根据莱特博士的建议可知,无论在什么样的情况下,父母都要给予女儿合理的赞美和评价,让孩子从中受到支持与鼓励。女孩因为天性柔弱,很多时候会更加难以建立足够的自信,不能相信自己的能力,有时一些女孩还会产生胆怯的心理。所以对于女孩,父母就更要注重赞美的作用,多给予女儿赞赏,为女儿制造更多的自信心,孩子就能在这种充满鼓励和赞赏的环境下摆脱胆怯的心理,变得自信起来。

美国政坛的风云人物希拉里就是在一个充满赞美的环境下长大的。希拉里在回忆录《亲历历史》中曾描述了她儿时的生活:

在希拉里4岁时,她家搬往帕克里奇,那时希拉里总是跑回家向妈妈诉说有人欺负她。原来和她一起做游戏的一个小女孩苏西仗着自己有几个哥哥,就总是推撞希拉里,对她动粗。因此,希拉里常常躲着她。

听了女儿的诉说,希拉里的母亲便对她说:"你要学会勇敢,要有信心,不要怕她。"但是希拉里还是一次次地跑回来。于是母亲大声对她说:"回去,我们家容不下懦夫!"

小希拉里胆怯地说:"但是我担心她会对我不友好,也许她会打我。"

"不要怕孩子,你是最棒的姑娘!我的宝贝希拉里,我一直都会支持你,我相信你,你也要相信你自己,我会一直站在这里给你加油。"听到母亲的鼓励和赞扬,希拉里的心里一下子充满了力量和勇气,仰起头自信地朝着那些孩子们走去。令希拉里没想到的是,苏西不仅没有欺负她,反而和她成为了好朋友。过了很久之后,小希拉里才跑回来,高兴地对妈妈说:"太好了,女孩们都愿意和我做朋友了,而且苏西也是。"

就这样,希拉里在妈妈多种方式的鼓励与赞美下,逐渐地变得充满自信。希拉里的母亲对她说得最多的一句话就是:"别人是别人,你是你。你可以有自己的想法,我不管别人怎么做。我们和别人不一样,你也和别人不一样。你永远是妈妈眼里最棒的孩子,你的与众不同会让你取得非凡的成就。"

正是源于母亲足够的赞美与鼓励,希拉里最终成长为一名聪明、独立、充满自信的女性,并在政治领域获得了非凡的成绩。

每一个孩子都会有这样那样的缺点,然而对于孩子的缺点,父母不能用公开指责的方式去解决,而是要以赞美的方式帮助孩子去克服。只有在父母不断的赞美和肯定下,孩子才会产生更大的力量,凭自己的勇气和能力去解决一切问题。想要女儿能够变得自信,就要多给予她赞扬和肯定,鼓舞她的斗志,从而帮助她走出胆怯的阴影。

(2)为女儿的成功叫好

著名教育家苏霍姆林斯基曾经说:"成功的欢乐是一种巨大的情绪力量,它可以促进孩子好好学习的愿望。"不仅如此,成功能增加孩子的自信心,促使他去尝试更多,争取更多的成功。特别是女孩子,细腻的心灵更容易接受和聆听来自他人的赞赏和鼓励,只要你给她一个小小的肯定,她就会给你一个惊喜,父母的语言塑造着女孩的将来。对女儿的成功给予肯定,并为她叫好,就能增加她从成功中获得的快乐感,并让她产生更强的上进心,更加积极地去迎接新的挑战。

(3)及时鼓励女儿

曾经有人做过这样一个实验:

有两只小狗,让其中一只在冷落、责打的环境中长大,另一只则每天给予其足够的呵护和鼓励。一段时间后,让两只小狗同时面对一只狼,那只一直被人鼓励的小狗就高亢地大叫,表现得很勇敢,那只经常受冷落的小狗则表现得畏首畏尾,缩成一团,非常胆小。

同样,孩子的成长也是如此,父母的鼓励会给予孩子心灵上的安慰和肯定,对孩子的成长是一股不可小视的力量。因为天性使然,在生活中女孩常常会表现得比男孩脆弱,承载不了太多的负面语言。有些父母在女儿犯错时就会对其说教、责备,殊不知,这样会严重伤害女儿的自尊心,致使孩子形成自卑的心理。想要树立女儿的自信心,首先父母就要对她给予一定的肯定。即便是对于一些女儿没有处理得很好的事情,父母也要作出鼓励,让她增加自信心。

当发现女儿取得了一些小的进步时,父母都不要轻易放过,而要抓住这些时机,给予女儿肯定,并鼓励她:你可以做得更好。让这种鼓励成为一种关爱,只有在这种不断的鼓励下,女孩才会成长为一个勇敢自信的女子。

(4)让女儿喊出"我能行"

在孩子中曾经流传过这样一首歌:"如果前面有一座山峰,我们就勇敢去攀登;如果遇到一场暴风雨,我们就是翱翔的雄鹰。跌倒了,爬起来,说一声,我能行!"从这首歌中,每一个孩子都能寻找到一股动力,为什么?就是"我能行",虽然短短三个字,但是却能给予孩子很强的信心。因为不管孩子外表看起来多么骄傲,内心实际上都是脆弱的,常常会担心自己不够好,没有足够的能力。一句"我能行",就如同一股振奋孩子心灵的力量,使其产生巨大的动力。

因此,父母不仅要在孩子失落、不安时给予其足够的鼓励,告诉她:你能行,还要鼓励女儿喊出"我能行",让她相信自己,给自己增加破除困难、迎接挑战的力量。想让女儿真正地做到"我能行",不仅要让女儿大声地喊出来,更要让她从心理上变得自信,发自内心的相信自己的能力。因此,在平时父母要多鼓励孩子,为她增加士气,从而增加她的自信心。

所以,在家庭生活中,父母要多为女儿的成功叫好,哪怕只是小小的进步,也要给予女儿一定的赞赏和鼓励,增加孩子成就感和自豪感,让她能够产生更大的力量,进而不断取得新的进步。但是这并不是说父母只能一味地为女儿的成功叫好,还要在适当的时候,和女儿一起分析成功的原因。和她一起总结一下成功的经验,让女儿自己看到一个成功的结果需要付出什么,该用什么样的心态去面对,从而使她认识到成功的取得需要具备的因素有哪些,使女儿在感受成功喜悦的过程中,也学到取得成功的方法。

2.不做"复读机",要有自己的主见

每个人都有不同程度的依赖心理,只有学会独立解决问题,才能走向成熟。当然,女孩只有具备了这种能力才能成为生命的主宰者。

传统观念认为"女孩是需要保护的,更是娇嫩的象征"。因此,很多家长都不愿意让自己的"小公主"受一点苦,经受任何牵绊或者磨难。为此,家长总是替孩子做决定,帮助孩子解决各种困难和问题。殊不知,正是这种"爱"吞噬了女孩的独立、自信、潜力等,从而使女孩成为别人思想的跟随者。一旦遇到问题女孩只会向他人求助,丝毫没有自己的主见。

激烈的社会竞争中,女孩独立完成任务,甚至单枪匹马"应敌"。

她是英国第一位女首相,也是任职时间最长的一位女首相,更是一位高瞻远瞩的政治家和外交家。在她任职期间,政绩卓著,领导才能不仅征服了英国人民,更是征服了世界,她就是人称"铁娘子"的玛格丽特·撒切尔。

玛格丽特之所以能够成功,得益于父亲罗伯茨从小对她的教育。父亲是一个鞋匠的儿子,通过自己的努力,开了一家小杂货店以维持生计。

罗伯茨的爱好很广泛,尤其热衷于政治。受父亲的影响,玛格丽特从小就博览群书,对政治、历史、人物等书籍更是钟爱。所以,从小她就对政治有了深刻的了解。

在玛格丽特5岁生日那天,父亲语重心长地对她说:"宝贝,现在你要记住——凡事要有主见,用自己的想法和大脑来判断事物的是非,千万不要做毫无主见的跟随者,那种人云亦云的思维将会害了你!"

这就是父亲赠给玛格丽特的箴言,也是他送给女儿最珍贵的生日礼物。

为了把女儿培养成坚强、独立的孩子，父亲决定塑造女儿"严谨、准确、注重细节、对对与错严格区分"的独立人格。

在父亲这位"人生导师"的指引下，玛格丽特坚实、独立地成长着。

罗伯茨家的生活条件很艰苦，没有洗澡间、没有热水，甚至没有室内厕所，家中更没有像样、值钱的东西。

有一阵子玛格丽特迷上了电影和戏剧，几乎每周都去一趟电影院或戏院，每次都是尽兴而归。

有一天，她的零用钱不足以支付日常基本开销，于是，她胆怯地向父亲"借钱"，却遭到了父亲的断然拒绝。父亲并不是不爱她，而是有意识地为她营造一种独立、自强、拼搏向上的生活氛围。父亲要让她知道，只有经济上独立，才能不受制于人。于是，父亲要求她到店里站柜台，在家中做家务，为她安排力所能及的事情，他不许女儿说"我干不了"或是"这太难了"之类的话，罗伯茨就以这种方法培养玛格丽特的独立能力。

随着年龄的增长，玛格丽特才惊讶地发现同学们都拥有比自己更自由、幸福的生活，原来在劳动、学习、礼拜之外还有如此广阔的天空。

她的同学可以和朋友一起骑自行车外出或是游戏。想想这一切，玛格丽特都觉得很诱人。

有一天，回到家的玛格丽特终于鼓起勇气对父亲说出了自己的想法："爸爸，我也想和小朋友们出去玩！"此时，威严的父亲说："你必须有自己的主见！不能因为你的朋友要做某件事情你就尾随其后，凡事你都应该自己做决定。"

见玛格丽特不说话，父亲的语气缓和下来，继续劝导她："孩子，不是爸爸要限制你的自由，而是你应该有自己的判断力，有自己的想法。现在是你学习的大好时光，你如果沉迷于游乐，那么注定会一事无成。我相信你有自己的判断力，那好，现在你就自己定吧！"

听完父亲的话,幼小的玛格丽特依旧没有出声,父亲的话深深地刻入了她的脑海中,她想:"是啊,我就是我自己,为什么要学别人呢?我还有很多事情需要去做,刚刚买回来的书还没有读完呢!"

罗伯茨经常这样教育女儿:"做事要有主见和理想,独立行事,彰显与众不同的个性,而不是让光芒隐藏在芸芸众生之中,千万不要盲目迎合他人。"这种家庭教育的培养方法,铸就了玛格丽特高度的自信和独立的个性。

玛格丽特所在的学校经常会请人来校做演讲,每次演讲结束后,总会给学生们留下自由提问的时间。此时,玛格丽特总是第一个站起来,大胆地提出自己的疑问,而其他同学都怯怯地不敢开口。

回家之后,玛格丽特会向父亲汇报一天的学习情况,父亲总是鼓励她说:"孩子,爸爸为你拥有这样的自信感到骄傲,我相信你一定会成为出色的辩论家!"

有了父亲的鼓励和支持,玛格丽特对自己的口才充满了自信。上中学时,玛格丽特已经是学校辩论俱乐部的成员。

每一次上台演讲,她从来都不怯场。但是玛格丽特当时的演讲技巧并不高明,用同学的话说叫"不能振奋人心"。然而,玛格丽特对此却毫不顾忌。一有演讲的机会,她就滔滔不绝地发言。

有一次,因为大家对玛格丽特的演讲内容都不感兴趣,而且她又讲了很长时间,当时台下不时地传来唏嘘声,但是,这丝毫没有影响她的兴致。

甚至到最后,讽刺、嘲笑随之而起,但这对一向自信、好强的玛格丽特来讲,根本就构不成威胁,她依然镇定自若地演讲,即使台下所有人都走光了,她仍旧坚持讲完了。

很多同学对她的性格表示不理解,对周边人的议论,她毫不在意,一直保持着独立自信、我行我素的个性。

1974年,玛格丽特·撒切尔成为英国历史上第一位女首相。在处理重大国际、国内问题时,她清晰的思路、鲜明的观点、强硬的态度以及做事果断的风格征服了所有人,最终成为一位声名显赫的政治人物。

主见,也就是在遇到问题时,能够独立去面对和解决的决断力。在生活和学习上喜欢依赖别人,这对女孩将来走入竞争激烈的社会是很不利的。因而,父母在女孩还小的时候就要培养她有自己的思想和见解,让她做一个果断、自信的人。

一个有主见的女孩必定要有自信,因为在面对事情的时候,她需要能够更好地把握自己。另外,这类女孩也要有责任心和勇气,因为做出了决定,就要有勇气去承担这个决定的后果。当然,让女孩有主见,就需给她一个独立的大脑与一种勇敢的精神。

(1)培养女孩勤于思考的习惯

一般没有主见的人思想都懒惰,面对问题也不能积极思考。培养女孩勤于思考的习惯,是女孩有主见的力量源泉。只有善于思考的人,面对问题才会积极主动地想办法。其实,主见就是源于自己对所想办法的自信。

一个思想懒惰、遇事时只知道问别人、从来不知道自己想办法去解决的女孩,她永远都不可能独立起来,更别说拥有主见了。所以,父母应该培养女孩善于思考的习惯。

(2)给女孩信任

父母的信任,是鼓励女孩独自做事的强大的支持力。当女孩感觉到父母对自己的信任时,在做事情的过程中,女孩就会更加积极,遇到困难也不会轻易放弃,一想到父母的信任,就会努力去克服和解决困难。

父母给予女孩自己做事情的信任,是对女孩能力的一种认可,是对她的一种无声的鼓励。女孩感觉到这种信任,也就感觉到了父母对自己决断能力的认可。当然,这种激励也会让女孩敢于承担自己应该承担的责任和义务,能够去下决定,并对自己的决定去积极负责。

(3)让女孩自己的事情自己做

自己的事情自己做,是女孩学会独立的开始。

米兰平时总想偷懒,很多事情都想让妈妈来帮着自己做,不想去费心思。妈妈却很坚持,每次都让她自己的事情就要自己做,如此一来,米兰也只好认真对待自己的事情。每天晚上睡觉前都会自己先把明天要穿的衣服找好放在床头。每次回家还要给自己种养的一些花草浇水,这些花都是她很喜欢的,如果不及时地给它们浇水,就看不到它们开出美丽的花朵了。渐渐地,米兰就能很好地管理好自己的一些事情了,也能够很有主见地对待生活中其他的事了。

自己的事情自己做,是培养女孩主见的很好办法。从小让女孩学会自理,其实就是在锻炼她们更好地处理和应付自己的事情,能够自己思考和下决定。如果父母不能放手,让女孩学会自己的事情自己做,那么她们就会丧失主见,依附于父母。

(4)给女孩一些自主的权利

父母不能因为女孩年龄小,就不给她们自己做主的机会,事事都要自己给她们拿主意、做决定。长此以往,只能让女孩失去自己的主见。父母从小就应该在女孩的吃穿玩上给她们自己做主的机会,不要去强迫她们按家长的意思来做。

现在很多女孩都有自己的喜好,父母在做事情前要听听女孩的意见。比如给女孩买一件衣服,妈妈想给女儿买看起来普通、质量却很好的衣服,而女孩却喜欢那件很亮丽的、质量一般的衣服。女孩表达了这个意思,父母就应该尊重。这样就不会挫伤女孩自己拿主意的积极性,女孩遇事也就能有主见了。

(5)教会女孩说"不"

说"不"是面对别人不合理的要求,或自己不愿意的事时,说出自己的想法,这是自己做主的体现。

娇娇和妈妈一起去商场里买一些物品,她的毛巾旧了,要换一条新的了。妈妈看上了一条粉红色的毛巾,觉得它很可爱,就要买下来。娇娇一看,就对妈妈说:"我不想要粉色的,我喜欢米黄色的,我要米黄色的那一条。"

妈妈看着女儿认真的表情,想女儿真是长大了,能够做出自己的选择了,就尊重了女儿的决定。此后,对于娇娇的一些用品,妈妈都要先问一问她的意思。

家长要有意识地培养女孩敢于对父母说"不",这是培养女孩主见的开始。有的时候父母还可以故意做错一些事情,让女孩来指出父母的错误,然后再对女孩的指正给予赞扬。

这样能够让女孩明白,自己的思考也是很重要的,权威不是永远正确的,要能够自我评判。

3.镇定自若,沉着冷静

遇事沉着冷静才能够理智地处理问题,尤其是在碰到危机事件时,更是要具备一颗沉着冷静的心。只有这样才能够更清楚地看清事情的来龙去脉,积极思考,想到最好的方法来解决。沉着冷静表现了一个人良好的心理素质。

从前,有一个商人在外面做生意,半生操劳,终于事业有成,攒下了一笔丰厚的财产。于是便准备回家与妻儿团聚,安度晚年。但当时天下不太平,路上常有劫匪。如果带着沉甸甸的包裹上路,一不小心被歹人盯上,不但钱财付诸东流,而且还会招来杀身之祸。

想了很久,商人终于想出了一个好计。他用所有的钱买了珠宝玉器,然后特制了一把有竹柄的油纸伞,将粗大的竹柄关节全部打通,把珠宝玉器全部放进去。穿着一身灰布衣衫,一双布底鞋,提着个简简单单的包袱上路了。

果然是好计谋!一路平安无事,眼看就要到家了,这天下起小雨,他来到一个小面馆,吃饱之后在座位上打起盹儿。醒来时,猛然发现油纸伞不见了,他顿时打了个冷颤,这伞是他全部的身家啊!但商人很快就镇定下来,他发现手里的小包袱完好无损。认定是有人只顾自己方便,顺手牵羊取走了自己的雨伞。

沉思片刻,商人有了主意。他不露声色地在集市旁边租了个房子,以修伞度日。

由于他待人和气、心灵手巧,人们都愿意把伞给他修理。他每时每刻都在等待那把油纸伞的出现,可每天都在失望中度过。

眼看半年过去了,商人等候的那把雨伞始终没有出现。直到某一天,他去买米时,无意中听到米店老板和伙计的交谈:"那把伞就不要拿去修了,一把伞也值不了几个钱,那么破了,不如扔了买把新的。"

于是商人又想,他那把伞太破了,或许破得不能再修,拿伞的人早就不用了,不妨用"油纸伞以旧换新"的方法来试试,看能不能找到自己丢失的伞。

第二天,一条"油纸伞以旧换新"的广告就张贴了出来。不久,就有一位中年妇女,手里拿着一把伞来换。商人仔细一看,正是自己魂牵梦萦的那把油纸伞。商人不动声色地收下了那把伞,犀利的眼光一扫,看到伞柄封处完好无损,转身从店里挑了一把最好的伞给了那人,然后徐徐关上了店门。打开伞柄,商人看到了全部珠宝玉器,他瘫倒在地,半天无语。

当天夜里,商人悄悄地离开了。

女孩也需要培养遇事沉着冷静的品质,因为在成长的过程中,女孩需要单独面对很多意想不到的问题。如果没有一颗沉着冷静的心,女孩遇事就会不知所措,或者就想要去找别人帮助解决。如果不能够更好地保护自己,更谈不上保护别人了。

一架正要降落的飞机在开始接触地面时,突然滑出了跑道,飞机上的乘客和乘务人员根本没有任何心理准备,因为飞机在降落时有强烈的震动是很平常的事情。但这架飞机的机头突然往前撞向了地面,并且烧焦的气味立即弥漫了机舱,惊慌失措的乘客们开始大声呼喊着:"请打开门,打开门!"

此时的情况万分危急,有些乘客甚至已经陷入昏迷,机舱内的能见度几乎为零,如果再不想办法出去,那么整个飞机上的人都会失去生命。于是乘客开始骚乱、哭喊,仿佛世界末日。就在这种混乱不堪的情况下,一名飞机上的空姐费力地挪开乘客散落在舱内的包裹和个人用品,然后在黑暗中摸索到了机翼上面的舱门杠,并打开了舱门。因此,位于飞机中间座舱内的几十名乘客跟着她跑出了飞机得以生还。

空难发生后的一天里,那些幸存的乘客一个接一个来到医院去见那位拯救了他们生命的漂亮空姐,他们都说,如果当时没有那位镇定自若的空姐,那么死亡就会降临在他们身上。

由此可见，如果一个女孩无论何时都能做到镇定自若，那么她不但可以彰显自己的魅力和气质，还可能改变原本的逆境。

那么何谓镇定自若呢？镇定自若就是要人们做到临危不惧、处变不惊、泰然处之。例如，在顺境中，我们要教导女孩不要盛气凌人、狂妄自大；在逆境中，我们要教导女孩不要垂头丧气、沮丧不安；在舒适安逸的环境中，我们要教导女孩不要盲目攀比、奢侈放纵；在危难时刻，我们要教导女孩不要惊慌失措、恐惧不安。

(1)培养女孩自信、乐观的心态

培养女孩沉着冷静的心理素质，父母应该先培养自信乐观的心态。乐观的人往往能在面对很多意想不到的事情时仍能够用积极的心态去思考，不会惊慌失措，被困难吓倒。自信能给女孩一颗勇敢的心，帮助她们勇敢地面对各种困难。

丁晓是个遇事沉着冷静的女孩，这种性格的养成与父母平时培养她乐观自信的态度分不开。在很小的时候，她遇到什么事总感觉天要塌下来似的，认为自己没有能力解决，总想着让妈妈帮忙。

妈妈觉得这样的女孩以后无法面对更多的社会人生问题，于是总是想方设法培养她自信、乐观的人生态度。慢慢地，丁晓的性格改变了，自己也能很好地独立面对问题了。

父母在日常生活中应该注重培养女孩自信、乐观的生活态度。只有拥有自信、乐观的心态，当"灾难"来临的时候，女孩才能沉着冷静地面对，积极主动地迎接。

(2)培养女孩的胆量

一个胆小如鼠的人，当危险来临的时候，就会被吓得不知所措，更别说去积极思考怎样解决问题了。勇敢的人在面对危险的时候，不会感到害怕,会沉着地面对。培养女孩遇事沉着冷静的心理素质,就要给女孩一颗勇敢的心,在培养女孩的胆量上下工夫。

夏芸小时候很胆小,什么都会吓得她大叫。父母很为她这种胆小的个性着急,担心如果父母不在身边时,夏芸怎样面对生活中让她害怕的事物。为锻炼女儿的胆量,妈妈经常带她去动物园,看那些平时她感觉害怕的动物。

一开始看到蛇在地上爬来爬去,她会吓得离开;看到老虎,她会躲到妈妈身后。妈妈告诉她它们都在笼子里不会伤害到她,说:"没什么可害怕的,你看看老虎是不是和小猫长得很像啊?"夏芸认真地观察起来,笑着对妈妈说:"好像一个大猫咪一样。"

渐渐地,夏芸就接受了生活中让她感觉可怕的事物,胆子也越来越大了。

培养出女孩的胆量,当面临危险的事情时,她就不再感觉害怕,当然更能沉着冷静地面对了。

(3)锻炼女孩的快速思维

思维反应敏捷的人遇事能快速调动大脑细胞,对事情发生的现状、原因及可能出现的趋势做出分析和预测。一旦人能对事情有清晰的认识,就不会出现慌乱和不知所措的现象了。

培养女孩快速思维的能力,父母可以通过脑筋急转弯、谜语、侦查故事、快速组词训练等方式来不断加强锻炼女孩快速思维的能力。

(4)加强女孩的心理训练

心理素质强的人,在面对突发问题、遇到困难挫折时,能够很好地面对和处理;心理素质弱的人,在遇事时往往会不知所措、感到无能为力或消极悲观,甚至产生一定的心理问题。因此,父母必须注意加强女孩心理素质的培养。

父母不要太宠溺女孩,什么事都顺着她,要让女孩从小学会自己的事情自己做,懂得吃苦耐劳。父母要让女孩知道有些事情是做不到的,经历一定的打击能够锻炼她的心理承受力。父母可以让女孩自己去处理一些事务,鼓励女孩要有冒险精神。

(5)培养女孩有一颗平常心

平常心是面临任何事情都能做到宠辱不惊,内心不为外界事物所干扰的、平静的、平和的心态。有一颗平常心的人看待任何事情都会很冷静,这类人很少有得失心,能平等、客观地看待问题,这是合理处理问题的一个重要因素。

其实,通过培养一颗平常心的方式,就能培养女孩沉着冷静的心理素质。所以父母在和女孩的交流中,要注重对女孩灌输追求内心平静的思想,"笑看花开花落,坐观云卷云舒"的心态。生活中总有一些不如意,困难、挫折、误解等经常会发生,我们只有保持一种置身事外的态度,才能不被苦恼所扰,才能沉着冷静地对待任何问题。

(6)让女孩遇事情先思考

无论碰到什么事情,父母要教育女孩要先思考再行动。说话之前也要做到先思考再说,这样女孩就能够用一种更加理智平和的心态来面对事情。做事情是不能够让自己的情绪先行的,热血沸腾只会让自己推开理智。

现在的女孩之所以缺乏沉着冷静,另一个重要原因就是,只要一提出自己的意愿来,父母就会马上满足。但父母的这种做法致使女孩无法形成必要的耐性,也就令她缺乏必要的忍耐力,在社会中也会给自己带来很多的麻烦,让机会错失。

4.培养女孩乐观开朗的性格

　　乐观是一种积极去面对问题和生活的态度,尤其是在困难和挫折面前,乐观的心态更是支持女孩走出困境的最好精神动力。乐观的人在看事情时总是能够从积极的方面着眼,看到事情的希望。培养女孩乐观的心态,就能够帮助女孩很好地面对生活中的挫折和磨难。

　　父母培养女孩乐观的心态,就是培养女孩积极乐观的人生态度。而这种人生观会让女孩受益一生,无论在未来碰到什么困难都能勇敢地面对和承担,而不是逃避和退缩。这种心态对女孩是非常有益的。

　　迪翁是美国著名的潜能开发大师。他富有激情,极具感染力,他的课程也非常受欢迎,他总是能够调动起人们的积极性和对自我潜能的开发,他经常应邀到世界各地去巡回演讲。

　　迪翁常常用一句话来激励人们进行积极思考:"任何一个苦难与问题的背后,都有一个更大的幸福!"这是他的招牌话,由于时常将这句话挂在嘴上,连他唯一的女儿,在很小的时候都可以朗朗上口地附和他这句话。

　　那一天,不幸突然降临。迪翁正准备在韩国进行一场演讲,忽然收到一封来自美国的紧急电报:他的女儿发生了一场意外,已经送医院进行紧急手术,有可能切除小腿!一听到他的掌上明珠出现了这样大的事故,迪翁痛心不已,心情烦乱得无法继续进行课程。于是,他火速地赶回美国。

　　当看到躺在病床上一双小腿已经被切除的女儿时,迪翁心如刀绞,他的情绪一下子沉入万丈深渊。这是他头一次发现自己的口才完全不见了,笨拙地不知如何来安慰这个热爱运动、充满活力的天使!

　　然而他的女儿似乎没有因此而影响好心情,她察觉到父亲的痛苦,就笑着告诉他："爸爸！你不是常说，任何一个苦难与问题的背后，都有一个更大的幸福吗？不要难过呀！这或许就是上帝给我的另一个幸福。"迪翁无奈又激动地说："可是，你的脚……"

小女儿非常懂事地说："爸爸放心，脚不行，我还有手可以用呀！"

听了这样的话，迪翁虽有几分心酸，可也欣慰不已。

装上假肢后的女儿已经无法跑步，走路只能缓步。可是两年后，小女孩升入中学了，她再度入选垒球队，成为该队有史以来最厉害的全垒打王！因为她的腿不能走路，就每天勤练打击，强化肌肉。她很清楚，如果不打全垒打，即使是深远的安打，都不见得可以安全上垒。所以唯一的把握，就是将球猛力击出底线之外！

这个乐观积极的小女孩，在最艰难的时刻，留给人们的依然是微笑。因为她父亲的那句话已经深深地印在她的大脑里，她相信"任何一个苦难与问题的背后，都有一个更大的幸福"。于是，灾难变得不再可怕，而她本人也更有能力来面对那场艰难的挑战。

一个乐观开朗的人，无论面对什么样的生活，都有能力重新开始，即使在地狱中，也能重新走入天堂。面对生活中的每一次转变，孩子乐观的性格，有助于增加孩子走向成功的机会；孩子积极的观念，有助于目标的实现。对于任何一个人来说，乐观开朗的性格是比什么都重要的财富。

一位父亲准备对自己的两个女儿进行"性格改造"，因为其中一个太过于乐观，而另一个则过分悲观。

一天，他买了许多色泽鲜艳的新玩具给悲观的女儿，又把乐观的女儿送进了一间堆满马粪的车房里。

第二天清晨，父亲看到悲观的女儿正泣不成声，便问："为什么不玩那些新玩具呢？"

"玩了就会坏的。"悲观的女儿仍在哭泣。

父亲叹了口气,走进车房,发现乐观的女儿正兴高采烈地在马粪里掏什么。

过了一会儿,乐观的女儿得意洋洋地向父亲说:"告诉你,爸爸,我想马粪堆里一定还藏着一匹小马呢。"

又过了一阵子,父亲送给两个女儿每人半瓶饮料。悲观的女儿没有喝,因为她看到只剩下半瓶了。而乐观的女儿拿起半瓶饮料,特别高兴地说:"太好了,还有半瓶呢!"

这就是乐观与悲观带给两个孩子不同的人生境遇。法国作家阿兰在论述把乐观的智慧用于和烦恼做各种各样斗争时说:"烦恼是我们患的一种精神上的近视症,应该向远处看并保持积极乐观的心态,这样我们的脚步就会更加坚定,内心也就更加泰然。"乐观的孩子看待周围的一切,即使遇到再多的艰难险阻,也不会被困难吓倒,总能发现希望,变得更加坚强。

培养女孩乐观的心态,就是让女孩能够用正确健康的心态来面对自己的处境。悲观的人看到的都是失败和绝望,而乐观的人看到的却是希望。女孩如果能用一种乐观的心态来看待问题,就能不断地克服困难,发掘自己的潜力。

任何事情都没有绝对的好或坏,要看用什么样的心态来面对。在平时,父母要有意识地培养女孩积极的人生观。这样,女孩在面对困境时才能够以更加乐观的心态来看问题,不会因为一些负面情绪影响自身的健康成长。

给女孩乐观的心态,也就是给女孩在面对困难时的勇气。如此,哪怕没有父母陪在女孩身边,女孩也会坚强地面对困境,不害怕,不退缩。

(1)在玩中培养女孩开朗乐观的个性

玩是女孩的天性,玩也给女孩带来很多的快乐,最重要的是能在玩乐中培养女孩开朗的个性。

马妮和妈妈说,星期天她想到游乐园玩,妈妈想起她上次玩时的高兴劲儿,也就高兴地答应了。平时妈妈也是尽量满足她玩的要求,而且每次都是让她能够尽情尽兴地玩。

一次体育课上,马妮不小心摔伤了腿,血都流出来了,同学们都觉得很痛,马妮却笑笑说:"没什么,玩有时也是要付出代价的。"大家都认为马妮很坚强、乐观。

培养女孩乐观的心态, 在女孩年幼的时候不要去压抑女孩的天性,要让女孩自由自在地成长。尊重她们的成长规律,让女孩能够快乐地享受自己的童年。女孩会在玩乐中形成良好的心理素质,这种心态能够让她开朗乐观、勇敢地面对生活中的不测。

(2)让女孩喜欢自己

一个喜欢自己的人,会更加合群;一个欣赏自己的人,会充满自信;一个接纳自己的人,会具有包容心。让女孩能够悦纳自己,也是培养女孩乐观品质的一部分。能够喜欢自己的女孩不仅能够正确地看待自己的缺点并接受它,也能够坦然地看待自己的优点并发扬它。

每个人都是独一无二的。父母要让女孩学会喜欢自己,能够正确客观地看待自己。世界上没有两片完全相同的树叶,每个人都是独具特性的。

父母要让女孩学会喜欢自己,用一种积极乐观的心态和欣赏的眼光来看待自己。

(3)让女孩学会化害为利

改变周围的环境是很困难的, 但是要改变自己的心态却是相对容易的事。

在袁姗姗的家附近有一家的房子正在装修,每天她睡觉的时候都能听到很响的钻锯声。而且每天放学后,做作业的时候也能够听到这种声音,这很影响她的心情。结果是弄得作业也做不好,觉也睡不好了。

妈妈便跟她说:"别人是在正常工作时间里做这件事情的,你不能去阻止别人的工作,不如换一种心态来看待这件事。早晨当是闹铃响了,晚上用这种声音锻炼自己的抗干扰能力。"袁姗姗想妈妈说得对,真的做到了配合电锯声音的作息和学习,心情也好了起来。

父母要让女孩明白一个道理:改变了心态也就改变了世界。生活中不可能事事都如自己意,在碰到不如意的事情时,是烦躁抱怨还是客观评价?想出对策,只要改变平常的心态,就会发现原来事情也可以这样做。这样收获的不仅仅是一件事的成功,而是一种变通的乐观的心情。

(4)让女孩经常说乐观的话

经常说乐观的话语,能实际促进乐观个性的养成。

赵萍的妈妈最喜欢对她说的一句话就是"太好了",她经常会用这话在赵萍取得成绩的时候表扬她,在遇到困难时鼓励她。妈妈还对赵萍说,平时自己多对自己说这句话,也能起到给自己加油的作用。

有一天,她没有带雨伞,在放学的时候,她淋着雨回去了。旁边一些没带伞的女孩都愁眉苦脸地说糟透了,可是赵萍却兴高采烈地对自己说:"太好了,终于可以体会一下淋雨的滋味了。"说完就冲向了公交车站。

经常对自己说一句"太好了""这没什么大不了的""我能行",是一种积极的自我心理暗示,会起到一种很好的效果。久而久之,女孩就会以这类话来看待问题、处理问题,从而养成一种乐观的个性了。

(5)要让女孩多微笑

微笑不只是一个表情,它传播的是一种快乐和乐观的力量。父母要想培养出具有乐观心态的女孩,一定不要忘记培养女孩遇事多微笑的习惯。不论是好事还是困难,微笑都能给女孩带来意想不到的收获和力量。

乐观的心态,就是能够微笑着面对自己的人生。不论碰到多大的困难和多么棘手的问题,女孩都应该学会用微笑来面对。没有什么大不了的事情,任何困难都是等着勇敢坚强的人来解决的。

5.让女孩遇事要大度

中国圣人孔子认为:一个真正成功的人有包容、恭敬、诚信、灵敏、慷慨五德,而包容是五德之首。一个人生活在社会上,就需整天与人打交道,因而磕磕碰碰的事也就避免不了。但是现在的孩子很多都是独生子女,父母容不得自己的女儿受一丁点委屈,从小就溺爱女儿,对她的教育也就进入一种误区。比如,给女孩灌输一些错误的思想,告诉她"别人打你,你就打她,别人骂你,你就骂回去"。而这样的女孩子在长大后,留给别人的印象肯定不会脱离小肚鸡肠、小气之类的词,她也得不到别人的喜欢。

小楼是小学5年级的学生,性格较孤僻。一段时间来,她总觉得周围的人都与自己过不去,特别是班上的同学和老师,她看谁都不顺眼。如果有同学从她身边经过不给她打招呼,她就会想,不和我打招呼!准是自以为自己怎么了得,有什么了不起。看到同学们聚在一起谈笑,她就猜大家是不是在议论她。在课间,有同学不小心轻轻碰了她一下,她就会与对方发生争吵,说对方是故意冲着她来,要欺负她。如果老师在处理这些事情时,稍微指出她的不对之处,她就认为老师在偏袒对方。由于她长期寡言少语、脸上极少有笑容、与同学格格不入,所以她在班上没有好朋友,成绩也很普通。她认为自己是一个很不幸、很无辜的人,她对别人没有任何恶意,但不知为什么总是会受到别人的伤害,世上没有人喜欢她。

因此,父母应该给孩子灌输一些正确的思想,告诉她们宽怀大度一些,机会便多了,世界也大了;偏狭小气,机会便少了,世界也小了。父母不要让女儿学会仇恨,应让她们知道如何大度地处理好事情。宽容者有着宽广的胸怀和巨大的智慧,善于忘记仇恨是这类人成就事业的一个特征。既往不咎的人,才可以放下沉重的心理包袱,大踏步地前进。人只有忘记仇恨,宽宏大量,才能与他人和睦相处,才会赢得他人的支持和帮助。

而且豁达的人在碰到困难时除了会本能地承认事实,摆脱自我纠缠的不良情绪外,还会用一种趋利避害的思维方式来处理问题,以保持自己心境的明亮和稳定。这也就是用一种乐观积极的态度来面对自己的问题。

有一位母亲带着她的孩子到度假村去玩,由于那天去游玩的孩子较多,加上工作人员一时疏忽,她的孩子便被留在了网球场。等工作人员找到孩子后,小孩因为一个人在空旷的网球场里待着而受到惊吓,哭得非常伤心。一位满脸歉意的工作人员,在安慰这个四五岁的小孩。不久,孩子的妈妈来了,看见了自己哭得惨兮兮的孩子。这位妈妈蹲下来安慰自己的女儿,并且理性地告诉她:"已经没事了,那个姐姐因为找不到你而非常紧张,并且十分难过,她不是故意的。现在,你应该亲亲那个姐姐的脸,安慰她一下。"她的孩子踮起脚尖,轻松地亲吻蹲在她身旁的工作人员的脸,并柔声告诉她:"不要害怕,已经没事了。"

　　培养女孩豁达的品质,也就是要培养她们博大的胸怀,一种对待生活超然洒脱的态度。豁达是一种自我的超脱,更是一种自信的力量。培养出女孩豁达的品质,能够让女孩在生活中找到更多的快乐。

　　对于年幼的女孩,豁达是一种大方和大度,女孩拥有这种性格也就能够更多地享受到生活中的欢乐。

　　(1)让女孩学会原谅

　　一个懂得原谅别人的人是宽容的、豁达的。培养女孩豁达的人生态度,首先从原谅别人开始吧!

　　欣欣从小就很爱生气。上小学的时候,同学们给她起了个外号,叫她"小气鬼"。她为这个称呼很烦恼,整天不开心,别人的一个眼神都会让她感觉好像是嘲笑她。

　　妈妈看她平时也不和小朋友玩了,问她怎么回事,她说他们都叫她"小气鬼"。妈妈了解女儿这个脾气,就告诉她,以后和同学相处要原谅别人无意的过错,这样大家就喜欢你了。

　　以后再碰到有同学为自己的过错向她说"对不起"的时候,她都会笑着说"没关系,这没什么",很快大家就不叫她的外号了。

　　生活中会碰到很多别人需要道歉和你需要说"没关系"的时候,做一个豁达的人首先要很大度,对别人的过错给予原谅,不计较。如此,你会发现生活中更多的美好。

　　(2)让女孩学会迁就

　　能够迁就和包容的人是豁达的。生活中有一些事只有通过让步的方式才能获得解决,不然互不相让,只会两败俱伤。所以培养女孩豁达的人生态度,需要让她学会迁就别人。

涵涵从小就是个懂事的女孩,妈妈总是教育她做事要懂得为别人着想,不要只顾自己。她的小表弟到家里做客,妈妈和阿姨带他们两个到公园去玩,她想去玩过山车,可是小表弟偏偏要玩碰碰车。其实,这两种游戏都是两个座位,他们两个小孩玩正好。

只是,出现了玩哪种游戏的矛盾,阿姨问涵涵怎么办? 涵涵笑着说:"玩碰碰车吧,反正这离我们家近,我以后还有机会玩过山车的。"于是,涵涵和表弟一起玩起了碰碰车。阿姨一直对妈妈夸涵涵是个懂事大方的女孩。

谦让的性格是在生活中慢慢养成的,不是一朝一夕就能形成的。女孩迁就他人的性格,从小就要塑造,这是培养女孩豁达人生态度的一项重要内容。不懂得迁就他人的人,是很难成为一个豁达大度的人的。

(3)教会女孩给予

一个只知道索取,不懂得给予的女孩是自私的,而自私的女孩很难有豁达的人生态度。要培养女孩豁达的人生观,就要让女孩懂得给予。给予不仅仅是给予父母、亲人、朋友,还要给予陌生人,给予自己的"对手",给予社会。

只有懂得给予的女孩,才有豁达的人生观。女孩需要懂得给予父母、亲人自己的爱,给予陌生人必要的帮助,给予竞争对手宽容。不仅如此,女孩还需懂得给予社会回报,通过自己的贡献,做一个对社会有用的人。

(4)培养女孩乐观的心态

乐观的女孩看到的更多的是生活中的希望,而悲观的人正好相反。一个生活在黑暗中的人绝不可能成为一个豁达的人。

米晓乐是一个快乐的女孩,大家都觉得她平时很爱笑。但是大家都知道晓乐在刚出生时一只手有一些残疾,妈妈为了让女孩能够快乐地面对生活,就给她取了一个欢乐的名字,希望她能够做一个乐观的人。

晓乐在很小的时候就在妈妈的指引下学会了自理和自立,很多事情她都能够做得比正常人还好,这也增加了她的自信心。乐观豁达的心态支撑她去不断超越自己。

父母让女孩养成一种乐观的心态,也就是给了女孩一缕明媚的阳光。这样哪怕是在最阴暗的地方,女孩也能够用自己的乐观来温暖和照亮自己。给女孩财富不如给女孩一个乐观向上的积极心态,它会给女孩带来更多的成就感。

(5)让女孩学会情绪转移

豁达的人碰到失败也会难过,只是他们能够更快转移自己的负面情绪。

张森这次考试又没有很大的进步,看到自己的名次不上不下,她的心里很难受。为了不丧失对自己的信心,她便约了自己最好的几个朋友一起去逛街散心,大家一起海阔天空地聊了一下午。回到家时,她觉得自己的心情好多了。

张森平时在大家心中是乐观豁达的人,大家都觉得她怎么总有那么多的快乐,好像从没有烦恼一样。其实秘密不在于她没有烦恼,而在于她能够很快地调节好情绪,重新用乐观的心态来面对问题。

父母要想让女孩学会乐观豁达地对待事情,就要教会女孩一些应付负面情绪的好方法,比如自我发泄和情绪转移。这样,女孩在遇到困难时能快速调整好心态,做到大方大度地看待自己的事情。

第三章

善良仁爱,培养女孩迷人气质

1.善良是女孩最美的品格

善良,即纯真温厚,没有恶意,为人和善。善良是人的一种美好品性,它是人类历史中稀有的"珍珠"。

播种善良,才能收获希望。一个人可以没有让旁人惊羡的姿态,也可以忍受"缺金少银"的日子,但离开了善良,就足以让人生搁浅和褪色。

著名教育家苏霍姆林斯基说过:"爱的教育应是整个教育的主旋律。"家长一定要从小就在孩子的心灵中撒下善良的种子,告诉女孩"心脏就是红色的"。只有从小让她们拥有仁慈的品质,长大后才能成为富有道德情感的正直的人。红色代表着热情和友善,而热情和友善是人们最宝贵的美德。善良就如同一颗宝石,使一个女孩更加美丽动人。只有善良的女孩才是最富有的,只有善良的女孩才会慷慨地用自己的爱心去帮助别人,这样的女孩也更温和、更有礼、更有吸引力。

2007年2月16日,在德克萨斯州的一所庄园里,刚刚卸任的联合国秘书长安南举行了一场慈善晚宴,应邀参加晚宴的都是富商和社会名流。当一个叫露西的小女孩捧着她的全部积蓄来到庄园,要求参加这场慈善晚宴的时候,遭到了保安的阻止。

小露西问道:"叔叔,慈善的不仅是钱,还是心,对吗?"她的话让保安愣住了。"我知道受邀请的人有很多钱,他们会拿出很多钱。我虽然没有那么多,但这是我所有的钱。如果我不能进去,请把这个带进去吧。"小女孩把手中存有所有积蓄的瓷罐递给保安。

保安犹豫了,他不知道接还是不接。小女孩的话打动了前来参加晚宴的巴菲特先生,他带小露西进了庄园。出人意料的是,当天慈善晚宴的主角不是倡议者安南,也不是捐出300万美元的巴菲特,而是仅仅捐出了30美元25美分的小露西。她赢得了人们真心的赞美和热烈的掌声,而晚宴的主题标语也变成了这样一句话"慈善的不是钱,是心"。

小露西的内心是多么善良、纯真啊!爱心是不能用钱多钱少来衡量的,30美元25美分相对300万美元来说不值一提,然而,这却是一位善良小女孩的全部。她奉献出了自己所有的爱心,毫无保留!

有善心的人更加美丽、更加有涵养,因此小露西的行为才引起了人们的注意,而她也成为全场的焦点人物。人们被小露西的善良和真诚所感动,正是这颗善良的心才使小露西能在保安面前不卑不亢。因为她认为自己是来献爱心的,爱心不分贫富,爱心是不以金钱的数量来衡量的。只要怀有真诚的慈善,你的心灵就是高贵的。

人们常说"人之初,性本善",善良是一种极为纯洁的东西,也是人类最基本的评判标准之一。如果把一个人比成一棵树,这棵树又以善良为根,那么必然会树干正直、枝丫蓬勃,并且还会结出美丽而丰硕的果实。

既然善良为根,那就势必要求人们在童年时就要精心培养。

一天晚上,佳佳凑到妈妈身边,稚声稚气地告诉妈妈:"今天萌萌被老师批评了。他让小朋友们都不要跟琪琪玩儿,因为琪琪感冒了。琪琪看小朋友们不理她,就一个人哭起来了。"

妈妈忍不住问道:"那你没跟琪琪玩儿吗?"佳佳立刻回答:"没有。小朋友们都不跟她玩儿,我也不跟她玩儿。"

妈妈听到佳佳这样说,觉得女儿好像突然变了。以前佳佳在路上碰到无家可归的小猫小狗,都会央求她把它们抱回家收养。可是今天,佳佳却似乎变得非常冷漠。

妈妈很担心,于是继续追问佳佳:"如果佳佳生病了,小朋友们都不跟你玩儿,那你会不会很难过啊?"这时,佳佳突然低下头,难过地说:"其实,我不是不想跟琪琪玩儿,是小朋友们都不许。琪琪真的很可怜。"

一个人最重要的是要有一颗善心,以善良之心对待人生,这应该是一个人一生追求的道德规范。善良的人一般性格温和、乐于助人,由于能够理解体谅别人的痛苦,较少计较自己的得失,反而显得坚强、开朗,容易保持心理的平衡。所以,家长要把善良的种子撒在孩子们的心中,让孩子成为一个有善心的人。

高淼突然不再像以前一样牵着母亲的手一甩一甩了,而是轻轻托着母亲的手。母亲很奇怪,于是问高淼,是不是自己老了?需要高淼搀扶了,但高淼说不是。

高淼的老师给母亲打来电话,说高淼几乎每节课都会去厕所。母亲听说后很担心,担心高淼犯病了。

高淼的生日到了,全家到餐厅庆祝。巧的是,餐厅里还有两家也在为自己的孩子庆祝生日。于是,三家商量一起热闹热闹。这时候餐厅老板想送小寿星们一些礼物,他提了一个问题,决定把最好的礼物送给回答最好的人。问题很简单,就是问问三个小寿星的理想是什么。第一个人回答要做科学家,第二个回答要做医生。轮到高淼的时候,高淼清脆地说她的理想是"永远和安安一起上厕所"。顿时,大家的脸上出现了惊诧的颜色,交头接耳地议论起来,家里人都为高淼的话而尴尬,母亲立刻带着高淼离开了。

离开餐厅的时候,高淼的手又托起了母亲的胳膊。她们来到一处树林散步,那里没有嘲笑。高淼问母亲是否还记得她的幼儿园同学安安,母亲当然记得。安安在三年前不小心从五楼摔下来,伤得很严重。当时安安父母流泪的样子,至今还让她记忆犹新。

这时,高淼才告诉母亲:安安现在跟她是同学,但安安现在留下了后遗症,她双腿无力,只能跪着上厕所,而且每节课都要去厕所。安安觉得很羞辱,所以拒绝任何人的帮助。但后来高淼决定替她保密,于是安安接受了。此时母亲才恍然大悟:高淼每节课去厕所,高淼托着她的胳膊,还有那句"永远和安安一起上厕所"……

母亲心中突然有了歉意,但同时她也感到十分骄傲。

美国作家马克·吐温称:"善良为一种世界通用的语言,它可以使盲人'看到',聋子'听到'。"心存善良之人,他们内心火热,可以驱赶寒冷,横扫阴霾。善意产生善行,同善良的人接触往往会使智慧得到开启,情操变得高尚,灵魂变得纯洁,胸怀变得更加宽阔。

善良作为一种美德,对孩子的成长发展具有不可忽视的积极影响。可以说,拥有善良品质的人,同时也是个道德高尚的人,他更容易赢得人们的信赖,取得事业上的成功。

善良是做人最基本的品质,我们要将其发扬,代代相传。善良的情感及修养是人道精神的核心,它必须在童年时细心培养,否则难有效果。所以,教孩子学会善良,是每位家长必须承担的责任。

(1)为孩子创设温暖、友爱的成长环境

父母要以友好和爱的方式来教育、帮助孩子,努力使善意、友好的气氛充满整个家庭。孩子们在这种环境的熏陶下,自然会学会善良。

(2)给孩子灌输善良的思想

父母可以在某些特定的场合下,简单地、随意地向孩子解释一下,让他知道所有的人都非常喜欢善良的人。

(3)为孩子营造表达善意的机会

孩子们受到了别人的友善相待会感到非常愉悦,父母通过这样的方式,可以让孩子懂得只要与人为善自己也会获得快乐。

(4)赏识孩子"善意"的举动

当孩子给别人提供帮助,或者替别人着想时,要不时地给予赞扬,鼓励他为别人多做一些好事。

2.让女孩从小就懂得感恩

西方哲学家尼采说过这样一句话:"感恩即是灵魂上的健康。"中国自古也有"滴水之恩,涌泉相报"和"投我以木桃,报之以琼瑶"这样的千古名句。感恩是每个女孩都应具备的品德,而感恩教育是妈妈帮助女孩获得幸福人生的必备条件。

在女孩的一生中,有父母的养育之恩、老师的教育之恩、社会的关爱之恩、自然的馈赠之恩等等。女孩唯有学会感恩,才能真正拥有创造快乐幸福人生的力量，变成一个有责任感、有爱心的善良之人。

在一个闹饥荒的城市，一个家庭殷实而且心地善良的面包师，把城里最穷的几十个孩子聚集到一块，然后拿出一个盛有面包的篮子，对他们说："这个篮子里的面包你们一人一个。在好光景来临以前，你们每天都可以来拿一个面包。"

瞬间，这些饥饿的孩子一窝蜂一样涌了上来，他们围着篮子推来挤去大声叫嚷着，谁都想拿到最大的面包。当他们每人都拿到了面包后，竟然没有一个人向这位好心的面包师说声谢谢，就走了。

但是有一个叫依娃的小女孩却例外，她既没有同大家一起吵闹，也没有与其他人争抢。她只是谦让地站在一步以外，等别的孩子都拿到以后，才把剩在篮子里最小的一个面包拿起来。她并没有急于离去，她向面包师表示了感谢，并亲吻了面包师的手之后才向家走去。

第二天，当面包师又把盛面包的篮子放到了孩子们的面前时，其他孩子依旧如昨日一样疯抢着，羞怯、可怜的依娃只得到一个比头一天还小一半的面包。当她回家以后，妈妈切开面包，许多崭新、发亮的银币掉了出来。

妈妈惊奇地叫道："立即把钱送回去，一定是揉面的时候不小心揉进去的。赶快去，依娃，赶快去！"当依娃把妈妈的话告诉面包师的时候，面包师面露慈爱地说："不，我的孩子，这没有错。是我把银币放进小面包里的，我要奖励你，愿你永远保持现在这样一颗平安、感恩的心。回家去吧，告诉你妈妈这些钱是你的了。"依娃激动地跑回了家，告诉了妈妈这个令人兴奋的消息，这是她的感恩之心得到的回报。

感恩是一种对恩惠心存感激的表示，是不忘他人恩情的人萦绕心间的情感。在生活中，如果我们每个人都不忘感恩，那么人与人之间的关系会变得更加和谐、更加亲切。我们自身也会因为这种感恩心理的存在,而变得更加愉快和健康。女孩懂得感恩,内心才会时刻充满温暖,才会幸福快乐。

    一个穷苦学生为了付学费,挨家挨户地推销货品。到了晚上,他发现自己的肚子很饿,而口袋里只剩下一个硬币。然而当一位年轻貌美的女孩子打开门时,他却失去了勇气。他没敢讨饭,只要求讨一杯水喝。女孩看出来他饥饿的样子,于是给他端出一大杯鲜奶来。

    他不慌不忙地将它喝下,并且问:"应付多少钱?"

    而她的答复却是:"你不欠我一分钱。母亲告诉我们,不要为善事要求回报。"

    于是他说:"那么我只有由衷地谢谢了!"

    当他离开时,不但觉得自己的身体强壮了不少,而且信心也增强了起来。事实上,他原来已经陷入绝境,准备放弃一切的。

    数年后,那个年轻女孩病情危急,当地医生都已束手无策。家人终于将她送进大都市,以便请专家来检查她罕见的病情。

    他们请到了郝武德·凯礼医生。当他听说病人是某某城的人时,他的眼中充满了奇特的光辉。他立刻穿上医生服装,走向医院大厅,进了她的病房。

    医生一眼就认出了她。他立刻回到诊断室,并且下定决心要尽最大的努力来挽救她的性命。从那天起,他特别观察她的病情。经过漫长的奋斗之后,终于让她起死回生,战胜了病魔。

    最后,计价室将出院的账单送到医生手中,请他签字。医生看了账单一眼,然后在账单边缘上写了几个字,就将账单转送到她的病房里。

    她不敢打开账单,因为她确定,她需要一辈子才能还清这笔医药费。

    但最后她还是打开看了,而且账单边缘上的一些东西,特别引起她的注意。

她看到了这么一句话:"一杯鲜奶足以付清全部的医药费!"签署人:郝武德·凯礼医生。

生活中,我们每一个人都应该用自己真诚的心,去对待曾经帮助过自己的另一颗心,这就是感恩。感恩是一个温暖的字眼,每一个人都感恩过和被感恩过,都感受过在感恩和被感恩时所得到的快乐。

感恩是爱的根源,也是快乐的源泉。我们如果对生命中所拥有的一切能心存感激,就更能体会到人生的快乐、人间的温暖以及人生的价值。班尼迪克特说:"受人恩惠,不是美德,报恩才是。当他积极投入感恩的工作时,美德就产生了。"

感恩是生活中的大智慧,也不失为一种处世哲学。然而遗憾的是,当前感恩情怀对某些人来说,已经变成一种陌生的感觉了。大人如此,孩子们更是如此。在不经意中,我们的孩子已经逐渐丧失了感恩的心态,甚至不知道什么是感恩、如何感恩。关于这一点,值得做父母的深思。

有爱的孩子才会快乐,其内心才会丰盈纯美。所以不管客观环境如何,也不管曾经的教育正确与否,从现在开始,父母就要学会让孩子拥有一颗感恩之心。

(1)做出感恩的榜样

常言道:"言传不如身教",作为女孩的父母,你首先要有一颗感恩之心。尤其是在那些看似最不起眼的日常小事上,如果你表现出感恩心、责任心和爱心,那么你孩子的感受就会越深刻,对她产生的影响也就会越大。

家庭是女孩人生的第一堂课,父母是她的第一任老师。父母身上的情绪、习惯、性格、品德等都会在日常生活中对女孩产生潜移默化的影响,因此,如果想培养女孩感恩的美德,父母就要做到感恩于亲人、朋友、社会、大自然等。

(2)让你的小公主学会感谢

父母要教会女孩:无论何时都要把"谢谢"两个字挂在嘴边,要学会事事感恩,学会牢记别人帮助自己的事情,学会忘记自己帮助别人的事情。

有一天,妈妈带李珍去动物园。回家的路上,李珍对妈妈说:"妈妈,我今天在动物园表现得很乖,你要买个洋娃娃奖励我。"妈妈想了想说:"妈妈花钱让你和小动物们来了一次亲密接触,满足了你的愿望,你应该感谢妈妈才对啊!"李珍似乎听懂了妈妈的意思,不再吵着要洋娃娃,而是微笑着对妈妈说:"谢谢妈妈!"

我们应该像上面这位母亲一样,引导女孩感谢身边的人和事。例如,你可以告诉她:这个书包是爷爷买的,你要感谢爷爷;小区的花草是李叔叔整理的,你要感谢李叔叔;老师教给了你知识,要经常对老师说谢谢;朋友帮助你打扫卫生,你要谢谢他们,等等。

(3)让女孩观看一些有关"感恩"的影片、电视节目

如今,很多孩子都存在"感恩心理缺失"这一现象,她们往往习惯以"自我"为中心,对于个人之外的人和事物,都表现得比较自私、冷漠和霸道。妈妈要想改变女孩的这种"糟糕"心理,平时可以有意地让她们观看一些关于"感恩"主题的影片和电视节目,让她们在深受感动的同时反省自己。

(4)和你的小公主一起感恩社会

苏联著名教育家苏霍姆林斯基曾说:"良好的情感是在童年时期形成的,如果童年蹉跎,失去的将无法弥补。"所以,妈妈要想女孩学会感恩他人,就要从很小的时候开始培养,并且渐渐培养女孩由家庭走向社会,

从关爱身边的人扩展到关爱社会上的其他人。

例如,我们可以和女儿一起献爱心,为贫困山区、灾区、福利院的孩子或残疾儿童捐款捐书、赠送玩具等;在寒暑假,我们可以带着孩子去做义工,去体会帮助他人的快乐。

有人说,一个不懂得感恩的民族是没有未来的民族。我们也可以说,一个不懂得感恩的孩子也很难有美好的未来。当你的孩子学会了感恩,他就懂得了生活,懂得珍惜美好的生活、珍惜别人为自己付出的情感。如此,你的孩子也就能更好地融入现实生活,开启自己独立人生的大门。

3.培养女孩助人为乐的美德

华罗庚说过:"人家帮我,永志不忘;我帮人家,莫记心上。"女孩子大多很敏感,父母只需要引导她们,并让她们能够在帮助别人的同时感受到快乐,她们自然就会把助人为乐的精神发扬下去。

开学半年多了,同学们从没见白莹笑过,这引起了班长宋红娟的注意。白莹平时从不和别人主动聊天,也不爱说话,只顾一个人低头学习。半年来除了学校她几乎没去过其他的地方。由于她性格孤僻,同学们给她起了一个外号,叫"孤独大侠"。

有一次,白莹的一个亲戚来看她,宋红娟这才从白莹的亲戚那里了解了她的不幸。原来在白莹很小的时候父母在一次车祸中丧生了,由于没有了生活的依靠,白莹和妹妹不知道该怎么活下去。幸好远方的舅舅闻讯赶来,把姐妹俩接到了自己家。舅妈是一个好生事端的人,对白莹和妹妹十分苛刻,动不动就责骂甚至动手打她们。

一次妹妹发高热,舅舅不在家,白莹求舅妈带妹妹去看病,舅妈不理她。等舅舅回来后把妹妹送到了医院,可妹妹的眼睛再也看不见东西了。从此以后,她再也不愿意和别人说话,除了妹妹。

宋红娟知道一切后,主动找白莹谈话,宋红娟说:"白莹,我对你的不幸深表同情,希望我能帮助你。"白莹只是看看她,没有说话。可是宋红娟并没有放弃对她的帮助,她把白莹的事告诉了同学们,并让大家一起想办法,让白莹快乐起来。

因为白莹的拒绝,谁也没想到更好的办法。宋红娟忽然想到白莹的妹妹是发热导致的失明,也许能治好,于是她请教了医生。医生告诉她要看什么情况,一般情况下是可以治好的。

这一点希望燃烧了宋红娟的心,她回去组织同学策划捐款行动,然后背着白莹把她的妹妹接到医院。经过检查,医生说可以治好,这让她和同学们高兴不已。

这段时间白莹见同学们都怪怪的,而且他们用一种异样的眼光看她。白莹以为这是宋红娟把她的事向同学们宣扬开而导致的,于是对宋红娟更加冷漠。

直到有一天,宋红娟对白莹说:"白莹,门口有人找你。"白莹疑惑不解,因为平时从来没有人找过她,但她还是向门口走过去。当她看见自己的妹妹时,眼睛湿润了。

"怎么,你的眼睛?"

"是的,我可以看见你了!"

白莹不解地问:"到底发生了什么事?"

妹妹把发生的一切告诉了白莹,从此白莹和宋红娟成了好朋友,她的性格也逐渐变得开朗起来。

帮助别人是一件很快乐的事情。当别的小朋友遇到困难的时候，在自己能力范围内，主动去帮助别人。这个过程既可以在孩子之间建立良好的友谊，又可以让孩子体会到成就感，让孩子成为受欢迎的人。这将大大增加孩子的信心，使其更乐意去与人交往。因此，培养孩子乐于助人的精神是儿童教育中的一个重要课题。

新年的第一天早晨，天气很好。兴奋的玛丽亚早早就从床上爬了起来，迅速穿好衣服，洗了脸。她想第一个去给人们拜年。她先是欢快地跑到各个房间，对家人说了新年好，然后又跑到街上对每一个她见到的人道新年好。

回家后，玛丽亚的父亲给她2美元的新币，作为她的新年礼物。

玛丽亚高兴极了。她在书店曾看到过一些非常精美的书，她早就想买了，有了这些钱，她就可以如愿以偿了。于是，她便兴高采烈地离开了家去买书。

来到街上，玛丽亚碰到一家德国人，他们衣衫褴褛、疲惫不堪，看起来似乎经历了长途跋涉。

"新年快乐！"玛丽亚喜气洋洋地说。

"你们不是这里的人吗？"玛丽亚好奇地问。男人却对她摇了摇头，很显然他是听不懂玛丽亚的话。

接着，男人拍了拍他的嘴，又指了指他的孩子，好像在说，这几个孩子已经有好几天没有东西吃了。玛丽亚很快就明白了是怎么回事。看到他们的可怜境遇，同情之心油然而生。她毫不犹豫地取出了手中的钱，一枚给了那个男人，另一枚给了他的妻子。

他们感动得热泪盈眶，一边用自己的语言不停地说着什么，一边向玛丽亚深深地鞠躬。毫无疑问他们是在说："我们太感激你了，我们会永远记得你是我们的恩人。"

　　玛丽亚告别了他们，直接回家了。父亲问她买了什么书，玛丽亚不好意思地低下了头，说："我没有买书。"接着，她解释说，"我把钱给了几个穷人。他们又饥又饿，太可怜了。我可以等到下一年再买书。对了，爸爸，你知道他们接到钱时有多高兴吗？我一点都不后悔把钱给他们，帮助别人是件多么快乐的事情啊！"

　　助人为乐是中国的传统美德，几千年来，人们都在坚持宣扬这个教育话题。然而近年来，由于生活节奏加快、竞争越来越激烈，人际关系越来越冷漠，助人为乐似乎已经被许多父母忽视了。很多家长认为女孩子奉献太多会吃亏，因此忽略了助人的教育。那么，父母该如何教育女孩帮助别人呢？

　　首先，父母要学会助人，孩子才能感同身受，也才能学会助人。父母做好表率，这是所有教育的基本规则之一。世界的五彩缤纷与人间的丰富多彩，都需要有爱心能帮助人的人去发现、去欣赏、去领悟。孩子助人行为的培养，关键时期是童年，蕴藏在点点滴滴之间。女孩子非常容易被爱心所感染，在父母的积极引导下，如果知道别人需要帮助的话，她会尽自己所能来做这件事。

　　其次，要让孩子懂得：一个人为什么要去关心、帮助别人。任何人都不是万能的总有需要别人帮助的时候。父母要告诉孩子，如果渴望得到别人的帮助，那么首先就要学会帮助别人。

　　最后，要让孩子从帮助别人的行动中感受到乐趣！女孩子毕竟很感性，如果她在帮助别人时，收获的是冷漠，是父母的反对、驳斥，那么她们就很难认同助人的行为。

4.乐于分享,培养不自私的女孩

培根曾经说过:"如果把快乐告诉一个朋友,你将得到两个快乐;而如果你把忧愁向一个朋友倾吐,你将被分掉一半忧愁。"这句话旨在告诉我们分享的重要性,一个人如果不懂得分享,在无形之中就多承担了烦恼,少享受了快乐。

果果长得聪明可爱,可是大家都不太喜欢他。

有一次,爸爸从北京出差回来,带回了好吃的北京烤鸭。妈妈把鸭子切好后,盛到了盘里,喊大家来品尝,果果第一个跑了出来。妈妈笑着对他说:"这可是北京有名的烤鸭,很好吃哦!"果果看着桌上的鸭肉,突然用两只胳膊盖住了盘子,大声说:"不许你们吃!"

又有一次,一个小哥哥来串门。妈妈把他领到果果的房间,让果果拿出玩具跟哥哥一起玩。看到有这么多好玩的玩具,小哥哥喜上眉梢,禁不住随手拿起一辆小汽车。谁知,果果看见了,立刻跑过来,一把夺过小汽车,大声嚷嚷着:"这是我的!"小哥哥见状,伸手去拿小飞机。果果又一把夺了回来,理直气壮地说:"这也是我的!"最后,哥哥索性不玩玩具了。

还有一次,妈妈陪果果在街上骑小车。邻居家的爷爷走过来,送给果果两个橘子。果果非常高兴,把橘子放进了自己的车筐里。恰巧这个时候,隔壁的桃桃走了过来,桃桃和果果年龄相仿,平时两个小家伙也经常在一起玩。她看见车筐里的橘子,就伸手抓了一个。谁知果果看见了,转身就要把橘子抢回来。妈妈赶紧抓住他的胳膊,告诉他:"桃桃是你的好朋友,应该一起分享橘子啊!"可是,果果根本就听不进去。

分享是孩子获取快乐的途径。一个乐于分享的孩子,自然能够交到更多的朋友,更加受欢迎。孩子可以从分享中真切感受到分享带来的快乐,这对他们正确理解分享以及将来形成健全人格都具有十分重要的意义。

一场龙卷风袭击了一座小城,报纸上一张特别的照片触动了琳达的心。照片上,一个年轻的女人站在一座完全被毁坏的房屋前面,一个七八岁大的小男孩低垂着眼站在她的身边,旁边还有一个年纪更小的小女孩抓着妈妈的裙摆,眼睛盯着镜头,目光里充满了恐惧和慌乱。琳达觉得这是一次教育孩子的好机会。

琳达将报纸上的照片给自己的女儿梅格安看,并向她解释:"我们有那么多的东西,而这些可怜的人现在却什么都没有。我们应该把自己的东西拿来和他们一起分享。"琳达从家里找出3个大纸箱放在地板上,并装了一些不易腐败的食物和不常用的衣物。梅格安则从屋子里抱着自己最喜爱的布娃娃露西,走到了妈妈身边。她紧紧地把它抱在胸前,然后给了露西最后一个亲吻,轻轻地把它放在了其他玩具上面。"亲爱的,"琳达说,"你不必将露西捐出来的,你是那么喜欢它。"梅格安却严肃地摇了一下头,眼睛里闪烁着泪光:"露西给我带来了快乐,妈妈,也许它也会给那个小女孩带来快乐。"

是的,任何一个人都可以将他们弃之不要的东西捐赠给别人,而真正的慷慨却是将自己最珍爱的东西给予别人。

精神富足的女孩才是最美丽的女孩,慷慨大方的女孩是最富有爱心的。因此,对女孩的爱心教育和培养她们慷慨大方的教育是同等重要的。与慷慨相反的性格则是"小气",这是一种不良的性格特征,父母要及早防止和纠正孩子的"小气"行为。

(1)体验分享的乐趣

分享可以让女孩得到更多的关爱和快乐,是一种"有福同享,有难同当"的慷慨。比如,朋友的分享可以帮助女孩走出失望与迷茫,享受真正的生活。父母应该及早让女孩体会到分享的乐趣,让她在实践中学会分享、乐于分享。

宋娟娟是个五年级的女孩,她非常懂得分享。以前宋娟娟也是个以自我为中心的孩子,自己的玩具不准别人碰,有好吃的就自己一个人吃。

有一次,爸爸给她买了一些好吃的,这时正好遇到了邻居的小伙伴。在爸爸的"命令"下,她给了小伙伴一块糖,那个女孩非常高兴。过了许多天,小伙伴居然给她送来了一盒她最爱吃的巧克力。通过这件事情,爸爸教育她:"你看看,与人分享不仅让你获得了友谊,还让你获得了其他东西吧。"宋娟娟听了,开心地笑了。

真正的分享是一种各方之间的互赢。女孩不愿意与人分享,都是因为她们没有体会过分享的乐趣。因此,父母应该及早对女孩进行分享的培养,使她从中体会到乐趣,慢慢学会分享。

(2)同伴交往强化女孩的分享能力

分享是女孩与他人交往过程中才可能发生的,也只有懂得交往的人才能学会与人分享。一个在角落里长大的女孩不太可能学会与人分享。

因此,父母应该鼓励女孩多与他人交往,以此来强化女孩的分享能力。比如,父母可以让她走出家门去和邻居的小朋友们玩耍、请她们来家里做客、鼓励女孩多交朋友、参加集体活动等等。经过父母的指引,在与人交往的过程中,女孩的分享能力便能得到强化。

(3)在分享的氛围中成长

良好的家庭氛围对分享这种习惯的形成具有重要意义。如果家庭成员共同营造出一个乐于分享的良好家庭氛围,那么女孩自然而然便学会了分享。如果家庭成员之间各人有了好的东西都舍不得拿出来与大家分享,那么孩子很难养成分享的好习惯。

安亚茹今年12岁,是个乐于分享的女孩。这让她拥有许多朋友,而且每天过得非常开心。

她的父母都是乐于分享的人。爸爸在饭店里吃到什么好吃的菜,第二天,他便会带上妈妈和安亚茹一起去吃。妈妈也是如此,她得到了什么好东西,总会想到跟家人、朋友分享,从来不独享。在父母的影响下,安亚茹也成为了一个乐于分享的女孩。

父母应该努力为孩子营造一个乐于分享的家庭氛围,自己拥有了好东西不要独享,而应该与家人、朋友分享。孩子如果从小在这种环境下长大,自然而然便懂得与他人分享自己拥有的好东西。久而久之,孩子良好的分享品质也就形成了。

(4)激励女孩的分享行为

对于女孩一个小小的分享行为,父母都应该做出肯定和表扬。例如,女孩把自己的苹果分给其他小朋友一半、把自己的玩具拿出来让大家一起玩等,如果这些小小的行为能够得到父母的肯定,无疑是对女孩形成分享品质最好的激励。

(5)帮助女孩远离自私和自我

自私和以自我为中心是孩子分享品质形成的重要障碍。因此,父母应该努力帮助女儿走出过度自私和自我的误区,让她们学会考虑他人的感受和体会,学会为他人着想。

刘慧是个三年级的女孩,很自私,眼里只有自己。她一点儿也不会分享,因此朋友也很少。她把所有东西都装进自己书包里,自然也不能得到他人的友谊和给予。她人际关系也不好,为人也很冷漠,对父母也没什么感情。

看到女儿的这种表现,妈妈便对她说:"你应该站在别人的角度考虑一下,如果你是别的小朋友,会不会希望别人跟你分享一些好吃的、好玩的呢?"说过几次后,刘慧开始有了一些变化,慢慢地开始与人分享了。

现在的孩子是父母的心头肉,因此很容易形成以自我为中心的错误意识。这种意识严重阻碍女孩良好分享品质的形成,因此,父母不应该溺爱女孩,而应引导她们走出自私、自我的误区,学会与人分享。

5.有同情心的孩子更有人情味

同情,是一种美。它不是居高临下的恩赐,不是装模作样的慈悲,而是人与人之间一种和谐的联结,是同情者与被同情者之间同等的情感流动。

同情心是人的天性之一,也是构筑人类善良天性大厦的坚强柱石。如果你要做一个有教养的人,首先要具备同情心,这是一种能够影响积极的社会行为的关键因素,也是人与人之间所有关系的基础。

一天夜里,已经很晚了,一对年老的夫妻走进一家旅馆,他们想要一个房间。前台侍者回答说:"对不起,我们旅馆已经客满了,一间空房也没有剩下。"看着这对老人疲惫的神情,侍者不忍心深夜让这对老人出门另找住宿。况且在这样一个小城，恐怕其他的旅店也早已客满打烊了，这对疲惫不堪的老人岂不是会在深夜流落街头？于是好心的侍者将这对老人引领到一个房间，说："也许它不是最好的，但现在我只能做到这样了。"老人见眼前其实是一间整洁又干净的屋子，就愉快地住了下来。

第二天，当他们来到前台结账时，侍者却对他们说："不用了，因为我只不过是把自己的屋子借给你们住了一晚，祝你们旅途愉快！"原来，侍者自己一晚没睡，他就在前台值了一个通宵的夜班。两位老人十分感动，老头儿说："孩子，你是我见到过的最好的旅店经营人，你会得到报答的。"侍者笑了笑说，这算不了什么。他送老人出了门，转身接着忙自己的事，把这件事情忘了个一干二净。

没想到有一天，侍者接到了一封信函。打开看，里面有一张去纽约的单程机票并有简短附言，聘请他去做另一份工作。他乘飞机来到纽约，按信中所标明的路线来到一个地方，抬眼一看，一座金碧辉煌的大酒店耸立在他的眼前。原来，几个月前的那个深夜，他接待的是一个有着亿万资产的富翁和他的妻子。富翁为这个侍者买下了一座大酒店，深信他会经营管理好这个大酒店。这就是全球赫赫有名的希尔顿饭店首任经理的传奇故事。

古人云："老吾老以及老人之老，幼吾幼以及幼人之幼。"尊老爱幼、同情弱者是我们国家的传统美德。一个人只有具有了同情心，他才可能是一个充满爱心的人。俄罗斯著名剧作家罗佐夫说过："应当善于同情，而不是善于严惩。"因此，我们应该在日常生活中，注意培养女孩子的同情心。

同情心是一种非常重要的人格品质，它在维持和谐的人际关系、形成集体凝聚力中起着重要的作用。当看到别人遭遇不幸的时候，有同情心的人会产生共鸣；当他人有了困难的时候，有同情心的人会给予他帮助。当然，有同情心的人更能够设身处地地为别人着想。同情心既是道德情感的一种,也是社会责任的一种;既是社会道德的根本,也是社会责任的前身,更是社会道德和责任的共同基石。

曾经有一位哲学家说过:对于一切有生命之物的同情,是对品行端正的最牢固和最可靠的保证。同情心是一种重要的人格品质,具有同情心的孩子会更能够体会他人的情感,更容易融入社会。

女孩富有同情心,才能更好地去为别人着想,从别人的角度来考虑问题,对弱者怀有相应的同情,能够及时地给需要帮助的人提供帮助。一个富有同情心的女孩,性情上更加温和,能够去理解人和宽容人。

谢静的班上转来了一个女孩叫何娜,她总是喜欢把自己的左手放在口袋里,不喜欢拿出来。有一天,谢静故意跟着她,想看个究竟。

结果她发现:何娜的手上有一个很大的红色印记。原来问题在这里,谢静便大声地对着全班同学说出了这个发现。

何娜一听到谢静将这件事告诉了大家,就伤心地哭了起来。有几个小朋友觉得谢静的做法不对,就对她说:"你怎么这样子说人呢?"老师知道后,也对谢静提出了批评,还对何娜说:"这是很正常的,红胎记能给你带来好运呢,不是丢脸的事情。"

同情心是女孩善良品质形成的基础,是一个人仁爱之心的基础。女孩没有同情心,就会表现得不会为别人考虑,冷漠自私,而且还会轻视弱小和有缺陷的人。父母一定要从小就培养女孩的同情心。

女孩具有更多的同情心,就能正确地对待别人的缺陷和不足,懂得感恩。这类女孩能更好地与人沟通、配合,相互取长补短,创造出和谐融洽的氛围,这也是女孩融入社会的基础。

(1)要具有同情心

父母是女孩模仿的对象,父母的行为直接影响着女孩对这个世界的看法。父母友爱善良的举动是培养女孩同情心的肥沃土壤。

雨涵的妈妈是一个特别亲切友善的人，要是谁家有了困难，她总是在第一时间提供帮助。有一次，居委会里的阿姨带回来一个小男孩。他的爸爸妈妈因为负债逃跑了，警察就只好暂时把他放在居委会。雨涵的妈妈觉得他很可怜，就主动提出让这个男孩来家里住一段时间，并给他提供和雨涵一样的食宿。他在她家过得很开心。妈妈的乐于助人和好心肠在邻里间是出了名的，在妈妈的影响下，雨涵也是一个有同情心的女孩。

父母良好的人格在女孩面前的展现，能让女孩耳濡目染，深刻认识到什么样的人值得同情，应该怎么做。因此，女孩同情心的种子也自然地发芽了。父母给女孩的感染力是最强大的，这能够让女孩从小去模仿如何来做一个能帮助别人的人。

(2)不要瞧不起别人

万物平等的心态是女孩具有同情心的基础，对人如此，对动物、植物也一样。女孩小时候都是敏感的，父母要让女孩明白一个人无论家境如何富有，相貌如何漂亮，其实和扫大街的阿姨、瘸腿的邻居都是一样的，应该用一颗平等的心看待周围的一切。

党文玲长得很漂亮。上幼儿园的时候，老师把她和一个长得很丑的小女孩分到一组做游戏。对此，她很不愿意，最终游戏没玩成。老师问她为什么不玩，她说那个女孩长得这么丑不想和她玩。老师批评了党文玲，告诉她这种做法是不对的。

党文玲感到委屈，回家把这件事告诉妈妈。妈妈温柔地给她说："你那个小同学也不想长得丑啊，她也想像你一样漂亮。可是相貌不是自己决定的，是上天安排的。无论美丑都是一个可爱的生命啊！她和你一样都是妈妈的宝贝,不能瞧不起别人啊!"党文玲似有所悟地点点头。

瞧不起比自己差的人,是一种很自我的意识,具有这样心态的人不会有同情心。只有平等地看待一切人和物,才能激发同情心。

(3)女孩对人情的感受力

想要对人表现出同情心,需要女孩有良好的对情绪的感受能力。一个不能够感受来自别人对自己的关心和爱护的女孩,也就不能对人情做出良好的反应。她表现出来的就是冷漠,让人不能亲近,看起来像是不愿意去关怀弱小。

父母平时可以为女孩营造一个富有人情味的生活环境,让女孩对情绪具有丰富的感受能力。这样女孩更能体察到别人的需要,从而给予弱者同情和帮助。女孩有时候不是缺乏同情心,而是缺乏一种对情绪的感受能力。

(4)女孩的慈善行为

慈善是爱心的表现,是面对他人需要时的一种给予。慈善出于关怀和爱,是给弱者最需要的帮助。

张静回家跟父母说,学校里要举行一次向贫困山区小朋友献爱心的行动,她想把自己一整套的《幼儿画报》捐给那些小朋友。妈妈听后,就问她:"你怎么想捐书给他们呢?"张静便跟妈妈说:"他们那里太穷了,可能没看过这些画报,我都看过了,我想让他们也能看到。"

妈妈听后觉得女儿真是懂事了,便对她说:"你的这个想法很好,你可以去班上跟老师说,让小朋友们都可以捐出一些幼儿读物给那里的小朋友。"张静听后,第二天就和老师提出了自己的建议,老师觉得很好,答应了她的提议。

父母要对女孩参与身边慈善活动的行为给予热情的支持。女孩愿意投入到慈善活动中去,就是她同情心和善心的一个表现。而父母的理解和支持,更能够让女孩在这条路上坚持下去,也就能够让女孩满怀着同情之心茁壮成长。

(5)多接触小动物

研究发现,多接触和饲养小动物的女孩,心思会更加细腻,也更能体贴和关心人,更加富有同情心。父母培养女孩的同情心,可以通过让女孩从小多与小动物接触的方式,让女孩在照顾小动物的过程中,培养丰富的同情心。

当女孩表现出对小动物的关心之情时,同情之心便已经在女孩的心中生根发芽了。因为女孩会把自己的这种情感体验用在自己平时生活中的其他人事上,而在不断的回馈中,女孩会收获来自别人的关怀和帮助。自此,将会形成良性循环,让女孩乐于去做一个有同情心的人。

6.教会你的女儿关爱他人

爱是人类教育的一个永恒主题,是人类所有感情中最高贵、最淳朴、最真挚的,是人类社会向前发展的最根本原因。

玛莉安站在窗前向外望去,天空非常阴沉,枫树的叶子已经掉光了,强风吹不动泡在雨水里的叶子。她看到爸爸背对着房子跪在空地上,四周死气沉沉的景象和他深蓝色的夹克形成强烈对比,头发在风中飞舞着。他举起一个东西,埋到土里再整理草皮。

一阵绵绵细雨落在玛莉安窗前的阳台地板上。她跑去拿出雨鞋、雨衣和她那把小小的雨伞后,站在门廊上准备撑开伞。因为没有人过来帮忙,她看起来倒像一个大人。伞终于在头顶上打开,可以保护她了。

"爸爸,你在做什么?"玛莉安好奇地问。

"工作。"他头也不抬地应道,声音听起来好像很疲惫。

"在挖洞吗?"玛莉安接着问道。

他叹了一口气,说:"不光是洞,我要弄个花园。"玛莉安看着后院,那里有爸爸种的番茄和豆子,还有妈妈种的玫瑰。

"我们的花园已经有很多啦!"她说。

"这个不一样,这是奶奶的花园。"爸爸很快地说道,他还是没有抬头。

"因为她已经死了,是吗?"玛莉安停了一会儿说。

"是的。"

"奶奶不是因为癌症死了吗?"她问。

"不错,是癌症。"

她注视着地上的泥土:"为什么奶奶也需要一个花园呢?"爸爸突然停止了手中的活,转过头对他说:"玛莉安,奶奶不是'需要'一个花园,而是我们看到这个花园就可以想起奶奶啊!"他一面将铲子插入刚翻好的泥土里,一面说,"而且我们会把桑橙树种在奶奶的花园里,以这种方式纪念她。"玛莉安不明白纪念是什么意思,爸爸告诉她:"纪念就是提醒我们想起已经过世的人。"

他继续告诉玛莉安很多关于奶奶的事。奶奶每年夏天都会在自己家里对人说:"嗯,闻闻桑橙的味道。"他说奶奶喜欢花、音乐、看书和猫咪,她总是陪着家里的每一个人,她美妙的笑声和快乐的笑容让人觉得很温馨。

最后,玛莉安问:"爸爸,你想奶奶吗?"

他又蹲下来继续挖土:"我从没想过自己会这样想念她。"沉默了一会儿又说，"即使我长大之后，奶奶总是可以抢先把事情弄好，她让我觉得备受保护。"

但在玛莉安的记忆里却总是奶奶生病的样子，她只记得患病的奶奶躺在沙发上，为了不让奶奶着凉，她会把被子盖在奶奶身上。还有，她试戴奶奶各式各样的帽子换来许多的笑声。也曾坐在奶奶身旁，听着奶奶慢慢的、温暖的读书声。睡前拥抱的时间一到，奶奶总是说："我爱你，玛莉安。"

"爸爸，那现在是谁在保护你呢？"玛莉安问。

当他抬起头来，玛莉安看到爸爸的脸上布满了晶莹的泪水，印象中爸爸的脸即使在雨中也没有淋湿，她又说："我想是爷爷和妈妈。"为了不让更多的眼泪流出来，他双眼紧闭，声音哽咽地说："还有你。"

玛莉安的妈妈从大窗子向外看到：细细的水珠把阳台的地板湿润成暗蓝色，而草地的另一头，在阴暗的天空下有两个身影，一个沉默地站在一旁，用她小小的雨伞帮爸爸挡雨，一个跪着挖掘新花园。

爱是世界上最美好的东西，在让孩子享受爱的同时，也要让他们学会爱别人。

从前，有一位可爱又善良的女孩，名叫达芙妮。她有一位年纪很大的老奶奶，头发都白了，脸上也布满了皱纹。老奶奶因为身体虚弱，不能下地行走，只能常年躺在床上。

达芙妮的父亲在山上有一栋大房子。每天，太阳都从南边的窗户里射进来。房子里的每件东西都亮亮的，漂亮极了，阳光照到人身上暖洋洋的，舒服极了。可是奶奶住在北边的屋子里，太阳从来照不进她的屋子。

一天，达芙妮对她的父亲说："为什么太阳照不进奶奶的屋子呢？我想，她也是喜欢阳光的。"

"亲爱的达芙妮,太阳公公的头探不进北边的窗户。"她父亲说。

"那么,我们把房子转个吧,爸爸,这样阳光就可以射进奶奶的房间了。"

"房子太大了,不好转。"她爸爸说。

"那奶奶就照不到一点阳光了吗?"达芙妮问。

"当然了,我的孩子,除非你给她带一点进去。"

从那以后,达芙妮一有空闲时间就绞尽脑汁,冥思苦想,思索着如何能带一点阳光给她奶奶。

一天早晨,她在花园里玩时,看到了太阳温暖的光线照到了她金色的头发上。然后,她低下头,看到衣摆上也有阳光。

"我要用衣服把阳光包住,"她想,"然后把它们带进奶奶的房子。对了,就这么办!"于是,她跳了起来,跑进了奶奶的屋子。

"看,奶奶,看!我给你带来了一些阳光!"她叫着。然后,她打开了她的衣服,可是非常奇怪,看不到一丝阳光,刚才那些阳光不知道都藏到哪里去了。

"孩子,阳光从你的双眼里照出来了,"奶奶微笑着说,"它们在你金色的头发里闪耀。有你在我身边,我不需要阳光了。"

达芙妮不懂为什么她的眼睛里可以照出阳光,但她很愿意让奶奶高兴,因为这样她也会感觉到快乐。

一位教育专家说:"只知索取,不知付出;只知爱己,不知爱人,是当前独生子女的通病。"高尔基曾说过:"爱孩子这是母鸡也会做的事,而教育孩子则是一门艺术。"由于很多家长只重视孩子知识的学习,而不注重品德的培养;只知道无私地为孩子奉献爱,而从不教孩子如何去爱别人。在这种观念下教育出来的孩子,势必会缺乏爱心。

对于孩子来说,我们不但要为他们创设一个被爱的环境,更重要的是要让他们学会如何去爱别人。只有生活在"爱"与"被爱"的双重环境中,我们的下一代才可能健康地成长起来。

爱心的产生,是基于个体的社会性情感需要,它不是人与生俱来的品质,而是在后天的环境中和教育的熏陶下逐渐形成的习惯性心理倾向,必须在童年时就细心培养。所以,家长平时注意对孩子进行一点一滴的培养、一言一行的引导。如果在平时生活中关注孩子、培养孩子的爱心,那么仁慈博大的爱心就会在孩子心头扎下根,并会随着孩子的成长而不断扩展和升腾。

父母是孩子的镜子,孩子是父母的影子。只有富有爱心的父母,才能培养出富有爱心的孩子。所以,父母平时就要注意自己的言行举止,做到孝敬老人、关心孩子、关爱他人、乐于助人等。借此让孩子觉得父母是富有爱心的人,从而自己也要做一个富有爱心的人。

父母要加强对女孩爱的教育,让女孩在幼小的心灵里就形成一种认识:别人也需要我的爱,我要关爱别人。这是一个消除女孩自私自利的好方法。要让女孩学会关爱别人,就需要让她先学会理解别人、尊重别人。只有这样,女孩才能够用更好的状态投入到关心别人的行列中来。

(1)父母要在女孩面前适当地示弱

父母示弱是为了激起女孩的保护欲,让女孩学会关心父母。

一天,妈妈和安然一起玩,妈妈帮她收拾她的各种玩具。东西太多也太乱了,妈妈收拾时就在安然面前表现出了疲倦,安然一看到妈妈很累的样子,就连忙对妈妈说:"您歇一会吧,我来收拾。"然后就自己收拾玩具。

又有一次妈妈下班回家,安然赶忙跑过来迎接妈妈,对她说:"妈妈,今天累不累?"妈妈点了点头,安然便赶忙倒水。

父母在女孩面前的示弱,能激发女孩的同情心,同时令她做出一定的反应。这样的做法，除了父母希望女孩能够表示出对自己的关心，还希望女孩成为一个能够关心他人的人。父母要想培养女孩关心他人的品质，就应该在女孩面前也学会适当示弱，给女孩多一些可以关心父母的机会。

(2)鼓励女孩知恩图报

让女孩学会知恩图报，也就是让女孩能够更好地去关心给自己帮助的人，做个懂得感恩的人。父母培养女孩的感恩心态，也就是为了让她能够更好地关心别人，以一颗感恩的心来回报别人给自己的帮助。当然，细节也能体现品质。作为父母，不要忽略了在一些小事上对女孩感恩图报品质的培养。

(3)鼓励女孩多参加集体活动

要想培养女孩关心他人的习惯，就要让女孩多融入集体中。只有与人接触，才能发现要关心别人什么，要怎样关心他人。

欢欢班里有几个同学建议周末去爬山，说这样不仅可以锻炼身体，又能找到登高远眺的那种诗意。欢欢也要求参加。周末他们按照约好的时间，带好该带的东西，准时出发了。

爬到一半的时候，由于路比较陡峭，一个女孩不敢爬了。欢欢就提议由大家拉着她走，一定要爬到山顶。最后在大家的合作下，都爬到了山顶。对自己平时居住的城市一览无余时，大家都感到很开心。

多参加群体活动的女孩能够学会配合与协作，能够从集体出发，不以自我为中心，通过共同努力来实现目标，也能够在别人处于弱势的时候给予帮助和关怀。因此，父母鼓励女孩多去参加与人合作的活动，女孩就会慢慢学会怎么样去关心他人。

(4)培养女孩善良的品行

善良的人不会为了自己的利益损害别人的利益，不会看到别人痛苦而无动于衷。培养女孩善良的品行,就是让她用心去为他人着想、关心他人、帮助他人,给他人带来快乐和幸福。

关心他人是女孩善良品行的一个重要方面,善良的人更具有关心他人的品行。善良的人心思比较细密,她们多能够体会到别人的需要。善良的人都具有同情心,更懂得给予别人自己的爱。所以父母培养女孩善良的品行,也就是培养她懂得关心他人。

(5)告诉女孩情感交换原则

父母培养女孩养成关心他人的习惯,要告诉她们这样一个道理:你希望别人怎样对你,你就要怎样对待别人。别人是自己的一面镜子,你对他笑,你看到的是一副善良的面孔;你对他凶,你看到的也是一副凶狠的面孔。

在日常生活中,每个人都需要别人的关心,关心是友爱的表现。只有沐浴在爱的海洋里,人才会感到无限的幸福。父母要告诉女孩,不要害怕给予,你给予别人关爱的同时,会收获别人更多的爱的回报。在感情付出上,收获大于付出,这就是情感交换原则。

第四章

多才多艺,培养女孩艺术气质

1.绘画,培养女孩感悟美的能力

绘画的过程如同是一种心灵的洗涤,赋予女孩感悟美的能力。

让女孩学习绘画并不是说一定要让女孩以后成为画家、设计师,而是希望通过画画的方式,来培养孩子的观察力、记忆力、表现力、想象力和创造力。同时,绘画还能让小公主们敞开心扉。在绘画中,她们表达自己内心的想象和情感,通过绘画把自己对周围事物的认识表达出来。在此基础上,女孩的审美情趣和修养也能得到提升。绘画对于培养良好的心理素质如毅力、耐力,更是功不可没。

绘画可以锻炼女孩的感知能力,绘画应该是女孩距离客观世界最近、最直接的一种活动。在老师的带领下,孩子们每天专门研究不同的观察方法,并切实对不同的事物进行有目的的观察与描述。如此日积月累,孩子就会越来越完整、越来越细致地观察身边的事物,女孩的感觉也就会越来越敏感。

绘画可以增加女孩各方面的知识。一旦涉及到一个新的绘画内容，女孩不仅仅要对绘画对象的形状与颜色进行准确观察，还要认真了解事物的构造与特征。

绘画可以锻炼女孩的动手能力。实践证明，用双手制作一件东西对于发掘孩子潜在的天资与无限的智慧具有不可替代的作用。而在绘画、手工的教学中，女孩会用自己的双手接触到不同的笔、颜色、纸等各种各样的工具材料，并在绘画与制作练习中熟练掌握这些材料各自的特点与不同的用法。也许只有在美术课堂中，女孩才能真的利用她们的双手独立创造出完全属于自己的艺术作品。

绘画可以培养女孩的想象力与创造力。美术也许是唯一一门永远都没有枯燥的重复、永远都不会出现固定法则的学科。它永远有新的课题、新的内容、新的方法，永远需要不断去尝试、不断去感受、不断寻求自己的观念和与众不同的表现方法。如此日积月累，一种优秀的思维方式会在不知不觉中变成女孩的意识。

绘画可以培养女孩独立思考与独立工作的能力。女孩在绘画时需要自己准备工具、寻找素材，以及绘画过程中的构思、构型、涂色、修整……从始至终所有的过程都是由女孩来独立完成，且永远不能和其他人一样的。从某种意义上来讲，绘画对于女孩在独立思考与独立工作的训练上，是没有任何活动能够与之相比的。

我们可以看出，在绘画的过程中，女孩子的个性能力、审美能力都可以得到很大程度的提高。

没有天生缺乏美术才能的女孩，只有因缺少引导而渐渐丧失兴趣的女孩。女孩天生就喜欢到处涂鸦，这是她们的一种表现手法。女孩喜欢用自己的笔来表达自己各种各样稀奇古怪的幻想和思考，这是女孩内心情感最真实的流露。

父母想要培养女孩的美术特长，首先不要用成人的眼光来看待她的绘画作品，这样只会打击女孩最初的兴趣。对于女孩这种最最自然的作品，任何成人化的批评都是对她绘画热情的一种摧残。

有一次，老师正在教孩子们学画水彩画，笑笑的妈妈来接女儿了。笑笑马上把自己刚画好的画递给妈妈，妈妈拿着画，掉过来转过去地研究，还是没有看出女儿画了什么。"这是什么呀？"妈妈小声问笑笑。"是猫呀。"笑笑话音还未落地，妈妈就连着夸奖："是猫，是猫，画得真像！我们笑笑好棒，猫画得真好！"说着眉开眼笑地领着笑笑回家了。

过了一段时间后，笑笑因这幅画获得了某比赛的一等奖。评委们说孩子的线条大胆、有创意。

父母要想培养女孩的绘画特长，就一定要保护好她对画画的热情。现在的很多父母都急功近利，在女孩学习的过程中过于强调技巧，从而忽视了她的创意，这是本末倒置的。对女孩艺术才能的培养，兴趣和创意才是最重要的。

女孩的绘画才能体现在她能通过形象的线条、明暗、结构、色彩表现情绪的变化，把自己的感受用这些具体的线条和色彩描绘出来。绘画是一种需要灵感和创意的工作，如果只是强调技巧，就失去了绘画的乐趣。

孩子的绘画兴趣，既与天性有关，也和父母的正确培养有很大的关系。那么我们该如何更好地培养孩子绘画的兴趣呢？

(1)欣赏女孩的涂鸦

当父母看到女孩随处涂鸦时，不要批评她，而是要用欣赏的眼光给予称赞。

在盈盈3岁的时候，她突然对画画产生了兴趣。很多时候，妈妈看到女儿拿着一支笔,在一切她能作画的地方胡乱涂鸦。有时是纸上,有时是书上,有时是空白的墙壁上,小家伙画得很开心。对于盈盈乐此不疲的涂鸦,爸爸妈妈并没有批评她,也没有告诉她怎样画更为准确,而是经常鼓励女儿说:"盈盈画得真好,再给爸爸画一个。"有时候,爸爸妈妈还把盈盈的画贴到墙上,而得到父母鼓励的盈盈对画画的兴趣更浓厚了。

等到盈盈长大一些,妈妈开始对她画画进行适当的引导。例如,妈妈会给她买一些连环画,让女儿先从模仿开始,指导女儿如何正确地抓住画画对象的特点。渐渐地,盈盈的画画能力得到很大提高,而且她也开始加入了自己的创意。

由于经常画画,盈盈的审美能力要比同龄的孩子高很多。她不但会给自己搭配服饰,而且还是爸爸妈妈的服装顾问。有时候,同龄的女孩子出去买衣服,也会拉着盈盈做参谋,这让盈盈结交到很多好朋友。

随处涂鸦是绘画天赋的体现,父母要好好保护女孩的兴趣,这是把她引向绘画特长之路的重要保障。用欣赏的眼光看待女孩的涂鸦,能够激发她的美术热情。

(2)对女孩的成绩给予赞赏

父母在女孩学绘画的过程中,要给予很大的关注。只要是女孩通过努力有了进步的,父母都要及时发现并给予恰当的表扬与夸赞,和女孩一起分享成绩中的喜悦。父母的鼓励和赞扬,也是维持女孩良好兴趣的一个关键点。

(3)不要急功近利

父母在让女孩学习绘画的过程中,最急功近利的表现就是,要她能够快速掌握各种技法,然后在各种大赛中取得名次。如果女孩有没有得大奖是大人们最为关心和关注的焦点,那么女孩会产生很大的压力,她不能享受绘画当中的乐趣,而是在应付的机械式的学习。

父母要让女孩真正喜欢上绘画,让她觉得绘画是自己灵魂的一部分。只有在这种心态下去学习,女孩才能够发挥潜在的绘画才能,也才能够越学越喜欢绘画。其实,父母追求功利,对于年幼的女孩只有坏处,没有好处。

(4)循序渐进地培养女孩

做任何事情都不可能一蹴而就,成功是一个需要不断付出、不断努力的过程。

夏云的妈妈让她从5岁开始学画画。妈妈对她的要求比较高,希望她一天能有一个变化,用最短的时间把各种绘画的技巧都学会。只要她有了进步,妈妈就会很高兴。相反,如果夏云在一段时间里没有多少进步,妈妈就会认为她没有努力。

夏云一直很喜欢画画,只是妈妈的这种严苛的训练方法,让她觉得喘不过气来。夏云觉得现在每天画画都是在应付妈妈的检查,她很不喜欢这种状态。

父母在让女孩学绘画的过程中,一定要遵循她的学习规律。学习是个渐进的过程,不是一天两天就能见到突出效果的。画画是一生的艺术,是急不来的,最重要的是要具有创造性和艺术性。

(5)把女孩带进艺术的氛围

培养女孩热爱艺术、喜欢画画、能找到灵感的最好方法是,把女孩带入艺术的氛围中。只有在充满绘画艺术的空间里,女孩才能真正地感受到艺术的美,才能深深地被绘画所吸引,也才能找到自己的崇拜对象,从而树立起这方面的追求目标。

父母可以经常带女孩参观画展,买一些好的绘制作品,给女孩讲著名画家的成功历程。当然,父母也可以常常带女孩去参观一些艺术类院校,让她能亲身体会到绘画是一种崇高的艺术,令她对艺术产生无限的向往。

2.舞蹈,培养女孩优美的气质

舞蹈赋予女孩优美的气质。艺术史学家的考证表明,人类最早产生的艺术就是舞蹈。在远古人类尚未产生语言以前,人们就用动作、姿态、表情来传达各种信息和进行情感、思想的交流。在由各种声音发展而来的语言和音调之后,诗歌和音乐才相继产生。

不论是习俗舞蹈、社交舞蹈,还是自娱舞蹈、体育舞蹈、教育舞蹈等,都是一种人体动作的艺术。

站在美丽舞台的中心,穿上漂亮的纱裙,戴上靓丽的装饰,在荧光灯闪烁的舞台上自由舞蹈……几乎每个女孩都有着这样的"舞蹈梦"。而每个女孩都是天生的舞者,优美的形体、灵活与柔韧的肢体、较强的审美能力……恰恰是女孩子形成优美气质所必需的因素。

舞蹈需要全身各部位的配合,可锻炼孩子动作的协调性,使孩子更有节奏感。处于正快速生长发育时期的女孩子,舞蹈训练(如挺胸、抬头、收腹)能使她们站得直,形体优美,且能纠正驼背、端肩等形体问题。经过舞蹈训练,孩子的力量控制、稳定性、耐力等方面的身体素质都会得到提高,肢体灵活性、柔韧性也可以得到增强。舞蹈可使孩子潜移默化地接受到艺术表演的熏陶,使孩子们热爱生活,并能令孩子欣赏美、体验美,提高孩子的审美情感。而舞蹈演出能培养孩子的表演能力,使孩子们不会怯场、表现力强、拥有更好的心理素质,提高孩子的自信心。

让孩子去学舞蹈,并不是一定要让他们成为优秀的舞蹈演员,最主要的是练练形体和气质、培养培养兴趣。孩子在很小的时候就会用手舞足蹈、蹦蹦跳跳来表达自己内心的情感,那么我们怎样发现有舞蹈天赋的孩子呢?

一般来说，具有舞蹈才能的女孩，在很小的时候(1~4岁)就会表现出舞蹈的天赋。我们可以注意到具有舞蹈天赋的孩子对舞蹈会有强烈的兴趣，且舞蹈的动作协调、轻盈、优美、灵活，并能伴着音乐的节拍而律动。不仅如此，她们能利用手和手臂的结合，做出许多动作。她们会非常喜欢模仿动作，参考电视上的舞蹈节目。还有，她们能根据自己学过的动作，创编一些简单的舞蹈。

舞蹈是美的化身，学习舞蹈不仅能够提升女孩举手投足间的气质，也能陶冶情操，让她具有一种灵秀脱俗的风韵。学习舞蹈的过程是一个不断接受美的熏陶的过程。

李媛的各种先天条件并不是很好。学舞蹈，她体形偏胖，不是首选；学钢琴，她指头偏短，没有潜力；学声乐，她嗓音沙哑，没有优势。妈妈咨询了有关老师后，给她选择了画画。

但半年后的一天，李媛却哭哭啼啼地跟妈妈说："妈妈，我不喜欢学画画了，我想学舞蹈。"

因为考虑到李媛从小就有很高的音乐天赋，再加上学画画也是妈妈的一厢情愿，妈妈答应了女儿的请求。但她对李媛提出了要求，即便学习舞蹈很辛苦，也不可以再次退缩。李媛很爽快地答应了。

可没想到，改学舞蹈后，李媛又是一脸伤心，哭着跟妈妈说："妈妈，我不学舞蹈了。我太胖了，老师说我的腰太硬。"

理由很充分，但妈妈却不同意。本来让李媛上特长班仅仅是为了培养一种爱好，多一点艺术修养，不是为了让李媛学有所成。但现在看来，妈妈觉得更应该培养的是让李媛学会负责，学会直面困难，学会挑战自我。

从这以后，妈妈给李媛制订每天的练习计划，利用晚饭前的一段时间陪李媛练习。很快，练习就初有成效了，几个难度较大的动作李媛都顺利过关了。伴随着妈妈的鼓励、表扬以及坚定的态度,李媛的进步非常快,而且还代表学校参加演出了。

父母对女孩舞蹈特长的培养,最好从四岁开始,先是让女孩能够在一种潜移默化的舞蹈氛围中受到感染,也就是先要让女孩对舞蹈产生一种浓烈的兴趣。在女孩有了兴趣之后,才可以更容易地把她引入舞蹈的世界中来。

父母让女孩学习舞蹈,有利于她更好地发挥想象和创造力,有利于她更好地感悟节奏和形象。在女孩学习的过程中,父母还要及时肯定她取得的成绩,让女孩能够更有激情地投入到学习中来。

父母对于女孩舞蹈特长的培养也要从兴趣入手,没有兴趣是学不好舞蹈的。

(1)激发女孩的舞蹈兴趣

父母要培养女孩舞蹈方面的兴趣,让女孩多看是激发兴趣的一个好办法。

佩佩的妈妈对舞蹈很热爱,她喜欢给女儿看一些舞蹈作品和歌舞片。现在,佩佩常常和妈妈去看现场版的舞蹈大赛。每次看完大赛后,她都是一路跳着回家。妈妈看她跳舞的兴趣日益浓厚,也就让她开始了系统的舞蹈学习。

父母多带女孩看一些舞蹈大赛,对她也是一种舞蹈的启蒙。在这期间里,也可以培养女孩对舞蹈的兴趣。舞蹈是一种视觉化的艺术,它本身就是在向人们展示一种美,而女孩的心灵很容易去感受这份美。舞蹈能够对女孩产生强烈的视觉冲击和震撼力,让女孩喜欢上它。

(2)让女孩多听音乐

父母可以多让女孩听听音乐,任她自由地在音乐中舞蹈。

欣然的妈妈很想培养女儿对舞蹈的兴趣,于是经常放一些节奏感强的音乐给她听。每次一听到这些乐曲,欣然也会跟着节拍手舞足蹈。在听多了节奏感强的音乐后,欣然也能找准音乐节拍了。她主动说想学习跳舞,妈妈同意了,给她报了舞蹈班。

她在学习舞蹈时节奏感和协调性都很好,老师夸欣然有舞蹈天分。欣然在老师的赞赏下,学习的热情就日益高涨。

音乐和舞蹈一般是连在一起的,随歌起舞,也是人之常情。因此,父母也可以让女孩多听一些优美的乐曲,一些很有节奏感的音乐。而在听的过程中,女孩就会很兴奋地随着节奏手舞足蹈,这样就可以培养她的舞蹈兴趣。

(3)要多鼓励女孩

父母在女孩学习舞蹈的过程中,对于她的表现要多给予表扬。女孩年纪小,在学习的过程中难免会出现很多不如意的情景。面对这些不如意的情况,父母不要苛求女孩,要多表扬她,让她保持学习的热情。

父母也不能漠视女孩的不足,要找出原因,和舞蹈老师一起帮女孩克服。

(4)让女孩快乐地学习舞蹈

田英开始学舞蹈了。妈妈为了让她容易地体味到舞蹈带来的快乐,就让她先学习一些比较富有儿童情趣的舞蹈。比如,妈妈先教给她儿童比较喜欢的舞蹈。这样,田英学舞蹈的过程就像玩耍一般,所以她非常喜欢学舞蹈。

田英在早年学舞蹈时的快乐感觉一直保留在心里,让她认定了舞蹈

能给她带来快乐,在以后的专业学习过程中,她也一直带着快乐的心态
学习。

父母在让女孩学习舞蹈的过程中,一定要考虑女孩的心理特点。只
有让她在快乐中学习舞蹈,这样女孩才能既得到快乐,又有了兴趣。趣味
很重要,只有让女孩觉得这是一件很有趣的事情,学起来才会更轻松。

3.音乐,培养女孩灵动的气质

美国著名作曲家科普兰问:"音乐有意义吗?"当然,毫无疑问是有意
义的。海顿说:"艺术的真正意义在于使人幸福,使人得到鼓舞和力量。"

音乐是声音的艺术,是时间的艺术,是表现的艺术,是再创造的艺
术。声音是令音乐具有与其他艺术不同的种种特殊性的根源所在,也是
音乐诸多艺术特征生成的根源所在。音乐艺术正是通过声音运动的过程
来展现的。古希腊哲学家、美学家亚里士多德就曾这样思考:为什么音乐
的表现力比色彩大许多?结论是——因为它是时间性的,可以说是时间
创造了音乐。音乐是典型的表现艺术。音乐自身没有也不可能提供任何
实实在在的可视的形象。音响是感情的直接载体,涵载着感情内容的音
乐给人的感受是直接的。故此,人们在从音乐中直接获得相应感受的同
时,会生发种种想象,自己的音乐感受也会得到强化。艺术重在独创,贵
在再创。音乐艺术在人们二度创作的过程中,不断有新的智慧、才华、创
造性被注入其间,因而它具有了永不凋谢的生机。音乐艺术之所以特别
鲜活,也得益于它流传在不断再创造、再丰富的基础之上、过程之中。

音乐,可以点缀生活、装点心情。不仅如此,音乐还能赋予女孩灵动的气质。其实,父母让小公主从小就掌握一些乐器,爱好音乐,对孩子的身心发育、智力发育都是有好处的。音乐是情感的艺术,即便是一首最简单的低幼儿歌曲,也饱含着情感,表达着一定的思想内容。欣赏、学习音乐对孩子情操的陶冶、情绪的调节、思维的开拓等方面都会有很大的益处。

女孩的音乐才华并不是只有在专业老师的指导下才能得到良好发展的,一个完全不懂音乐的父母也能够为女孩做良好的早期音乐启蒙,培养她对音乐良好的兴趣,然后再进一步让女孩把音乐发展为自己的特长。

6岁以前是培养女孩音乐才能的最佳时期。女孩对声音和音调的敏感度,就是在这个时期由父母的指引和辅导来帮助建立的。父母要坚信每个女孩都拥有自己的音乐潜能,而这些潜能正等着父母来帮她发掘。

王乐乐的妈妈在怀孕期间就特别注重对乐乐的胎教,经常听一些音乐台的节目。乐乐出生后,妈妈就发现了一个怪现象,乐乐每次哭的时候,只要听到音乐声,她便马上停止哭闹。不管这声音从手机里传出来的,还是从电视中传来的。

妈妈发现乐乐的这个现象之后,知道她对音乐有敏感性,很容易被音乐吸引,便有意识地培养她的音乐特长。

父母对女孩音乐艺术教育的培养,不一定要先让女孩去学一堆理论和技能上的东西。其实,在女孩3岁以下的时候,父母让她多听一些优美的乐曲,增强她的感知力和领悟力就可以了。

对女孩的音乐启蒙教育,父母可以让女孩多听一些节奏感比较强的音乐、让她自由地随着节奏手舞足蹈等方法来进行。这种方式的启蒙教育,不仅可以培养她的乐感,还能增强她对音乐的兴趣,以利于父母后期对女孩音乐特长的培养。

父母对于女孩音乐特长的培养是个系统的过程,要注意其中的阶段性,不能急功近利。

(1)要从胎教做起

妈妈在怀孕的时候就要注意对女孩进行音乐胎教,开发女孩的音乐智能。

齐颖是一个很爱音乐的女孩。妈妈说在还怀着她的时候,每天都会在固定的时间里收听一些旋律很优美的古典音乐和民族音乐,对于一些国外的经典钢琴名曲,也会有选择性地听。

每次在放这些音乐的时候,妈妈就能感觉到女孩在肚子里的胎动增加。这说明女孩在听,还有了反应。

有机会,妈妈还会去观看一些大型的音乐表演,让肚子里的女孩能够受到音乐的熏陶。

父母要想让女孩拥有更好的音乐天赋,就应该在怀孕的时候就开始对女孩进行音乐胎教。实验证明,受过音乐胎教的儿童比没有受到音乐胎教的儿童拥有更多的音乐天赋。

(2)培养女孩对音乐的感悟力

父母可以通过对女孩进行一些早期的音乐启蒙教育,来观察她对音乐有没有兴趣。如果有兴趣,父母就应该坚持让她听一些优美的曲子,培养出她对音乐的敏感性。

(3)让女孩学会找节奏

父母在女孩两三岁的时候,就要让她多听一些节奏感比较强的音乐。此时她的活动能力已经很强了,在听到节奏感强的音乐时,对音乐敏感的女孩就会随着节奏手舞足蹈,在这个过程中就可以培养出她的节奏感。

在跳的过程中,父母可以简单地给女孩踩一下拍子,让她知道拍子在哪里,让她可以更加准确地跟着节奏来跳。渐渐地,她就可以自己找节奏了。当然,这个时期也是对女孩的音乐特长进行节奏感培养的时期。

(4)锻炼女孩的旋律和音准

在女孩三四岁的时候,父母就可以让她向旋律和音准方面的训练过渡了。

在倪倪3岁多的时候,妈妈就给喜欢音乐的她买了一架电子琴。在听妈妈弹过之后,她说自己如果能像妈妈一样弹奏得那么好听就好了。她用小手在上面按一下,又按一下,她觉得每一个声音都很好听。

妈妈先教会了她识五线谱,然后再教她在琴键上哪个键是发哪个音。在她把这些都记住了之后,妈妈就拿了一首《新年好》的曲子来让她学习练习,倪倪花了一个星期的时间,终于能够简单地把这首曲子弹一遍了。

对于这个阶段的女孩,应该对音乐旋律、音准方面加强具体的培养。一般来说,可以让女孩配着曲子接触乐谱,渐渐地学会认五线谱。不过,女孩在这个阶段学的都应该是一些最简单的旋律,这样才能进一步引发她的音乐兴趣。

(5)让女孩学习音乐技能

4岁以后,想要培养女孩音乐特长的父母,就可以让她学习实际的音乐技能了,这个年龄是培养女孩音乐特长的最佳时期,过早过晚效果都会受到影响。在这个年龄里,父母可以根据女孩的兴趣和自己对她的了解,来帮她选学一门乐器。

乐器一旦选定,就要开始专业的技能培训。比如,可以让女孩师从专业的音乐老师。只有让老师定期定量地指导她的学习,从初级到中级再到高级,每一步都走稳,打下扎实的基本功,才能对以后的学习起到良好的帮助。

4.艺术欣赏,培养女孩清新脱俗的气质

在学习音乐、舞蹈、绘画等艺术特长时,女孩不但需要有过硬的基本功,更需要有很强的艺术感受力、一双能发现美的眼睛。只有让自己感受到艺术的魅力,才能看到和享受到更美的东西,才能提升自己的魅力。

感受音乐的美,可以让女孩聆听更多直达心灵的声音;感受绘画的美,可以让女孩看到更多渲染生活的色彩;感受舞蹈的美,可以让女孩体验更多肢体散发的魅力……作为父母,我们除了让女儿去感受这些艺术的美,更重要的是提高女儿对艺术的感受力,让她学会怎样发现美,进而改变自己,让自己显出真正的美感。

我们先来分享一个母亲的育儿经验:

亨利·摩尔是英国著名的雕塑家,是20世纪全球最具影响力的雕塑家之一。这次,他有12件雕塑作品在北京北海公园湖边展出。

10月的北海公园,柳树依旧娜娜多姿,秋风袭来,撩起人们无尽的情怀。几艘在波光粼粼的湖面上荡漾着的船,勾起我无边的思绪和遐想,仿佛我跟着船一起在动、在漂;只有那对面岿然不动的白塔,才让我明白身在何处。漫步在北海湖边,伴着柳枝,伴着鸟鸣,伴着湖水,伴着亨利·摩

尔的雕塑，我仿佛走在人间仙境，仿佛步入艺术殿堂。在这里，我领略到艺术和自然风光的和谐美。

"妈妈！"女儿甜甜的声音把我拉到现实。她和几十个小朋友，用画笔、心和手去勾画亨利·摩尔雕塑的"母与子"坐像。她的画在接近尾声时，有一位报社记者想拍女儿的画和雕塑，她欣然同意了。

她画完了一张之后，已是中午。我想带她和78岁的母亲去饭店吃饭，她不同意："不吃，要继续画第二张'母与子'卧像。画完了画，四点钟还要到老师家上打击乐课。"

我被她的执著深深地感动了，于是给她买来了香肠、炸鸡腿、糯玉米。她按时完成了第二张作业。在此期间，我沿着湖边，一路小跑把亨利·摩尔的其他10件雕塑都摄入了我的相机里。她看着累得狼狈不堪、汗流满面的我，拍拍我的肩膀，说了声："妈妈，辛苦了！"

跟孩子在一起的时候，我常常被孩子那种毅力和精神所感动。当置身于那独特的艺术氛围中时，自己仿佛也置身于艺术世界。我以前不知道亨利·摩尔的名字，更不了解他的作品。今天是因为陪女儿，我才认识了他，结识了他的作品。我知道了他的作品是从人体结构以及自然物体，诸如石头和骨骼中汲取了灵感。这些作品是一位极富创造力的艺术家、一位伟大的人文主义者，对表现形式本身所进行的毕生探索和颂扬。

回到家里，78岁的姥姥仔细端详着外孙女的画，在连连称赞的同时，自己不顾一身疲劳，拿起笔也画起了素描，并对我说："我再不画那些花、草、鸟的画了，我也要画点雕塑、名画……"也许艺术的魅力、艺术的感染力就在于此。

所谓艺术，是一种文化现象，大多表现为满足主观与情感的需求，其根本在于不断创造新兴之美，并借此宣泄人们内心的情绪与渴望。一般来说，艺术的种类包括音乐舞蹈等表演艺术、绘画摄影等视觉艺术、雕塑建筑等造型艺术、电影电视等视听艺术、文学等语言艺术、戏剧歌剧等综合艺术……

最重要的是，以上每一种艺术都可以激发出女孩与众不同的气质，并且在提高女孩对艺术的感受力的同时，也激发出她对艺术继续探索的热忱和信心。同时，这种热忱和信心也会转移到其他的方方面面，例如对音乐的热爱转变成对生活的热爱。

学会欣赏艺术美，令女孩在受到美的感染的同时，也能激发她们对美的向往与追求。父母多让女孩去接触这些艺术，就是让女孩接受一种来自艺术的熏陶，这也是对女孩的一种美的教育。当然，在女孩体会美感的同时，她们的心中也会随之升起各种各样的情感。只是，这些都是女孩在真切地感受过后才会生成。

让女孩学会欣赏艺术之美，也是对女孩审美意识的一种培养，对女孩美育观的一种培育，能够让女孩更懂得发现美、欣赏美。

（1）让女孩多去看书法绘画展

书法绘画传递的是一种书卷绘式的艺术美。

冉冉从小就跟着爸爸学书法、绘画。最初对这方面产生兴趣，就是因为爸爸常常会因为工作的关系要去参观一些书画展，她便也和爸爸一起去了，在看多了之后，她也就对这些字画产生了浓厚的兴趣。在这种兴趣的引导下，她便开始了自己的学习之路。

冉冉在喜欢这种艺术之后，每逢大展小展必会到场观看。每次看完之后，她还会写一些个人心得。因而，这些活动也进一步激发了她的学习热情。

父母平时只要有机会就要让女孩多接触一些相关的书画展览。书画是中国一项古老而又传统的艺术展现形式，蕴涵着我们先人很多的艺术精髓。让女孩多去观摩,能够让她受到更多艺术的熏陶。

(2)让女孩欣赏美好的音乐表演

音乐表演不论是现代的还是古典的,都是一种很重要的艺术形式,是艺术美的重要展现。

晴晴回家和妈妈说想去听一场音乐大师的演奏会,但是门票很贵,自己的零用钱不够,想问妈妈借点钱。妈妈知道孩子也是学音乐的,想去听的心情很迫切,也就很高兴地答应了孩子的要求。看完之后,晴晴羡慕地跟妈妈说:"大师的演奏技术真的很棒,自己还有很大的差距,一定要努力学习才能够不辜负自己对艺术的向往。"

平时晴晴就喜欢听一些世界顶级音乐大师的演奏会,为此,她常常利用暑假的空闲时间打工为自己积攒门票的费用。每次听完音乐大师的演奏会,晴晴都觉得受益匪浅。这些艺术美对晴晴的熏陶,更让她坚定了自己对艺术的追求。

音乐表演展现给女孩一种艺术之美,女孩多去观看这些表演,就可以更多地感受到音乐的熏陶。音乐也是人对情感的一种宣泄和描绘。一切鲜明的、模糊的情感,在女孩掌握了相对的音乐技能之后,她就能够通过艺术的方式把它们描绘和展现出来。

(3)让女孩多读诗书

女孩要想深切地体会艺术之美,就要多读诗书。无论是绘画还是音乐,都和中国古典文化密切相连,有些就是古典诗词的另一种形式。因此,不能深刻了解中国古典文化,也就不能够深切体会艺术作品中蕴涵的美感。

父母鼓励女儿多读书,是为了女儿能够体味真正的艺术之美。艺术抒发的多是人的情感。因此,让孩子多读诗书既能丰富孩子的情感体验,又能让他们在接触艺术作品之后懂得欣赏艺术之美。

(4)鼓励女孩去学一门艺术

要想体味出艺术中的奥秘,最好的方法莫过于去学它。

岚岚在4岁的时候,爸爸妈妈就开始带她去看书画展,也带她去看各种音乐歌舞表演,一是想开阔孩子的眼界,二是想从中发现孩子的兴趣。结果父母发现岚岚个性比较活泼爱表现,尤其是音乐对她的吸引力很大,于是就开始对孩子进行音乐特长的培养。

岚岚在学习音乐之后,对音乐的了解一下子就提高了很多。每次看到别人的表演,她都会说出自己的一番见解。

父母想要让女儿能够更好地欣赏来自艺术的美,可以选一个女儿比较感兴趣的艺术形式来让她从小就开始学习,进而把它培养成为女儿的一项特长。在学习的过程中,女儿可以更专业地了解这门艺术的细节,从而学会去鉴赏。

5.阅读,优雅源自你的底蕴

和调皮捣蛋的男孩相比,女孩更喜欢安静。女孩小时候最喜欢的事情就是让妈妈讲故事。等长大一点儿,很多女孩都会喜欢上阅读,因为在书中不仅有她们喜欢的童话人物,还有她们憧憬的美好梦想。

对于女孩来说,喜欢阅读是一件好事。因为一个常常读书的女孩,在知识积累、表达能力、思考能力以及判断能力等方面,都会明显强于其他孩子。此外,读书还会增加女孩的书香之气,让她成长为一个有知识、有内涵的优秀女人。父母应该培养女孩从小养成爱阅读的好习惯。

叶娟是个人见人爱的孩子,她在待人接物、举止谈吐方面都高出同龄孩子一筹,这引来很多父母的羡慕和敬佩。

为此,很多父母向叶娟的父母请教,到底是什么妙招让孩子这么棒。

叶娟的父母往往淡淡地一笑,只有简短的几个字来概括,那就是多让孩子看书。

叶娟的妈妈张倩透露,她是这样引导女儿读书的:从孩子一出生,只要是醒着的时候,她都会给孩子读书听。慢慢地,她发现女儿在听妈妈阅读的时候会手舞足蹈,仿佛在享受一件优美的事情。

等女儿两岁后,张倩就开始给她买一些绘本,为她念上面的文字,并让她观察上面相应的图画。再到后来,她就开始给女儿讲故事。上了幼儿园后,她会鼓励女儿自己讲故事给妈妈听。

就这样, 那一个个优美动听的童话故事陪伴着叶娟成长的每一天。正是在这样的熏陶之下,叶娟的语言、写作等能力均得到了很大的进步。慢慢地,叶娟自己也感受到读书带来的乐趣了。

叶娟在6岁那年,上小学了。这时候,张倩也开始逐步"放手",试着吊吊女儿求知的胃口。比如,有时候她会把故事讲到一半,然后推脱说还有事急着要做,让女儿自己去看完。

虽然女儿不太高兴,但由于太想知道故事的结局,就努力地继续往下看。虽然还有很多字她并不认得,但没关系,有拼音帮忙。慢慢地,叶娟就养成了自己看书的习惯。

现在,叶娟快小学毕业了,而她看过的书也藏了满满的一书柜。这些藏书里,既有叶娟小时候看过的故事书,又有后来的儿童小说、百科全书、儿童画报及杂志等。

在不断汲取知识的过程中,叶娟的自信心也越发增强。如今,读书已经成了叶娟生活中必不可少的一部分,她享受着阅读带来的快乐。

古人早就告诫我们:腹有诗书气自华。道理很简单,就是告诉我们,一个人若是多读书、读好书,那他就会有不俗的气质。如果我们能引导孩子从小爱上读书,那么对她的一生都将大有裨益。

当然,并不是每个女孩天生就喜欢阅读。其实,阅读的兴趣和父母后天的培养有非常大的关系。

茵茵今年13岁,非常喜欢阅读。不管是中国古典文学还是国外名著,她统统喜欢。看到女儿对书本的痴迷,妈妈心里终于舒了一口气。

茵茵刚上中学的时候,曾经有一段时间特别迷恋网络游戏。她把妈妈给她买的书都扔在书房的角落里,好几个月都不翻动一下。那时候,妈妈劝了她许多次,但是她却不舍得从网络游戏中走出来。

无奈之下,妈妈便告诉茵茵:"看到你这样迷恋网络游戏,妈妈真的很难过。妈妈是为你难过,因为你错过了许多看书的时间。你还记得吗?在第一次给你读《三国演义》连环画册的时候,妈妈告诉你《三国演义》这本书写得更棒。你当时嚷嚷着要看,但是你那时太小了,不能看懂那么深奥的书,现在你能看懂了,却不想看了。"

茵茵听完后,羞愧地低下了头。妈妈静静地走到客厅里,然后拿起一本书开始小声地念了起来。妈妈的读书声仿佛又把她拉回到几年前和妈妈一起读书的日子。于是,她走向妈妈身边,安静地听妈妈念书。后来,茵茵终于控制住了对网络的迷恋,慢慢地重新回归书本。

岁月的流逝可以带走女孩姣好的容颜,却带不走女孩所积累的丰富知识。与书为伴的女孩,时刻被淡淡持久的书香所浸染,知识不但赋予她们丰厚的底蕴,而且陶冶了她们的情操,使她们变得智慧、才华并富有灵气。一个人知识积累得越多,就越容易流露出一种脱俗的美丽与高贵的风范。

书是女孩经久耐用的时装和化妆品,女孩要养成看书的习惯。喜欢看书的女孩,一定沉静且有着很好的心态,一定优雅知性且能够出口成章。

多读书,一方面让自己的生活更充实,另一方面可以提高自己的品味。读过的书籍都会是女孩在社交中的资本,相信没有人会喜欢与一个肤浅的女孩交往。选择了合适的书本,它能够教给你很多哲理,以及让你学会以一种平和的心态去迎接生活里的痛苦或快乐。

真正的美丽源自心灵的智慧,而且美丽的精神伴随女性的成熟而日渐丰厚。一个女孩最具魅力之处,就在于她心中蕴藏了一座开掘不尽的精神矿藏,她有能力让自己的美丽与时俱进,任岁月流逝,能给人一种常新的迷人魅力。

对于女孩来说,让她们爱上阅读并不难。只要在她们小的时候多加引导,并且给她们树立一个良好的榜样,她们会很容易爱上阅读。不过值得一提的是,父母应该充满耐心,不要不耐烦——养成一个良好的习惯,毕竟不是一两天的事情。

(1)培养女孩对阅读的兴趣

只有让女孩对阅读产生了浓厚的兴趣,她才可能真正爱上阅读,才会把阅读当作一种精神享受。父母应该让女孩认识到阅读的积极意义,告诉她阅读可以使她增长见识,丰富她的业余生活。

婷婷是个五年级的小女孩,人很聪明,但就是不爱读书。妈妈看到女儿一见到书本就皱起眉头的样子,也有些心疼。但她知道阅读可以增长女儿的见识,是一个良好的学习习惯,因此必须让女儿养成读书的习惯。

女儿喜欢旅行,妈妈便对她说:"现在有许多游记,里面丰富地记载了旅游中的见闻,可以让你不出门便领略世界各地的风光。"婷婷将信将疑地拿起了书,发现果然如妈妈所说的那样。从那之后,她就爱上了读书。

父母应该多给女孩讲一些阅读的重要性,并且从女儿的兴趣爱好出发,培养她热爱阅读的良好习惯。父母可以给女儿介绍一些她乐于接受的书籍类型,让她能够轻松地进入阅读状态。

(2)为女儿选择合适的书籍

不同年龄段的女孩理解能力也不相同。因此,为了培养女孩热爱读书的良好习惯,父母应该为她选择合适的书籍。

李玲正在读初中二年级,读过许多书。李玲的妈妈一直非常注意培养她热爱读书的良好习惯,经常会给她买一些合适的书籍。

在李玲刚上学的时候,妈妈就给她买一些连环画册,让她在生动的图片和简单的文字中享受读书的乐趣。等到女儿读二年级的时候,妈妈就给她买许多童话书,并经常给她讲童话故事。

等李玲上初中的时候,妈妈便开始给她买一些中外名著,鼓励她边看书边做笔记。有时候,妈妈还给她买一些哲理、心灵鸡汤类的简单读本,让她可以增长见识。

在女孩三四岁的时候,她的词汇量不太多,难以看懂纯文字性的书籍,因此父母可以给她买一些连环画册;当女孩七八岁的时候,她积累了一定的词汇量,因此父母可以给她买一些简单的童话书;等到女孩上中学后,父母就可以给她买一些中外名著或者哲理性的书籍。

(3)让女孩养成每天读书的习惯

读书就像女孩的品质一样,需要不断地强化,从而形成固定的习惯。

如果父母能够鼓励女儿,让她每天都读一段时间的书,那么她就能养成每天读书的好习惯,慢慢地喜欢上读书。

崔璐今年10岁了,每天都读一个小时的课外书。她这个习惯的养成与妈妈的教育是分不开的。在她4岁的时候,妈妈就给她买了一些连环画册,并且规定她每天都要读一个小时。

刚开始的时候,崔璐对这些花花绿绿的画册非常感兴趣,因此总是按照妈妈的吩咐坚持读一个小时。但是过了一个月,她就有点坚持不下去了。于是,妈妈便鼓励她。在妈妈的鼓励下,她慢慢养成每天读书的好习惯。

父母应该根据女孩的个人情况,规定她每天读一定时间的书,并且要鼓励她坚持下去。如果女孩能够每天都读一会儿书,那么读书便会成为她的一个良好习惯。

(4)教会女孩写读书笔记

读书笔记是指在读书过程中把那些精彩的句子或者词语摘录下来做成的笔记。如果女孩能够一边读书一边做好读书笔记的话,那么她对书本的理解便能更加深刻,而且这也能让她坚持学会不少陌生的字词,增强她文学素养。

因此,父母在鼓励女孩读书的同时,也应该鼓励她认真做好读书笔记。当然,父母除了应该告诉女孩在给不同类型的书籍做读书笔记时需要注意什么,还应该鼓励她经常翻阅自己的读书笔记。

6.带女孩去大自然感受美丽

自然之美,万物皆有。自然是一切美的象征。它孕育了丰富的艺术涵养,没人会唾弃拥有纯天然、宁静而祥和、艺术而美丽的自然。

感官上的美感能带动心灵上的愉悦。大自然的一些景象总是让人流连忘返,让人置身其中,忘掉忧愁。

女孩的审美情感是可以培养的。父母可以让女孩在欣赏自然美中,培养出她的美感,让她能够热爱美、懂得美,具有较高的审美情操。

自然界也会在人的面前呈现出各种各样的形态和神韵,充满迷人的美。而心灵纯洁无暇的女孩,只有真正接触和走进自然界中,才能够体会到这种美,然后让自然之美来熏陶和美化女孩的心灵。

中国的古人喜欢通过自然之美来修身养性,培养自己的良好品格。父母可以通过自然之美来培养女孩的审美情感,让女孩能够形成良好的美育观。自然界有着千姿百态的美丽形象,女孩多去体会,必有收获。

父母让女孩在自然界中体味美,可以让她找到与自己能相互影响的对象。自然之美如果被女孩喜欢上,自然就不再是毫无生命的客观存在,而是具有了拟人化的气质,能让女孩从中找到情感交流的喜悦。

父母要让女孩学会欣赏自然之美,从大自然中吸取更多关于美的感悟,丰富自己的内心。

德国天才数学家卡尔·威特的父亲就是通过孩子爱玩的天性,带孩子到大自然中去观察、去感受,来培养威特善于观察、善于思考和热爱大自然的良好习惯。在威特的院子里,父亲特地为他修建了一个大的游戏场,铺着60厘米厚的沙子,周围栽有各种花草和树木。威特在这里观花、捉虫,这种经历培养了他对大自然的感情。父亲还为他找来各种木块,他就用这些木块盖房子、建教堂、架桥梁、垒城墙,这些活动大大促进了威特的智力发展。威特父亲后来说:"我几乎没给他买过什么玩具,而是一有时间就带他去大自然,感受自然给予他的美妙,威特总能愉快而幸福地玩着。"

卡尔·威特的成长经历告诉我们,要让孩子多与大自然接触,因为大自然给孩子提供了最佳的观察场所。在大自然中,孩子的天性会得到充分释放,能力能得到充分提高,大自然是教育孩子最好的老师。所以卡尔·威特的父亲深有感触地写道:"大自然能教给人无穷无尽的知识。接触自然,不仅可以增长孩子自然方面的知识,还会让孩子呼吸到新鲜的空气。最重要的是,接触大自然会使孩子的心地高尚。大自然中蕴藏着很多深刻的道理。"

美国教育专家萨姆·沃尔顿说:"家长让孩子与大自然亲密接触,是对孩子最大的关心和爱护。大自然教会了我们知识,给予我们一切,隔绝孩子与大自然的联系是家教的最大失误。"孩子智力发展的好坏,与孩子生活的环境密切相关,也就是说,环境对孩子智力发展有深远的影响。

曾有过这样一小故事:幼儿园的阿姨手里拿着一个红红的苹果问孩子们:"小朋友,谁能告诉我苹果是从哪里来的吗?"孩子们的回答大同小异:"是妈妈买回来的""是从超市里买回来的""是别人送来的"……听到这样的答案,这位老师不禁有些愕然,为什么就没人回答:"苹果是从苹果树上长出来的""苹果是从果园里摘来的"……

我们的孩子离大自然真的是越来越远了,眼睛里看到的、耳朵里听到的是越来越多的商品化的信息。

我们究竟想培养出怎样的孩子呢？全能的才艺、良好的素质、丰富的内涵、优秀的品质……但是，难道仅仅这些就足够了吗？我们都不愿意孩子认识的动物、植物，只是从书本上、陈列室里看到的凝固成了姿态、没有生气的图像、标本；也不愿意孩子接触到的动物，仅仅是关在动物园笼子里屈指可数的几种吧！

带孩子去大自然感受那潺潺的流水声，啁啾的鸟叫声，风儿和树叶的交谈声。面对这诗画一般的和谐与宁静，诗人失语了，画家顿笔了。其实，音乐、绘画、诗、摄影……有哪样富有艺术性的东西不是在大自然中提炼的。让孩子去享受最原始的艺术和毫无修饰的美丽吧！因为只有懂得去欣赏大自然美的孩子，才可能从心底去感受美、体会美，才能富有艺术气息。

对于孩子来说，大自然是最好的老师、最好的教科书、最好的课堂。神奇美妙的大自然可以教给孩子无穷无尽的知识，引领孩子们走向一片可以求知探索的新天地。

大自然让孩子学会仔细地观察：春天到了，光突突的树枝上为什么会鼓起一个个小包呢？哦，那里正孕育着嫩嫩的树叶和即将绽放的春花呀；屋檐下，小燕子为什么总要衔回一根根草或一点点泥呢？哦，原来是为了建造自己的小窝呀……这样身临其境的观察，孩子得到的知识是鲜活的、真切的，这样就会进一步激发起孩子浓厚的求知欲望。

大自然让孩子学会用心地思索：树叶到了秋天为何会变黄变红，还会落下来；雨后天晴，为什么会出现绚丽的彩虹；月亮为什么有时候圆有时候缺；为什么会有白天和黑夜……往往就是由这些简单的问题开始，孩子们在天性好奇心的驱使下，问题就会逐渐变得越来越多，越来越深。

大自然是一座有着丰富蕴藏的宝库。只要你肯用心地去发掘去探索，你就会得到最最珍贵的宝藏。动物学、植物学、矿物学、物理学、化学、地质学、天文学等等科学领域的知识，你都可以在与大自然的亲密接触中逐步进入其神秘的领域。

我们都能很容易地做到这样的事情:给孩子捉几只小蝌蚪回家,和孩子一起慢慢地观察小蝌蚪是如何一天天逐渐地长出四只可爱的小脚,如何慢慢地褪去小尾巴,如何长成一只活蹦乱跳的可爱小青蛙;或是在花盆里撒一些植物种子,让孩子用心地观察植物发芽、生长、开花、结果的全部过程……

如果可能的话,租一块菜园子,带着孩子一起去耕耘、播种、施肥、锄草、除虫、收获……当鲜红的西红柿、翠绿的小黄瓜、紫色的小茄子、白色的大萝卜端上自家的餐桌时,孩子不仅能感受到丰收的喜悦、劳动的乐趣,还能真切地体验到什么是"谁知盘中餐,粒粒皆辛苦"……

大自然是安静的,比起喧嚣的都市,它更像是一位超然的老者,兼具孩童的天真活泼与老年的达观淡泊。父母带女孩走进大自然,让她们懂得去欣赏大自然的美,从而激发孩子热爱祖国的情感。懂得对自然美的欣赏,能够唤起孩子对生活的热爱之情,还能够开阔人的视野,增长人的知识。自然美能够陶冶人的性情,培养人的高尚情操。

让孩子爱上大自然,爱上那份属于它的宁静。懂得去享受那繁华喧嚣都市背后的宁静,懂得去感受泥土与青草的甜香,去聆听虫吟、鸟叫、蛙鸣,去观察蜂飞、蝶舞、虫爬。让孩子用一颗纯真而好奇的心灵,去探索大自然的奥秘并享受其中的乐趣。这样,孩子才懂得去欣赏拥有艺术魅力的大自然。

第五章

人格自主,培养女孩独立气质

1.不必苛求完美,每个女孩都是天使

每个女孩都希望自己长得再漂亮一点,希望成绩能再好点,希望自己能更富裕一点……当她们以幻想中的"完美"来要求自己的时候,便产生了自卑的心理,懊恼自己为什么总是做不到十全十美。

事实上,世界上没有十全十美的事物,但追求完美是人的本性。如果人类满足现状,不仅生活会欠缺色彩,而且社会也难以进步。然而,人的生命短暂而有限,绝对的完美是追不完、求不尽的"圆周率"。

如果你把原本短暂的生命浪费在唏嘘感叹"世界上完美好难",那么你的生命首先就是不完美的。如果说维纳斯的双臂是完整的,如果说比萨斜塔是笔直的,如果说香奈儿的标志是两个完整的圆圈拼起来的,那它们还具备欣赏价值及艺术吸引力吗?那么美又从何处来?

谁都不可能十全十美,与人类现有的知识、经验、能力的汇集相比,

任何伟大的天才都不及格。有些女孩认为不追求完美将达不到理想的目标。这只是一种惯性思维，事实是，大多数时候，我们只有放弃完美，才能树立起自信自爱的意识，才能真正地认识和确立、选择和追求自己的价值。

著名节目主持人杨澜在刚加入《正大综艺》节目组的时候，曾经为来自各方面的评论苦恼不已。

《正大综艺》播出后，杨澜收到了大量的观众来信。在此之前，杨澜虽然没听过什么极端的赞美，但也没有受过直截了当的批评。几封表扬信不会使她沾沾自喜，但是对于那些评头论足的批评信，杨澜有点受不了，她常常因为一封批评信而沮丧一天。

在那些信件中，有人说她笑得不够，有人说她笑得太多，有人要求她多一点幽默，也有人要求她别忘了东方女性的含蓄端庄……那时候的杨澜很希望满足每一个人的要求，她甚至开始怀疑自己是否有做一名优秀主持人的潜能。

正当杨澜陷入烦恼的漩涡中时，一次姜昆问她："你有没有勇气做你自己？"杨澜说："有时有，有时还缺点儿勇气。观众的批评总不能置若罔闻吧？"

姜昆又对杨澜说："你首先应该放弃想讨好所有的人的想法。先做你自己，然后再考虑那些批评到底有没有价值。有些人眼中的你的缺点，恰恰就是你的特点。观众看过的人太多是从一个模子里铸出来的，你别迫不及待地再去加入那个行列了。"

"您有什么样的缺点是希望自己快点改正的？"后来，当有人这样问杨澜的时候，她都回答说："我觉得其实每个人都有优缺点。不要追求完美，我觉得有点缺点挺好。要想把缺点全部克服了，我觉得，第一，不可能；第二，没必要。一个人就像硬币的正反两面，有正面一定也有反面，如果反面改了,正面也不称其为正面了。我不太想改正自己,我觉得这样挺好。有点缺点,可能有的时候容易情绪化,或者有的时候对团队要求太高了,或者自己有时候想偷点懒,我觉得都挺正常,我不想改变。"

女孩追求十全十美的心态促使她们制定高于自己能力的目标,目标达到了可能会体验到成功的喜悦, 但是一旦计划落空或是没有如期完成,就会刺激女孩的情绪,打击她的自信心,使女孩产生自卑的情绪,这对她的发展是极为不利的。

2008年8月17日,在北京奥运会女子竞技体操决赛场上,我国女子竞技体操名将程菲两次失手。一次是她最拿手的跳马。众所周知,她的跳马技术堪称当今女子跳马的最高水平。在2005年墨尔本世锦赛上, 程菲能够一鸣惊人的原因就是,她凭借着高水平的发挥,不仅夺得中国首个女子跳马世界冠军,她的新动作还被国际体坛命名为"程菲跳"。而在2008年的奥运会上仅有一名选手会跳"程菲跳",所以,我们都以为这块金牌非她莫属。比赛开始了, 她的第一跳以完美的表现获得全场最高分16.075分,然而在第二跳跳自己的"程菲跳"时,她却跪在了地上,这是她第一次在最拿手的动作上翻船。

而在接下来的第二个项目自由体操上,程菲又摔在了垫子上。

如果说第二个项目的失手是因为她还未走出上一个项目失败的阴影,思想上有包袱,那么失败也是情有可原的。但是不可否认的是,第一次失手就是源于她过于追求完美的结果。她渴望把自己的最高水平展现给奥运会,展现给全世界的观众,没料到却适得其反。其实,如果程菲没有追求更完美,而是稳中求胜,那么她的"程菲跳"何至于失败?

追求完美的女孩,希望任何事情都能达到精确的完美,这样就会形成吹毛求疵的坏习惯。她们对来自外界的意见很敏感,所以会花费大量的精力去完成一件事情,从而造成不必要的浪费,她们不允许别人对她们有意见或是看不起她们。

同时,喜欢追求十全十美的女孩对身边人的要求也很高,所以她们比普通人更容易失去朋友。久而久之,她们缺乏良好的人际关系。而过分的追求完美,也不利于女孩人格的健全。

(1)不对女孩提出过高的期望

望女成凤是每位父母的心愿。父母过高的期望容易强化女孩追求十全十美的意识,给女孩带来心理上的压力,妨碍了女孩的成功。

青春期的女孩本身就面临着来自各方面的压力和竞争,父母再给女孩制定高期望,就会影响她们的健康成长。

父母要根据女孩的实际情况来帮助她们制定合理的期望值,要保证既然能激发女孩的进取心又不损害女孩的积极性。这样女孩追求完美的性格也会得到改善。

(2)教育女孩对自己有正确的评价

女孩对自己有所期望,会成为她前进的动力,但是一定要把握好度,既不能估计太高,也不能过于自卑,给自己制定过低的目标。

女孩追求十全十美的行为本身就会对自己的成功造成阻碍,背负着沉重的精神包袱,抱着不合现实的态度来对待生活和学习,永远都不知道满足,会给生活带来很大的负面影响。所以,女孩要对自己有正确的评价,不苛求自己,也不看低自己。

(3)帮助孩子树立平凡意识

父母一般都教育自己的女孩要成为优秀的人,却很少听见教育女孩成为普通的人。这无形之中就会给女孩传达一种要做得更好的意识,女孩要树立远大的理想,并且要为理想而奋斗,这些给女孩的心理增加了很多压力。

辛楠今年上五年级,是班里的学习委员,自认为高人一等的她在班里几乎没有朋友。她对自己的要求很高,觉得考不到第一就对不起学习委员的称呼。所以,她每天都要给自己制定任务,常常为了完成任务熬到深夜。特别是考试前几天,她都要挑灯夜读,结果她得了神经衰弱症。

她不仅对自己苛求完美,对班里同学也是如此。她自己做完作业了就要求别人也和她一样,自然招致了同学的厌恶。妈妈经常教育她,她也是班里很普通的一员,没必要给自己和他人这么大的压力。

没有平凡意识的女孩会目空一切,不容易和身边的人搞好人际关系,当目标无法实现时就会产生严重的挫败感。这类女孩缺乏适应他人、适应社会的能力,自然很容易遭受失败。

所以,父母要帮助女孩树立平凡意识,锻炼女孩平易近人的良好品质,以踏实的态度去对待生活和学习。

(4)让女孩正确看待失败

追求十全十美的女孩往往具有比一般孩子更强烈的自卑感,所以一旦失败了就会深受打击,甚至会一蹶不振,引发各类疾病或是极端的行为,令身心遭受很大的伤害。

王楠今年上初一了,可是最近闷闷不乐的,妈妈带她去看医生,医生说她得了抑郁症,妈妈这才意识到:女儿追求完美的心理太严重了。

王楠在小学一直是个拔尖的孩子,但是到了初中,人多了,王楠的成绩就没有以前突出了,时常考试考得很不理想。但王楠是个喜欢完美的女孩,她不希望自己落后,于是给了自己很大的压力,结果成绩不升反降。她觉得自己很失败,常常有挫败感,时间一长就得了抑郁症。

父母要告诉女孩,只有经历过失败的人才能取得成功,没有必要为一件事做得不完美而自怨自艾,盲目地追求完美只会徒劳。

成功应该是女孩心中的一个信念,但是只有经历过失败,才能给女孩的人生增加宝贵的经验,而且过度追求完美并不符合现实。

2.女孩要温柔,但也要坚韧

人生之路不会是一帆风顺的,我们会遇上顺境,也会遇上逆境。其实,在所有成功路上折磨你的,背后都隐藏着激励你奋发向上的动机。换句话说,想要成功的人,都必须懂得如何将别人对自己的折磨,转化成一种让自己克服挫折的磨练,这样的磨练会让未成功的人成长、苗壮。

所以,作为孩子父母的我们更要注意的是,让女孩在挫折和困难的磨练中学会坚强。只有这样,你的女孩才能在今后的人生道路上走得更好。

1967年夏天,美国跳水运动员乔妮·埃里克森在一次跳水事故中身负重伤,全身瘫痪。

那时,乔妮哭了,绝望了,她不能接受这个残酷的现实。出院后,她叫家人把她推到跳水池旁。她注视着那蓝莹莹的水波,仰望那高高的跳台,忍不住偷偷地哭了起来。她知道她再也不能站立在那洁白的跳板上了,再也无法融入到那蓝莹莹的水波中了。

从此她被迫结束了自己的跳水生涯,那条通向跳水冠军领奖台的路上再也看不见她的踪影。

她一度绝望过,但她的心中还有信念。她拒绝了死神的召唤,开始冷静地思索人生的价值和生命的意义。

她借阅了许多关于励志以及前人如何成功方面的书籍。她虽然双目健全,但读书却十分艰难,只能靠嘴衔根小竹片去翻书。

但每一本书她都认认真真地用心去读,去感悟。有时病痛和疲惫常常迫使她停下来,休息片刻后,她还会坚持读下去。

慢慢地,她阳光了,她释然了:我的身体是残疾了,但是我的心没有残疾,我还有信念!许多人残疾以后,却在另外一条道路上获得了成功。他们有的创造了盲文,有的成了作家,有的创造出美妙的乐曲,我为什么不能?于是,她开始好好地审视自己。

她想起来她除了喜欢跳水之外,对画画也很感兴趣。为什么不能在画画方面有所成就呢?想到这,这位纤弱的姑娘变得更加自信,更加坚强。她捡起了中学时代曾经用过的画笔,用嘴衔着,开始练习。这是一个多么艰辛和痛苦的过程啊!

用嘴画画,这是一个多么"幼稚"的想法!家里人连听也未曾听说过。她们怕她不成功而更伤心,纷纷劝阻她:"乔妮,别那么折磨自己了,用嘴画画怎么可能,我们会养活你的。"可是,他们的话不但没有打消乔妮的热情,反而激起了她学画的决心:"我怎么能让家人养活我一辈子呢?"她更加刻苦了,常常累得头晕目眩,汗水把双眼弄得又辣又痛,甚至有时委屈的泪水把画纸也浸湿了。为了积累素材,她还常常乘车外出,拜访艺术大师。好多年过去了,她的辛勤付出终于有了回报,她的一幅风景油画在一次画展上展出后,在美术界好评如潮。

1976年,她的自传《乔妮》一经问世便轰动了文坛。她收到了数以万计的热情洋溢的读者来信。两年之后,她的《再前进一步》一书又出版了。该书以作者的亲身经历向身患残疾的朋友讲述了应该怎样战胜病痛,如何立志成才。后来,这本书被搬上了银幕,影片的主角由乔妮自己饰演,她成了千千万万个青年尊崇的偶像和学习的榜样。

《红楼梦》里的贾宝玉说："女儿是水做的骨肉。"大多数人也都认为，女孩应该是漂亮的、温柔的、娇气的，不管是行还是止，都应该像一泓清水那样秀美文静。然而新时代的女孩应该有所不同，男孩应具备的坚强品格，女孩也应该具备，而且她们也能具备坚强的特质，这全看父母是如何培养的。

美国心理学家发现，人们能否成功最显著的差异不在智力上，而在于人们性格上的不同，在某一方面取得一定成就的人大多是有独立或坚强个性的人。事实也一再证明，要想取得成功，只有头脑是不够的，还需要具备独立、坚韧、自制等良好的性格。因此教育专家认为，如果父母在教育孩子时为他们做太多事情，那么这种做法会严重影响孩子的独立意识，对他们的未来发展也是极为不利的。女孩做惯了家里的"小公主"，习惯了父母为她包揽一切，她就真的会像公主一般娇贵，一旦父母不在她身边做"仆人"，"小公主"则会因为缺乏独立生存的能力变得痛苦起来。爱孩子是父母的天性，这本身没有错误。但爱孩子的方式却可能因为盲目而出现错误，只顾一心一意地去爱，却忘记了孩子需要自主发展，如此下去，一旦孩子习惯了消极依赖之后，当他们独自面临一些挑战的时候，就很难适应了。

叶青报名参加了学校的田径运动会，她的项目是3000米长跑。就在开幕式的前一天，叶青在操场训练时，不小心崴了脚。爸爸得知这个消息后，并没有劝叶青放弃比赛，而是告诉她："班级的荣誉不能毁在你手中，而且我相信即使你身上有些小伤，也能继续参加这次比赛，我的女儿可不是柔弱的林黛玉，不如参加试试。"叶青听后非常高兴，因为她和爸爸的想法一样，她瞒着同学，带伤参加了比赛。比赛时，叶青每跑一步，脚就钻心地疼。最后一圈，她感觉有些撑不住了，几次想下场休息，可是一想起自己不该像林黛玉一样,她就咬紧牙关,跑了下来。最后,叶青获得了3000米比赛的第7名。

坚强不是男孩的专利,它同样属于女孩。女孩每多一份坚强,就会少一份眼泪;每多一份坚强,就会少一份忧愁,所以父母何不把坚强的思想传输给女孩?

(1)鼓励孩子尽力做好每一件事情

孩子心智的发展还不成熟,做事情容易受到外界环境的影响,遇到困难更容易想到放弃。这是孩子正常的心理和行为表现,父母应该理解。当然,在这种情况下,父母应该鼓励孩子尽力做好手头正在做的事情。

王晓是个四年级的女孩,她也像同龄的孩子一样做事情遇到困难容易放弃。有一次,妈妈利用周末带她一起收拾屋子。王晓按照妈妈说的方法去做,却怎么也擦不干净玻璃,她有些气馁了。尤其是当她发现自己擦一块玻璃居然花了五分钟还没擦干净、而家里又有这么多扇窗户时,她彻底失去信心了。于是,她把抹布扔在一边,一屁股坐在地上叹起气来。

妈妈看到孩子的表现便告诉她:"你刚学擦玻璃,擦不干净很正常。你只需要把你正在擦的这块擦好就是成功了呀!不要急于求成,等你熟练以后速度也就上去了。你如果就这样放弃,可是连一块也擦不干净了啊!"

千里之行,始于足下。父母应该鼓励孩子做好自己能做好的一切事情,例如当孩子写作业遇到难题时,让她尽力思考,能做到哪一步就到哪一步,但是不能因为题目太难而干脆放弃不做了。

(2)利用名人激励孩子坚强起来

每一个成功者必然都具有坚韧的意志,因为没有哪个人的成功不是克服重重困难、依靠坚韧的意志力的支撑而获得的。父母在对孩子进行教育时可以多利用名人的榜样作用来激励孩子。

小学五年级的李思圆是个可爱的女孩，但她也像其他孩子一样，做作业时三心二意。后来妈妈给她买了一本《居里夫人传》，李思圆看了之后跟妈妈说："我也要成为居里夫人那样的成功女性。"妈妈听了很高兴。后来当孩子写作业东张西望、心里总想着游戏或者玩具时，妈妈就会提醒她居里夫人在工作或者学习时是如何努力的。没想到，在妈妈说完之后，李思圆居然立刻认真起来。

父母有空的时候可以陪孩子去观看一些再现名人成功历程的电影，也可以给孩子购买一些名人的传记，让孩子从名人成功的故事里体会到意志力的重要性，并利用名人的榜样作用来激励孩子。

(3)创造机会锻炼孩子

现在的孩子物质生活特别优越，从来没有体会过生活的艰辛，没吃过什么苦，连上学和放学这样简单的事情也由父母陪同，这也是使孩子们缺乏意志力的原因之一。父母不仅不应该如此娇惯女儿，反而更应该创造机会在生活中锻炼她们的意志力。

周末的时候，父母可以带孩子去参加一些体育活动，例如登山、长途远足等，利用这种"劳其筋骨"的方法来锻炼孩子的意志力。平时在生活中也要多让孩子参与家务劳动，最重要的是培养孩子遇到困难不退缩的品质。

(4)利用目标激励孩子

没有目标就像在黑夜中行走，这是许多失败者之所以会失败的原因。想让孩子看到希望的灯塔，父母可以给孩子设定一个目标，让孩子朝着这个目标努力。这种目标激励法会让孩子为了实现目标而自觉地克服困难,迎接挑战。比如在学习上,父母可以每天给孩子设定一个目标。这个目标的难易程度应该根据孩子的个人情况而定,不能过于简单也不应该过于艰难。父母还可以指导孩子把大的目标分解成许多小的目标,让孩子每天坚持完成当天的任务。在这种方法下,孩子最终会取得成功。

3.给女孩一个国际化的视野

俗话说:"眼界决定境界。"我们不可能永远把自己的小公主"圈"在身边,她们需要去见识更广阔的世界。而且孩子内心的好奇心,也会不断地鼓动她们冲破家长的"保护伞"出去冒险。真正的富养,必定能够带给女孩更开阔的眼界和思路,引领她进入一个更加丰富多彩、充满机遇和挑战的世界。

她是来自德克萨斯的追梦女孩,她的父亲是一位著名的法学教授,母亲是一位出色的艺术家。她从一名普通的推销员成长为全球第一女总裁,更是解决难题的能手。美国《商业周刊》曾这样形容她:"她有如簧之舌,亦富钢铁意志。"她就是卡莉·菲奥莉娜,一个在事业和家庭上都很成功的女性。

卡莉在童年时期就跟随自己的父母游历过不少的国家,因为她的父亲时常要到各地巡回讲课或工作,所以卡莉不得不整理行囊和父母一起一次又一次地搬家。在中学时期,卡莉就换了5所不同的学校,而且是在美国、英国和加纳这些不同的国家,这让她很早就见识了各个国家的不同。平时,卡莉很依赖做画家的母亲,而母亲也为卡莉打开了通往艺术世界的大门。正是这种丰富的经历和艺术的熏陶让卡莉的眼界远远高于普通女孩,并最终成长为一位有主见、有魄力、积极向上的成功女性。

一位教育家说:"没有读过安徒生童话的童年,无论怎样富足、尊贵也是有欠缺的童年;没有受过中国古典文化熏陶的中国孩子,一生走到哪儿都会感到底气不足。"见多才能识广。相反,见识得太少,眼界狭窄,看事物片面,看不清本质,容易受到诱惑。没见过世面的女孩,只满足于现状,也就没有动力去改变自己,容易受到环境的局限。父母应该带女孩见见世面,拓宽她的眼界。

从小要带女孩出入各种场合,开阔她的视野,增加她的阅世能力。这样,女孩长大后即使处在艰难的困境中,也不会被浮世的各种繁华和虚荣所诱惑。这样养育的女孩,才会见多识广、独立、明智。她们清楚地明白自己要的是什么、追求的是什么,无论怎样都能坚守自己的信仰而不被外界形势左右,失去自我。

杨澜说她在三四岁寄居上海外婆家的时候,年轻的舅舅常在领了工资的周末,带她去最高级的红房子餐厅吃西餐;去淮海路照相;去看最新潮的立体电影。长辈们责怪他为个小孩乱花钱,他却说,女孩就要见世面,不然将来一块蛋糕就把她哄走了。

女孩要出去见世面,才能聪明起来,这样她长大了才不会因羡慕别人而受到诱惑。这并不等同于溺爱,而是让女孩对物质基础有一个了解,知道什么东西是应该珍惜的,什么才是自己需要追求的。如果让女孩生活在无忧无虑的环境中,满足她各方面的要求,让她失去独立生存的能力,效果就适得其反了。

有些父母认为,如果孩子的要求都能得到满足,就不会羡慕他人了。

其实，这种想法和做法是错误的。这样只会把孩子培养成一个自私、虚荣、任性的人。

无论是风吹还是浪打，在孩子的人生道路上，父母不可能替女儿承担所有，她必须慢慢地学会自己承受一切。家长如果不想看到自己的女儿"顺水而流，随风而逝"，就要培养她的独立、自主、自爱、勇敢的品格，使其成为一个刚柔并济的女性，有独立能力去适应未来竞争更激烈的社会，在将来的生活中不依赖任何人。

在女孩的眼里，世界是以"关系"为主，因此她们喜欢和谐、融洽的社会关系，也愿意走进人群中寻找和实现自我的价值。因此，社会交际、与人沟通能力的培养对女孩来说必不可少。因为在她们成长的过程中如果不会与人沟通，那么女孩就不会认同这个世界，更不会走进社会。作为父母，一定要起到桥梁、纽带的作用，成为女儿的引路人。

如果家境好，家长不妨带女儿多见识繁华的世界，开阔的眼界能让女孩更聪明；如果没有条件，家长不妨让她多看些书，一本好书能让女孩发现外面的世界有多么精彩。有能力的家长可以带女孩去咖啡厅和音乐厅感受艺术的美好。当然，这也不是让家长无节制地满足女孩的所有要求，而是让她有富裕的内心和丰富的见识。许多女孩之所以面对小小的诱惑就一头栽进其中，关键原因就在于她从未接触过花花绿绿的大千世界，一旦面对就乱了分寸。

有一位母亲在博客里说自己的妈妈是一位传统的知识分子，长辈言传身教的艰苦朴素的观念，不但影响了她，还影响了她对后代的教育。她的女儿在上幼儿园时，还穿着别人送的旧衣服，她经常教育女儿要省吃俭用。

这位母亲后来出国两年，见识到了外面的世界，价值观产生了很大的变化，明白了只有积极才可能富有。回家后看到已经上小学的女儿还不会花钱，怕她跟不上时代，那段时间，母亲每周都带着女儿去餐厅吃饭，还带她坐在五星级饭店的大堂里看来来往往的风景。

为了女儿能受到最好的教育，她们搬到高级地段，母亲把女儿送进重点小学，在业余时间里让女儿学绘画、音乐、外语。终于，在母亲的引导下，女儿爱上了阅读外国文学名著，喜欢上优雅、古典的美，欣赏自强、有个性的女人，在客人面前落落大方。许多人都说她女儿气质好。

母亲每个月至少带女儿去两次图书馆或书店，还根据她的爱好为她报了钢琴班，女儿的钢琴也过了10级。在假期的时候，母亲带女儿去摘草莓、采樱桃，让女儿体会乡村的生活。

这些都让女儿增长了不少的见识，但是平时在零花钱方面，她没有一定的计划，有些大手大脚惯了。虽然平时的零花钱也不少，但是女儿很快就用完了。为了让女儿学会有计划地用钱、把钱花在有用的地方，体会父母赚钱的艰辛，从初三暑假那年起，母亲就让她学着打工。

后来女儿找到了一份营业员的工作，每天去的时候不坐出租车，先走20分钟的路再坐公交车去上班。一个暑假过去了，女儿体会到了挣钱的不容易和生活中的点点挫折，从那以后花钱也懂得节制了。高一的暑假，女儿给自己定了一个计划，一边卖气球，一边在一家珍珠奶茶店里打工。在快开学的时候，她用自己赚的钱买了一辆中意的自行车之后，还有一些结余。后来，她也开始计划着用平时家人给的钱，慢慢地也积攒了一些。

那么作为父母，怎样才能通过富养让自己的女儿变得眼界广阔、思路新颖呢？下面这些培养方式是不可缺少的教育手段。

(1)培养女孩对大自然的观察力

雨欣是一个非常聪明的女孩，小时候大家都叫她"小神童"，因为她7岁就会写诗，9岁就在报刊上发表了作品，后来她不但考上重点大学，还多次获得文学大奖。

雨欣小时候身体不太好,性格也比较内向。每次生病住院、输液,她都默默地躺在病床上不说话,这也使她形成了善于用眼睛观察、用耳朵倾听的习惯。妈妈发现女儿很喜欢写作,于是她开始慢慢引导女儿学习观察和思考,并让女儿开始写日记。

雨欣的妈妈认为大自然是孩子最好的老师,也是增长孩子眼界、引发学习兴趣的最佳场所。所以她总是有意识地培养女儿去观察大自然,同时鼓励女儿提出问题、思考问题,最后通过正确的途径解决问题。

有一次,妈妈带雨欣到公园玩,临行前就对她说:"雨欣,待会儿出去后,你要注意观察周围事物的特点,越详细越好,回家写篇日记。"就这样,雨欣和妈妈一同到了公园,然后她开始遵照约定,非常专心地观察花、鸟、草、虫等。雨欣本来的求知欲和好奇心就非常强,妈妈很好地利用了孩子的这一天性,经常带女儿到大自然中去,让她在尽情地玩耍之中观察万物的悄然变化。还时常鼓励女儿竖起自己的耳朵去倾听大自然的蝉鸣鸟唱。所有的这一切对于小雨欣来说都是异常有趣的,她在其中快乐地思考着大自然的秘密。

正是因为雨欣的妈妈带女儿走进大自然,让雨欣认真地观察和思考,才不断地开阔她的眼界,进而充实了她的知识和生活。这种培养女孩对大自然观察力的方法,对她后来的成功有极大的作用。

(2)引导女孩对科技知识的兴趣

很多妈妈认为,那些航空、核能、化学等领域似乎都不太适合女孩子。所以,对于女孩科技知识的培养方面,妈妈们普遍都不太重视。事实果真是这样的吗?那就让我们先听听孩子们的问题吧。

"妈妈,为什么天上有太阳呢?"

"妈妈,为什么雨是从乌云里落下来的呢?"

"妈妈,为什么飞机能在天上飞呢?"

……

是不是这些"十万个为什么"也时常从你女儿的口中蹦出来?这是因为科学和生活紧密相连,而且它具有一种很神奇的魅力,会自然而然地吸引着孩子们的注意并激发她们探索的欲望。所以,开阔女孩的眼界,就要引导她们对科技知识产生兴趣,进而在探索和解答的过程中学习到更多有益的知识。

(3)培养女孩的国际化视野

有一位母亲曾这样说起自己的育女经验:

从女儿两三岁起,我就开始让她学习英语,因为作为生活在竞争激烈的现代社会中的一员,我很清楚外语对于一个人的重要性。但是我并没有一味地按照自己的喜好去教育女儿,我是慢慢引导她爱上外语的。例如,在家里贴上好看的外语标志的贴画,给她买一些外国的儿童原版影片和歌曲碟,利用电视、网络、杂志等传媒渠道让女孩了解一些国际新闻和国际形势。而且我还在客厅挂了一张世界地图,一有时间我们就讨论地图上哪个国家的面积比较大、气候如何、风土人情如何等。虽然我们家的经济状况不好,但每年我还是会带女儿出国旅行一次,让女儿见识到很多国外的东西。现在,女儿已经高中毕业了,并成功地被国外的一所著名大学录取。

很多教育专家都认为:"只有让下一代学会理解拥有不同的政治制度、文化背景和宗教信仰的民族,才能让他们和平共处,从而拥有更大的生存空间。"没错,国际间的交流会日益频繁,作为妈妈必须高瞻远瞩,不断开阔女孩的眼界,让她们对未来的发展有更深远的认识,并积极做好适应的准备。

4.欣赏自己,爱上自己

在日常生活中,一个拥有健康的自我评价能力的人会认为自己是值得爱的。在某些情况下,如果女孩自己都讨厌自己,女孩就会觉得自己很笨、很渺小。当女孩犯了错误或在自己眼里没有做好一件应该做的事时,她也许会对自己的存在价值产生疑问,从而否定自己。她对自己的评价往往依赖于自己能否取得成绩和其他人对她的承认程度上。

黄美廉是一位不幸的女孩儿,自小就患有脑性麻痹。她的肢体平衡感被剥夺了,与此同时,她还失去了发声讲话的能力。从小她就活在诸多肢体不便及众多异样的眼光中,她的成长充满了血泪。然而她没有让这些外在的痛苦击败她内在奋斗的精神,她昂然面对,迎向一切的不可能。终于获得了加州大学艺术博士学位,以色彩告诉人"寰宇之力与美",并且灿烂地"活出生命的色彩"。

全场的学生都被她不能控制自如的肢体动作震慑住了。这是一场倾倒生命、与生命相遇的演讲会。

"请问黄博士,"一个学生小声地问,"你从小就长成这个样子,请问你怎么看你自己? 你都没有怨恨吗?"

"我怎么看自己?"美廉用粉笔在黑板上重重地写下这几个字。她写字时用力极猛,有力透纸背的气势,写完这个问题,她停下笔来,歪着头,回头看着发问的同学,然后嫣然一笑,回过头来,在黑板上龙飞凤舞地写了起来:

一、我好可爱!

二、我的腿很长很美!

三、爸爸妈妈这么爱我!

四、上帝这么爱我!

五、我会画画!我会写稿!

六、我有只可爱的猫!

七、还有……

八、……

忽然,教室内一片鸦雀无声,没有人敢讲话。她回过头来凝神看着大家,再回过头去,在黑板上写下了她的结论:"我只看我所有的,不看我所没有的。"

掌声由学生群中响起,看着美廉倾斜着身子站在台上,满足的笑容从她的嘴角荡漾开来,眼睛眯得更小了。一种永远也不被击败的傲然,写在她脸上。

可是大多数人还没有意识到自爱的可能性和重要性,更重要的是只有爱自己才能爱别人。

什么才是真正的自爱呢?自爱就是向自己敞开胸怀,使自己能感受周围和自身的一切;自爱就是愿意接受自己所做的一切,不加任何评论或批判;自爱就是给自己以足够的重视与关注,以使自己能常常和自己接触;自爱就是说出自己受感动的东西,说出自己觉得重要的东西,使自己越来越为自己和别人所看见;自爱就是做自己生活以及所经历、所领悟和所发现的事物的主人,并对其承担责任;自爱就是我怎么样对自己很重要,但这是按照自己的意志而不是别人的价值来判断的;自爱就是不要脱离世界其他部分去观察自己、体验自己,而要把自己作为整个世界的一部分来理解;自爱就是给自己一个生活方向:"我要使自己成为一个有爱心的人。"

自爱就是直面自己,与自己进行沟通,就是你对自己来说是很重要的，只有这样你才能得到幸福。通过倾听自己、感受自己、追踪自己、放弃对自己的控制等方式，从而表达自己、表现自己，这有助于自己更好地了解自己、更多地认识自己。你是否自爱，取决于你的感觉如何。你千万不要孤立自己，你要知道寻找与别人的共处，你要知道你需要通过他们来认识自己以往的人生经历。当你热爱自己时，你就是强者；当你不爱自己时，倒不如说你就是个弱者。你表现自己越少，你认识自己也就越少。如果你愿意尊重自己，别人也会尊重你。

不自爱造成的后果：导致自我评价能力很弱或不存在；自尊心很弱或不存在；缺乏自信心；自我信任感很弱；自我表达能力受到控制；缺乏责任心；自我意识很弱。我们设想一下，一个不自爱的人很难做到驾驭自己的人生，她无法享受生活，过得幸福，处处感受到压抑，而这种长久受到压抑的情感可能会导致精神的抑郁。

一位母亲带着自己的女儿去拜访一位著名的钢琴家。母亲告诉钢琴家，两年前，她为女儿买了一架昂贵的钢琴，因为她和女儿都非常喜欢钢琴的旋律，她希望每时每刻都能听到女儿弹奏的高雅之声。但是女儿的琴技长久以来没有什么长进，她还说女儿的琴声是"在制造折磨神经的噪音，还没有池塘里的蛙声动听"。

钢琴家对这位母亲的话没有多加理睬，只是微笑着对一直低着头的女孩说："美丽的姑娘，能弹一支曲子给我听吗？"因为母亲在外人面前批评了自己，此时的女孩心情已经糟糕到了极点，虽然她答应弹一曲，但明显带有应付的痕迹。听到女儿弹出杂乱刺耳的琴声，母亲立刻皱起了眉头说："看，她每次都是这样……"

还没等女孩的母亲把话说完，钢琴家就意外地鼓起掌来："孩子，你有很好的天赋，只不过有点紧张。你可以稍放松一点，我想听你再弹一次。"

听到钢琴家的话,小女孩原本灰暗的眼神中划过一道光彩,她很认真地把刚才的曲子又弹了一遍。钢琴家闭着眼睛,似乎很沉醉地说:"不错,很好,很好。"女孩的脸因激动而有些涨红了,因为女孩对自己的第二次弹奏有点儿不满意,于是又主动要求给钢琴家再弹一曲。

这一次,女孩弹奏的时候放松而投入,仿佛全身的力量都集中到了手指和琴键上,弹奏出的琴声如同一泓清泉在山谷中奔流激荡。钢琴家对她这次的演奏更是大加赞赏,女孩感觉那些赏识的话语就像花儿散发着沁人心脾的芬芳,让人神清气爽、意气风发;钢琴家那赏识的眼神让女孩如沐浴在暖暖的阳光中。

女孩的母亲对此有些不放心,她走到钢琴家身边悄悄地对他说:"我的女儿到底怎么样啊?她以前没弹过这么好,这似乎是个偶然。"

钢琴家却坚定地说:"问题的关键并不在弹琴上,而是您的话伤了她的心。只要她被欣赏,她就可以弹得很好。"从此,女孩拜钢琴家为师,钢琴家用欣赏挖出了她深厚的潜力。几年后,女孩就举行了个人钢琴演奏会,很多人都被她的琴声迷醉。

父母要帮助孩子学会认识自己,一步一步迈向自爱、了解自己、理解自己、悦纳自己的道路上;扩展孩子的眼界,激活孩子心理的自我康复力;转变阻碍孩子发展和成长的因素,使孩子得到痊愈,使孩子与自己融为一体,使孩子生活在现实之中;令孩子能够为自己的所作所为和发展承担责任,使孩子爱自己。自爱绝不是自恋,父母绝不能让孩子始终处于"孤芳自赏"之中。

每当女孩贬低自己、批评自己、不愿认识自己、感受自己的时候,为使她重新回到自爱的道路上,父母必须要让她明白,她正在对自己做些什么并加以承认。重要的是要她再三牢记:她什么都可以做,什么都不错。

　　我们生活的这个世界存在着越来越多的爱,需要自爱的人也应学会爱别人。女孩,要学会爱自己,要学会向他人倾诉。一个人的痛苦如果由两个人来承担,就不再那么沉重。敞开心扉,不要再因隐匿内心的苦楚而沉默不语。让所有的心事都放晴吧!要知道,身边的许多人都会是最忠实的听众。女孩,要学会爱自己,要学会让自己成熟。在暴风雨中行走,身体可以被淋湿,但是心灵绝对不能下雨。不要孤注一掷地投入一份爱,单纯地以为两个人在一起有爱就够了。应该懂事且大方地把爱撒向更多的人,这样你也许会收获到意想不到的美丽与芬芳。

　　女孩,要学会爱自己,要学会捍卫属于自己的幸福。不要单纯地以为播种一份爱,就能收获一份爱。不要把所有的心力、爱、关心都倾注在一个人身上,要学会转身看,不要忽略在身边默默关心着你、爱护着你的人,忽略属于你的迟来的幸福。

　　女孩,要学会爱自己,要学会开心面对人生。不需要红尘裹脚,不用繁华披肩,尽情享受灿烂明媚的阳光,玩味咀嚼丰富多彩的人生,用手拂开蛛丝般的愁绪,不让爱情独占你的心,让一切的多愁善感随着时间的流逝而成为尘封的回忆。让浅浅的微笑挂上唇角,淡淡的喜悦悬上心头,若是遇到烦心事,就笑一笑,其实没什么大不了。

　　女孩,要学会爱自己。要记住:即便是孤单的舞者,也能在属于自己的舞台上舞出华丽的舞步。面对生活中新的挑战,高扬起年轻的头颅,不畏漫漫人生路上的沧桑,不畏前方缭绕的迷雾,寻找一片属于自己的生命舞台,舞出自己人生最精彩、最华丽的舞步。

5.你可以不漂亮,但可以活得漂亮

一个女孩可以生得不漂亮,但是一定要活得漂亮。无论什么时候,渊博的知识、良好的修养、文明的举止、优雅的谈吐、博大的胸怀,以及一颗充满爱的心,一定可以让一个人活得足够漂亮,哪怕本身长得并不漂亮。活得漂亮,就是活出一种精神、一种品位、一份至真至性的精彩。

在亨利夫妇居住的地方,有一个小花园,里面生长着平常但鲜艳的花草,还有一个古朴典雅的小亭子,它宛如盛开在钢筋森林中的一朵诱人的小蘑菇。从去年夏季开始,如果没有风雨,每天傍晚在这里都有一个十三四岁的小女孩的小提琴独奏音乐会。亨利夫妇每天都来这儿,他们习惯坐在弥漫着花香的花园中,让那些温柔如诉的琴声安抚他们疲惫的灵魂。

听着小女孩娴熟和富有表现力的琴声,闭上眼睛,会觉得这是一个专业的小提琴手的演奏。

小女孩长得非常漂亮,有一张精致完美到无可挑剔的脸,身上有一种的高贵气质。这一切真让人忌妒。也许几年之后,她将在某个金碧辉煌的音乐大厅的舞台上,为台下的观众奉献她的艺术才华。

小女孩那些充满灵性和质感的琴声像一只只轻盈优美的蝴蝶,在花园的上空飞舞。她的周围渐渐站满了被她的琴声所吸引的人们,他们的目光落在女孩身上,目光里闪烁着欣赏和感动。她的母亲每次都陪在女孩的身边,这是母亲最幸福的时刻,她脸上有不加掩饰的骄傲,眼里是无限的温柔和怜爱。每一次,亨利夫妇都会很容易地被这温情脉脉的一幕打动。

"如果我们的女儿也像她这么棒，我会幸福得睡不着觉！"亨利太太常对亨利先生这样说。但去年十月，一场意外在女孩脸上留下了一道道无法挽回的疤痕，她天使一样的美丽永远留在了人们记忆深处。

小花园里那些飞舞的蝴蝶无影无踪了。那段时间，所有听过小女孩琴声的人都在轻叹和无奈地摇头。

从医院回到家中，小女孩便再也没从家中走出来过。

突然有一天，人们又听到了琴声，但拉琴的不是小女孩，而是她母亲。她站在女孩曾经拉琴的地方，笨拙地拉着小提琴，琴声听上去粗糙且断断续续。她的脸上，没有人们想象中的悲愁，她镇定自若地用琴声和屋中的女儿对话。

有好心人去宽慰她，她淡然一笑说："没什么，脸不好了，并不意味着她不能成为好的提琴家啊！"

一天，两天，一周，两周，每个黄昏，母亲都坚持着，用旁人不全懂的方式和女儿交流着，她是想用琴声唤起女儿美好的回忆。偶尔，会有人看到女孩蒙着脸，在阳台上悄悄地探出头，只望一眼母亲便回屋了。

有一个醉鬼闯进了花园，他莫名其妙地朝那位母亲吼道："你的小提琴是我听到的最难听的！"女孩母亲的眼里第一次有了愤怒，她脸涨得通红，一字一句地说："我是拉给我女儿听的，如果你嫌难听，请捂上你的耳朵。"醉鬼开始纠缠，那些肮脏和刺耳的语言让母亲潸然泪下。这时，女孩终于走到了人群之中，她从母亲手里接过小提琴，坦然地仰起那张不再美丽的脸，她对那个醉鬼说："我妈妈只为我一个人拉琴，我觉得她才是世上最好的小提琴手。"

女孩从容地向围在她身边的人奏出了那些熟悉的曲子。在她放下小提琴时，人们热烈地为她鼓掌。母亲上去搂着她，我们都听到了母亲大声地对她的女儿说："孩子，我是想让你明白，你的脸和妈妈的琴声一样，不够美，但我们应该有勇气把它拿出来见人！"

　　我们既然无法改变外表，就要努力想办法去丰富自己的内心，因为重要的不是长得漂亮，而是要活得漂亮。

　　罗丽芬出生的时候右脸上就有一个黑点，而且是一颗大痣，由于长在面部，所以看起来特别明显。罗丽芬慢慢地长大，小黑点也在不断扩大，几乎占据了她右脸的大部分。

　　上小学的时候，虽然她的演讲得了校级最高分，但是因为这块胎记，老师告诉她不能再继续参加县里的演讲比赛了。那天，罗丽芬一路伤心地跑回家。父亲告诉她："上帝有一个很大的玫瑰花园，每次无法从中轻易地找到最漂亮的那一朵，于是，他决定在那朵最漂亮的玫瑰花上留下记号。所以，就选中了你……"罗丽芬知道，"上帝的记号"是父亲的安慰，可是她不想做一个有特别记号的人。她有了一个梦想：如果可以的话，她愿意用所有东西去换一张和左脸一样的右脸。

　　为了实现这个愿望，19岁那年，罗丽芬开始自己创业，成为当时台中最年轻的美容室老板。通过罗丽芬的努力奋斗，美容室不断发展壮大，遍及中国台湾省。如今已发展成了以台湾为中心，跨越中国、泰国、马来西亚、印尼、新加坡、欧美等全球主要华人世界的国际性美容连锁王国。她的事业经过近二十年的不断拓展，每月净利由60万元到年营业额达32亿新台币，创造了一个历史奇迹。而且她的集团创造出自己独特的高效率加盟模式。

　　如今，她也不再是那个"上帝花园里的特别花朵"，而是一位举手投足间都流露出高贵、优雅气质的时尚人物。

　　每个女孩都是一块璞玉，成器与否、幸福与否，都在如何雕琢。罗丽芬非常感谢父亲为她编织的美好的"上帝的记号"。世间的万事万物，都可以看到两个方面：一个是正面的、积极的，另一个是负面的、消极的。该怎么看这一正一反的两面，完全取决于一个人的心态。好的心态使人快乐，积极进取，有朝气；而消极的心态则会使人沮丧、难过，没有主动性，缺乏热情，进而会抱怨，缺失生活中的阳光。就如同人生病一样，如果心态不好、精神不济，身体就不会健康。试想，具备消极心态的女孩会漂亮吗？

每个女孩的父母都相信自己的女儿具备独一无二的能力，但是女孩却不一定能把这独一无二的能力发挥出来。的确，很多女孩都很有才华，但是发挥才华，还需要父母的帮助。

(1)育女孩，美不仅在表面

对一个人来说，外表固然重要，但不是最重要的。对于女性而言，美更应该是由内而外散发出来的光彩，仅仅拥有外表的光鲜只是瞬间的浮华罢了。只有拥有坚强的意志、率真的性格，在某些方面有所成就，才会是永恒闪亮的明星。

(2)大胆地秀出自己的美

很多女孩子都会害羞，因为不敢表达自己而错失了很多机会。告诉女孩，如果你想成功，你就大胆秀出自己，把你的特长和想法大胆地表达出来。你不说，别人怎么知道呢？

男孩养志气

第六章

志存高远,培养男孩的远大理想

1.引导孩子,树立远大的理想

没有理想,青春就会枯萎;没有志向,生命就会失去方向。什么时候树立了理想,什么时候就开始了真正的人生。因此,引导孩子树立一个正确的、远大的理想是非常重要的。

在生活中,相信很多家长都曾问过自己的孩子"长大后准备做什么""你的理想是什么"等,得到的答案一定是五花八门的:演员、歌唱家、老师、宇航员、司机等等,家长要么笑盈盈,要么大吃一惊,要么皱眉暗自叹息,要么一顿呵斥。

一个小男孩儿说,他长大了想当一名司机,他的母亲劈头盖脸就是一顿呵斥:"没出息,当什么司机?"或者一个女孩儿说,她长大了要当护士,她的父亲就怒目而视:"你怎么竟想干伺候人的活儿?"

其实,对于年龄较小的孩子来说,他们有着五花八门、各种各样的

"理想"，父母正确引导就是，不必太当真。也不要因为孩子的理想太普通而觉得担忧，或因为太不符合实际而觉得好笑。要知道，孩子对事物的认知能力非常有限，现在的所谓的理想往往只是一些很浅层的想法，随着时间的推移和不断成长，他的理想会不断做出调整的。孩子是在鼓励声中长大的，如果他的理想总是无端地遭到家长的反对，久而久之，这个孩子将不肯奢望未来。针对上述两个孩子的理想，父母正确的做法是，告诉孩子做司机需要许多许多机械原理知识、地理知识，好司机也需要会讲外语，而做好护士也相当不容易，等等。

其实，在儿童时代，每个孩子的想法都带有幻想的成分，有些父母也会对孩子不切实际的理想投以不屑一顾的目光。可是，带有幻想就意味着不可实现吗？

多年前，一位穷苦的牧羊人带着两个年幼的儿子替别人放羊，以维持生计。一天，他们赶着羊群来到了一个山坡，这时，一群大雁鸣叫着从他们的头顶飞过，并很快消失在远方。牧羊人的小儿子问他的父亲："大雁要往哪里飞？"父亲回答说："它们要去一个温暖的地方，在那里安家，度过寒冷的冬天。"他的大儿子眨着眼睛羡慕地说："要是我们也能像大雁一样飞起来就好了。"小儿子也对父亲说："做个会飞的大雁多好啊！"

牧羊人沉默了一下，然后对两个儿子说："只要你们想，你们也能飞起来。"

两个儿子试了试，并没有飞起来，他们用怀疑的眼光看着父亲。牧羊人说："让我飞给你们看。"于是他飞了两下，也没有飞起来。牧羊人肯定地说："我是因为年纪大了才飞不起来，你们还小，只要不断努力，就一定能飞起来，到任何想去的地方。"父亲的话使两个儿子产生了飞起来的梦想，并坚持不懈地努力。一天，牧羊人带回一个小玩具，用橡皮筋做动力，可以使玩具飞向空中。两个儿子觉得很好玩儿，照着仿制了几个，都能成功地飞起来。他们因此兴致倍增,并引发了造飞机的想法。经过反复实验,世界上第一架飞机诞生了。

这一对兄弟就是美国的莱特兄弟。

看到这,你还会对孩子似乎不切实际的理想不屑一顾吗?其实,在孩子们年幼的心灵中,是不乏理想的,他们总是积极地憧憬着自己美好的未来。遗憾的是,许多父母缺乏教育的知识,在引导孩子树立理想上的做法欠妥。因此,运用恰当的方法,对孩子进行正确的引导是十分必要的。

首先,需要强调的是,孩子在谈及自己未来的打算或理想时,为人父母者,不要因为说法的"幼稚"或不符合自己的"口味"而轻易去否认。不论是什么理想,父母都应该给予充分的肯定,并要恰当地告诉他实现这一理想必须具备的知识。并且,根据孩子说出的理想,多问他"为什么",以此作为良好的教育契机。比如,孩子要做飞行员,可以先问他为什么要做飞行员,然后用浅显的道理告诉他做飞行员要具备哪些知识,还可以把一些著名飞行员的事迹讲给孩子听,告诉他只有从小好好学习,多多储备知识,才能实现这个美好的理想。

其次,父母要让孩子知道,理想是高于现实的东西。美好的理想转化为现实,需要经过努力,经过奋斗。奋斗是到达理想天国的阶梯和桥梁。不想努力,不愿奋斗,理想永远只是空想,毫无意义。

再次,理想的实现不会一帆风顺,会遇到各种各样意想不到的困难和挫折。要告诉孩子,只有以一种坚韧不拔的精神去面对困难和挫折,以顽强的毅力去冲破艰难和险阻,才会达到理想的彼岸。让孩子记住:坚持就是胜利。

最后,为了实现自己的理想,从现在开始,就应该脚踏实地,从小事做起。不肯做小事的人,难以成就大的事业。所谓"不积跬步,无以至千里"就是这个道理。教育孩子实现明天的理想要与今天的学习、锻炼结合起来。

然而在生活中,常常有父母倾诉自己这样的苦恼:"孩子成绩不好,其他方面也表现平平,缺乏理想,贪图享乐,虽然也觉得看电视玩游戏是玩物丧志,可是总抵挡不了诱惑……"没有理想的人,就没有目标,就没有奋起直追的持久动力,就会迷失人生方向。这类人面对学习、生活、工作,都会十分慵懒,甚至消极、堕落或厌世。

美国成功心理学家拿破仑·希尔说:"人类最神奇的遗传因子,就是那善于梦想的力量。"真正没有梦想的孩子少之又少,关键在于父母的正确引导。

在孩子很小的时候,父母就问孩子,你长大了想做什么。孩子稚气地说,做科学家、艺术家,等等。那时家长会笑一笑,心想:我的孩子真有志气,但也不会太当回事。但是,随着孩子一天天地长大,尤其是进入高中后,家长就会思考:我的孩子明天做什么呢?这个问题成为他们最担心的事。那么,在价值观如此多元化的现代社会中,作为父母,应该怎样科学地帮助孩子树立远大的理想,又不被孩子嫌"落伍"呢?

首先,有些家长,自己喜欢吃喝玩乐,混混沌沌地过日子,这种潜移默化的影响往往使得孩子丧失了对生活的热情和对未来的憧憬。因此,为人父母者,要想让孩子有远大的理想,自己就应该做个有理想、敢奋斗的人。

其次,把对孩子的期望调整到先培养孩子的优秀品格上,"要想成才,先学做人"。徐特立也说过:"教育的作用,就是按照一定的社会形式,培养一定的人格,为一定的社会服务。"也就是说,对中学生进行理想教育要有层次性。比如,做个好公民,做个遵纪守法、有道德的好人,这个"理想"看来似乎很低,其实也颇不容易。当今青少年犯罪率越来越高,犯罪者越来越低龄化,不正是说明了这一层次教育的现实性和艰巨性吗?理想教育要从基础做起,坚持正面灌输。在当前社会思潮缤纷缭乱的情况下,正面的灌输显得更为重要。即要告诉孩子不要做什么,应该做什么和怎样去做,使其有所遵循。除此之外,要勤于疏导,切忌硬堵。只有这样,才能收到良好的教育效果。

再次,了解孩子理想发展的基本特点。比如,有些孩子的理想就比较肤浅、模糊,没有明确的方向和目标;有些孩子向往和憧憬未来,但自觉性不够,有时动摇不定;有些孩子认为理想就是将来找个好工作。对于这些,家长要及时与孩子交流,强化他们把一些积极的感受转化成目标理想。

最后,理想教育要渗透到学科教学、课外活动等领域中去。除了正面的、有意义的理想教育之外,还要有大量的"无形"的,为中学生所喜闻乐见、有潜移默化之效的教育方式,多管齐下。比如,在各学科的教学、优秀文学作品的欣赏讨论、参观、访问、旅游、社会调查、知识竞赛、兴趣小组、文艺演出等各种活动中,加强对学生的理想教育。

2.设定合理目标,激发孩子内在潜能

一个人在富裕安逸的环境中生存久了,会消磨掉意志,所以孟子说:"生于忧患,死于安乐"。成人尚且如此,何况是孩子呢!现在的孩子生活条件优越,这既给他们的童年带来了安逸,同时也带来了隐患。

很多孩子安于父母为自己创造的优越环境,丧失了理想、斗志,才有"富不过三代"的说法。所以,我们要敢于把孩子推向生活,给他们一些压力,"逼迫"他们长本事。

1976年，19岁的迈克尔在休斯敦的一家航天实验室工作。虽然这里待遇优厚，但是环境沉闷，迈克尔希望改变自己的现状。他心中一直有创作音乐的梦想，但是写歌词并不是迈克尔的专长，于是他找到善写歌词的凡尔芮同他一起创作。当凡尔芮了解到迈克尔对音乐的执著以及目前不知如何入手的迷茫时，便决定帮助他实现梦想。于是凡尔芮问迈克尔："你想象中的五年后的生活是什么样子的？"

迈克尔沉思片刻，说道："五年后，我希望自己会有一张唱片在市场上销售；我想住在一个有音乐氛围的地方，能够天天和世界一流的音乐人一起工作。"

凡尔芮说："那么，我们现在就看看你和你的目标之间的差距有多远吧。现在，你有固定的工作，音乐创作的时间非常有限。而你想要达成梦想，那音乐将是你生活和工作的主要甚至全部内容，这就是差距所在。"

凡尔芮继续说道："现在我们把你的目标反推回来。如果第五年你想有一张唱片在市场上销售，那么第四年你就一定要和一家唱片公司签约；第三年你就要有一首完整的作品，可以拿给很多唱片公司听；第二年你一定要有很棒的作品开始录音；第一年你就要把所有准备录音改好，然后逐一进行筛选；第一个月你就要把目前手中的这几首曲子完工；第一个礼拜你就要先列出一张清单，排出哪些曲子需要修改，而哪些则需要完工。你看，现在我们不就知道你下个星期应该做什么了吗？"

凡尔芮接着说道："如果你五年后想要生活在一个有音乐氛围的地方，与一流的音乐人一起工作，那么第四年你就应该有一个自己的工作室或者录音室；第三年，你可能就得先跟这个圈子里的人一起工作；第二年，你就应该搬到纽约或者洛杉矶去住了。"

凡尔芮的一番话，让迈克尔大受启发。很快地，他就辞职去了现有的工作，搬到洛杉矶。时隔六年，迈克尔的唱片大卖，一年卖出了几千万张，而且他每天都与顶尖的音乐人在一起工作。正是凡尔芮冷静地找出差距,并一步一步地进行分析,才给迈克尔指出了一条通往梦想的道路。

这个故事告诉我们一个深刻的道理,只有设立了合理的目标,才可能迸发出巨大的潜力,创造出令人惊奇的奇迹。我们的孩子正是因为在安逸的环境中生活久了,所以缺乏动力,激发不出自己的潜能。所以,身为父母要狠下心来,为孩子长远打算,敢于把孩子推下"鳄鱼池",逼迫孩子在"恶劣"的环境中成长。

林肯小时候,妈妈南希·汉克斯抱着他来到了公园的广场。妈妈走到台阶下,想让林肯自己爬台阶,就把他放了下来。林肯用疑惑的目光望着妈妈,不明白妈妈是什么意思。

林肯巡视了一周,看到正前方有十几个台阶,觉得好玩,就缓缓地挪步过去,一阶一阶地向上爬。林肯高兴极了,不时地向妈妈挥手。

等爬到了第四个台阶,林肯感到力不从心,想让妈妈过来扶自己一把。

林肯回头看一眼妈妈,等待着妈妈过来扶自己,但妈妈丝毫没有伸手扶他的意思,眼睛里只是充满了慈爱和鼓励。

林肯看了看台阶,放弃了让妈妈抱的想法,晃晃悠悠接着向上爬。

快到最后一个台阶时,林肯累得气喘吁吁,他又回头看一眼妈妈,希望妈妈过来帮助自己。

妈妈给林肯加油说:"孩子,使劲儿点!终点离你不远了,你再坚持一下,就可以成功了。"

林肯望着妈妈,又转头看了看剩下的台阶,感到已经没有力气了,便不再往上爬。

妈妈走过来,蹲在一旁说:"孩子,加油,加油!就剩最后一个台阶了,你会爬到最上面的。"妈妈始终没有抱林肯的意思,她只是在旁鼓励他坚持到最后。

林肯见求助妈妈没有指望了,于是拼命地向上爬。他很吃力,累得满头大汗,终于爬上了最后一个台阶。

妈妈高兴地走过来扶起林肯,拍拍他身上的灰尘说:"孩子,你太棒了,妈妈为你骄傲。"

林肯看着妈妈,脸上露出了笑容。

林肯长大后,他的母亲经常给他讲这个故事,这个故事对日后林肯的成就产生了积极的影响。

人的一生有无数个台阶,我们做父母的要向林肯妈妈学习,与其祈求孩子的生活一帆风顺,不如逼迫孩子尽快成长。这样的父母才是明智的、真正负责任的父母。

需要注意的是父母要给孩子设定目标。因为合理的目标会给孩子带来动力,调动孩子的积极性,激发孩子的潜能。

首先,父母一定要掌握设定目标的技巧,既不能过低,因为孩子轻轻松松就可以完成,起不到"逼迫"的作用;又不能过高,不然孩子不管怎么努力都达不到,这样会挫伤孩子的积极性。只有"跳一跳,够得到"的目标,才能使孩子既有兴趣,又积极努力。

其次,父母要和孩子一起制定达成目标的计划。孩子的兴趣可能是短暂的,"三分钟热度"一过,就忘记了自己的目标,放松了对自己的要求,因此父母要和孩子制订一份计划,并严格监督孩子执行。在孩子松懈的时候,要下狠心逼迫孩子,让孩子逐渐养成良好的习惯和奋斗的精神,这样孩子才能更快地成长。

值得注意的是,逼迫孩子一定要讲究方法,不要使用恐吓、打骂等不正当方式。总之,父母要记住逼迫孩子是手段,孩子健康成长才是目的。

3.好奇心是开启成功的钥匙

狼总是对自己周围的世界充满了好奇。它们竖起灵敏的耳朵,倾听自然界的每一种声音;它们炯炯有神的眼光,总是透着跃跃欲试的锋芒;它们对这个世界的好奇,总是为它们带来了无穷的机遇和挑战。

因此,好奇创造机遇。狼的好奇让它们对自然界的秘密充满向往,不自觉地去探索。因此我们和狼一样,人类的许多成功就是好奇产生的,好奇心是开启成功的钥匙。

当你的孩子正在叠一架纸飞机或正在拆家里的小闹钟时,当你的孩子不停地向你提出各种幼稚可笑的问题时,你一定要认真去对待,千万不能斥责,因为这很有可能熄灭一簇可以燎原的星星之火。

1847年3月3日,亚历山大·贝尔出生在爱丁堡。他的父亲和祖父都是颇有名气的语言学家。

受家庭的影响,贝尔小时候就对语言非常感兴趣。他喜欢养麻雀、老鼠之类的小动物,因为他觉得动物的叫声非常美妙动听。上小学时,他的书包里,除了装课本外,还经常装昆虫、小老鼠等。有一次,老师正在讲《圣经》里的故事,忽然他书包里的老鼠窜了出来,同学们躲的躲,叫的叫,弄得教室内大乱。老师怒不可遏,觉得他是一个十足的坏学生。

不久,贝尔的父亲就将贝尔送到伦敦的祖父那儿。那位慈祥的老人深谙少年的学习心理,他不采用填鸭式的方法,不硬逼贝尔学习书本上的知识,而是从培养贝尔的学习兴趣入手。渐渐地,贝尔有了强烈的求知欲,学习成绩迅速提高,成了优等生。贝尔后来回忆道:"我祖父使我认识到,每个学生都应该懂得的普通功课,我却不知道,这是一种耻辱。他唤起我努力学习的愿望。"

一年之后，贝尔又回到了故乡爱丁堡。在他家附近，有一座磨坊。贝尔觉得这种老式水磨太费劲了，应该加以改进。于是，他查阅各种图书资料，设计出一幅改良水磨的草图。虽然这图画得不规范，但构想却十分巧妙。经过工匠师傅加工，水磨用起来果然十分灵活，比原来省力多了。从此，他成了远近闻名的"小发明家"。

贝尔从这里看到了发明创造的意义。每一项发明，都将使很大一部分人受益，都是人类向前迈进的一块基石。

1869年，22岁的贝尔受聘美国波士顿大学，成为这所大学的语音学教授。贝尔在教学之余，还研究教学器材。

有一次，贝尔在做聋哑人用的"可视语言"实验时，发现了这样一个有趣的现象：在电流流通和截止时，螺旋线圈会发出噪声，就像电报机发送莫尔斯电码时发出的"滴答"声一样。

"电可以发出声音！"思维敏捷的贝尔马上想到，"如果能够用电流的强度变化模拟出人在讲话时的声波变化，那么电流将不仅可像电报机那样输送信号，还能输送人发出的声音。这也就是说，人类可以用电传送声音。"

贝尔越想越激动。他想："这一定是一个非常有价值的想法。"于是，他将自己的想法告诉电学界的朋友，希望从他们那里得到有益的建议。然而，当这些电学专家听到这个奇怪的设想后，有的不以为然，有的付之一笑，甚至有一位不客气地说："只要你多读几本《电学常识》之类的书，就不会有这种幻想了。"

贝尔不在乎别人想什么、说什么，他决定向电磁界泰斗亨利先生请教。

亨利听了贝尔一五一十的介绍后，微笑着说："这是一个好主意！我想你会成功的！"

"尊敬的先生，可我是学语音的，不懂电磁学，要想把它变成现实恐怕是件很难的事。"贝尔说。

"那你就学会它呗。"亨利斩钉截铁地说。

得到亨利的肯定和鼓励,贝尔觉得自己的思路更清晰了,决心也更大了。他暗下决心:"我一定要发明电话"。

此后,贝尔便一头扎进图书馆,从阅读《电学常识》开始,直至掌握了最新的电磁研究动态。有了坚实的电磁学理论知识,贝尔便开始筹备试验。他请18岁的电器技师沃特森做试验助手。

接着,贝尔和沃特森开始试验。他们终日关在实验室里,反复设计方案、加工制作,结果却是一次又次的失败。"我想你会成功的",亨利的话时时回荡在贝尔的耳边,激励着贝尔以饱满的热情投入到研制工作中去。

光阴似箭,两年时间很快过去了。

1875年5月,贝尔和沃特森研制出两台粗糙的样机。这两台样机的构造与工作原理是:在一个圆筒底部蒙上一张薄膜,薄膜中央垂直连接着一根碳杆,插在硫酸液里。这样,人对它讲话时,薄膜受到振动,碳杆与硫酸接触的地方电阻发生变化,随之电流也发生变动;而在接收处,由于电流变化,也就产生变化的声波。由此实现了声音的传送。

可是,经过验证,这两台样机还是不能通话。试验再次失败。经反复研究、检查,贝尔确认样机的设计和制作不存在什么问题。可为什么失败了呢?贝尔苦苦思索着。

一天夜晚,贝尔站在窗前,锁眉沉思。忽然,远处传来了悠扬的吉他声。那声音清脆而又深远,非常美妙!"对了,沃特森,我们应该制作一个音箱,提高声音的灵敏度。"贝尔从吉他声中得到启迪。于是,两人立即设计了一个方案。一时没有材料,他们把床板拆了,经过几个小时的奋战,音箱制成了。

1875年6月2日,他们又对带音箱的样机进行试验。贝尔在实验室里,沃特森在隔着几个房间的另一头。贝尔一面在调整机器,一面对着送话器呼唤起来。忽然,贝尔在操作时,不小心将硫酸溅到了腿上,他疼得大喊:"沃特森先生,快来呀,我需要你!"

"我听到了,我听到了。"沃特森高兴地从那一头冲过来。他顾不上看贝尔的伤处,把贝尔紧紧拥抱住。贝尔此时高兴地把疼痛也给忘了,激动得热泪盈眶。

当晚,贝尔兴奋得睡不着觉。他半夜爬起来,写了一封信给母亲。信中写道:"今天对我来说,是个重大的日子。我们的理想终于实现了!未来,电话将像自来水和煤气一样进入人们的家庭。人们各自在家里,不用出门,也可以进行交谈了。"

两年之后的1878年,贝尔在波士顿和纽约之间进行了相距300公里的长途电话试验,大获成功。此后,电话在北美各大城市迅速流行开来。

综观贝尔的一生,他取得成功的主要因素在于强烈的好奇心。爱养小动物、带着老鼠上学,是贝尔好奇心在幼年的表现;改进老式水磨的尝试,则是贝尔在好奇心驱使下萌生的发明冲动;抓住螺旋线圈发出的噪声,而产生"电可以发出声音"的灵感,则是贝尔好奇心迸射的智慧火花。贝尔的成功,为"好奇心是开启成功的钥匙"这句名言提供了最好的注脚。

瓦特是世界公认的发明家。他发明了蒸汽机,被世人称为"蒸汽机之父"。他的创造精神为后人留下了宝贵的精神和物质财富,极大地推动了社会生产力的发展。

瓦特出生在英国苏格兰一个小镇格里诺克,他的父亲是一个木匠,祖父和叔父都是机械工匠。瓦特从小就表现出惊人的智慧和强烈的好奇心,大人们都夸他聪明伶俐。他喜欢到自家的花园里观察植物的生长,还经常把过程用笔画下来或记录下来。他非常喜欢提问题,有时候还真把大人难住了呢。

一天,他在厨房里看到奶奶正在烧水。水开了发出"哧哧"的声音,他发现壶盖不知为什么就被顶了起来,他好奇地问奶奶:"奶奶,是什么东西把壶盖顶起来了?"奶奶笑着说:"是水蒸汽呀,水开了,壶盖就会被水蒸汽顶起来了。"

小瓦特很不相信地说:"水蒸汽能有这么大的力量?一定是壶里有小动物把它顶起来的。"说着就过去把壶盖拿下来看了又看,但是里面除了水还是水,其他什么东西也没有。奶奶说:"怎么样?我说的对不对?"可是瓦特还是不服气,又把壶盖拿了下来,察看了半天,里面还是没有"小动物"出现,这使他有些失望。瓦特仍然不明白这是怎么回事,又追问道:"为什么只有水开了,壶盖才会被顶起来呢?"

瓦特的父亲很喜欢瓦特这样寻根问底,他告诉瓦特,蒸汽是有很大力量的。父亲让瓦特仔细观察,看看蒸汽的力量到底有多大。从这以后,小瓦特像中了魔一样,常常盯着烧水壶,一看就是大半天。瓦特常常想:"壶盖是被水蒸汽推动而上下跳动的。既然一壶开水能够推动一个壶盖,那么用更多的开水,不就可以产生更多的水蒸汽,推动更重的东西了吗?"

长大后,瓦特常常一边喝着茶,一边看着那一动一动的壶盖。想起小时候和奶奶的对话,瓦特心里充满了期望:蒸汽的力量到底有多大?我一定要利用这股神奇的力量发明一个机器。

在瓦特的不懈努力下,终于发明了蒸汽机,人类社会由此进入了"蒸汽机时代"。

好奇心是孩子创造力的表现,许多伟大的发明往往都首先来源于发明家的好奇心。发明蒸汽机的瓦特,被苹果砸着脑袋的牛顿,都是因为对生活的好奇,才有了那么多想法和发明的。可是许多家长却忽视孩子的好奇心,认为孩子的许多问题很可笑,甚至认为孩子的好奇行为是破坏行为,严肃地告诫孩子下次不许再犯。

对于孩子来说,周围的世界是那样的神秘、新鲜和美好,他们的心中充满了各种好奇和求知的渴望,当他们用热切的目光注视我们、用稚嫩的声音询问我们、用纯洁的心灵渴求我们的帮助和支持时,家长要做好充分的准备,接纳、鼓励孩子的好奇心,为孩子的成长插上想象的翅膀,培养孩子对未知领域的探索精神。这是孩子在未来取得成功的重要支撑。

(1)创设满足孩子好奇心的环境

对孩子来说,在他们的日常生活环境中,到处蕴含着可供探索的资源,随便哪个情境,都可能成为引发孩子好奇心、诱导孩子提出各种问题的学习场所。父母要做的首先是消除环境中的不安全因素,然后就可以依据孩子的兴趣提供各种实践材料和工具,放手让孩子去探索。

(2)不要以成人的思维约束孩子

由于孩子的认知有限,可能会有很奇怪、超出成人逻辑的设想,这个时候父母切忌以成人的思维方式来束缚孩子的想象力。

一个5岁的男孩,和同伴们在家中的院子里玩耍。爸爸妈妈从外边回来,发现房檐下接雨水的大水缸歪倒了,里面储存的满缸的雨水流了一院子。妈妈心疼得不得了,问是谁干的? 男孩诚实地说:"是我和小朋友把缸推倒的。"

妈妈"啊"了一声,拉住孩子的小胳膊就要打。爸爸忙拦住说:"让他先讲讲为什么要这样干?"

男孩毫不示弱地说:"我们这是做实验! 爸爸说司马光从小就聪明,我看不见得。如果聪明,他就不该把缸砸破了,而应该把缸推倒。"

原来前天晚上,爸爸给男孩讲了"司马光砸缸"的故事,说司马光最聪明。当时孩子就不大服气，所以今天故意把缸推倒，来证实他的想法是正确的。

男孩振振有词地说："缸倒了，水流出来，里面的孩子不就得救了吗？若用石头砸缸，砸破了，孩子的脑袋说不定还会受伤呢！"

爸爸鼓励孩子说："儿子说得有道理。现在就敢想别人不敢想的问题，将来一定会有出息的。"

果真，这个孩子长大后成为了一个很有成就的学者。家长保护和引导孩子的好奇心就是对孩子学习知识、探索知识的最大支持。

(3)给孩子犯错的机会

孩子一犯错，很多父母就急着去批评制止，殊不知，这样做只能影响孩子的探索精神。相反，给孩子犯错的机会，孩子就会产生一种不达目的誓不罢休的劲头，或继续尝试，或带着好奇询问父母。犯错让孩子产生一连串的学习动力，这对于培养他的观察能力和思考能力是很有帮助的。

托尼的妈妈看到被拆坏的电视机时，尽管有些生气，但没有指责他，而是平静地问："为什么这样？"

托尼说："我一直不明白电视为什么能播出图画、人物和声音，我对这个东西非常感兴趣，总想知道到底是怎么回事。"

妈妈听罢，说："是这样，托尼，你把电视机的电路图画出来吧。"同时告诉托尼，以后拆东西应该先征求妈妈的意见。因为这是有危险的，而且拆家里的东西应该提前询问爸爸妈妈是否同意。妈妈的做法，使托尼感到十分意外。

其实，妈妈在让托尼画电路图的同时，使托尼对电视电路产生非常浓厚的兴趣。而且通过画电路的过程，托尼把电视电路的结构搞清晰了。在若干年之后，托尼考入英国剑桥大学电子工程系，并且他的学业成绩很好。

(4)做"不知道"父母，有利于进一步激发孩子的探究心

父母对孩子的问题一概敷衍说"不知道"，当然会打压孩子"打破砂锅问到底"的热情，但若孩子每次问"为什么"，父母都忙不迭地给出标准答案，也未必是件好事，这种做法等于是替孩子省却了探究的过程。而培养孩子好奇心的最佳方式是教会孩子"研究方法"，教他学会思考、学会去找寻正确的答案。

4.鼓励孩子做自己喜欢的事情

天赋是什么？很多父母都觉得这个东西很抽象，难以捉摸。李开复说："天赋就是兴趣，兴趣就是天赋。"世界上绝大多数优秀的人物都谈不上有天赋，他们之所以能有大成就，是因为他们追随了自己的兴趣。

一个人只有在从事自己感兴趣的事情时，他才会全身心地投入其中。父母教育孩子也应该投其所好，因势利导，这样孩子一定会竭尽全力地去完成自己的学业。

达·芬奇在9岁那年进入学校读书，他的第一个老师是神父。所学的课程，除了拉丁文，就是经书之类。教学模式呆板，孩子们每天除了读就是背，毫无生机可言。对此，达·芬奇一点兴趣也没有。

有一次，神父训斥他说："你这小东西，将来肯定不会有出息！每天只知道瞎涂乱画，成天幻想着当一个艺术家，这不是做梦吗？"当时，达·芬

奇正在全神贯注地思考一道数学题，根本就没听见他在说什么。神父的话音还没落，他便问起那道题应当如何做。神父非常恼怒，抡起手打了他一巴掌，之后又到他的父亲面前去告状。父亲并没有为此而训斥儿子，他知道儿子并没有错。

父亲皮耶罗一向善于逻辑推理，是位很有名气的公证人。在案卷和诉讼方面，他能够以无懈可击的论述击倒对方。在儿子的择业问题上，他也想了好一阵子。按他的意愿，他希望儿子能够继承自己的事业，最好成为一个法学家。但是，他认为，兴趣是最好的老师，也是成就事业的好帮手。

依据他的兴趣发展，将会收到意想不到的效果，可以事半而功倍。根据儿子的一贯表现，他喜欢数学，但数学家通常只是待在家里想问题，很少与外界联系，儿子朝这方面发展可能不太适合；他喜欢音乐，但在自家的社交圈中，并没有非常优秀的人可以充当他的老师；而绘画与雕刻，也是他的长处。而且在自己现有的好友中，有一个叫维罗奇奥的著名画家、雕塑家，正好可以当他的老师。如果让儿子拜在他的门下，说不定儿子以后会大有一番作为！想到此，他把儿子叫到身边征询他的意见，儿子听了非常高兴。于是，他把儿子带到维罗奇奥那里，拜他为师。从此，达·芬奇专心致志地学起画画来。

同时将对孩子的教育渗透到孩子感兴趣的事情或生活的细节当中去，不但可以激发孩子的学习热情，而且会促使他们对学习采取更主动更积极的态度。

1915年6月15日，韦勒出生于美国中北部美丽的密执安州阿博镇的一个知识分子家庭。

父亲在一所大学的医学系搞病理学研究，喜欢观赏、收集、喂养、解剖各种动植物。在他的书架上,摆放着许多医学和生物学方面的书籍杂志,他的朋友大多也是医学家和生物学家。这一切,一直影响着韦勒,使他从小就对医学和生物学产生了浓厚的兴趣。

美丽的密执安州就像一座巨大的博物馆,阿博镇风景秀丽,四周有树林、河流、一望无际的草地,各种各样的小动物随处跑动,成群的蝴蝶在花丛中嬉戏。韦勒和小伙伴们经常跑到草地上,时而扑住几只蝴蝶制成标本当作书签,时而躺在草地上仰望蓝天白云。有时候兴致来了,就会到河边去捉鱼。

在一个星期天的下午,韦勒与小伙伴们到河边玩耍,捉到了几条小鱼。韦勒高兴地跳了起来,他把鱼带回家,拿来一只鱼缸,将鱼小心翼翼地放到里面。几条小鱼在自己的乐土里欢快地游着,不时还向水面吐出一串一串的水泡,实在逗人喜爱。韦勒每天放学回家都会去看望小鱼,给它们喂剩肉和面包渣。为了让小鱼能够健康地成长,他每隔两天会为小鱼换一次水。但没过多久,还是有一条鱼不幸地死去了。韦勒看到它漂在水面上,一动不动,心里十分难过。小鱼怎么会死呢?韦勒想弄个明白,于是决定将小鱼进行解剖,从它肚子里找原因。他将小鱼放在一块木板上,拿来一把小刀,然后将小鱼的肚子小心剖开。由于平日经常观看父亲解剖各种动物,也看过父亲解剖鱼类,韦勒解剖小鱼的动作颇得要领。当他剖开小鱼的肚子后,惊奇地发现一撮乳白色的小虫子在小鱼的肚子不停地蠕动。"啊!这是什么呢?是小鱼的后代吗?"韦勒天真地猜想着。等父亲下班回来,他急忙把自己的发现告诉了父亲,并且指着鱼肚子里的白色小虫问父亲:"爸爸,那是不是小鱼的后代呀?"

父亲听完这一切后,仔细观察了小鱼肚子里的东西,然后对韦勒说:"那是鱼体内的寄生虫,并不是小鱼的后代。"

"小鱼是被它们害死的吗?它们是怎样钻进鱼肚子里去的呢……"韦勒晃着小脑袋向父亲提出了许多问题。

"寄生虫是难以消灭的致病源,不仅鱼体内有,其他动物和人体内也有,它们危害健康,是应该消灭的大敌。孩子!你要努力学习,长大了去研究消灭寄生虫的方法,为人类造福。"父亲微笑着对韦勒说。

父亲的话深深地激励着韦勒。从此以后,他学习更加刻苦了,对生物课也更加酷爱了。经过不懈的努力,韦勒成为了一名出色的生物学家。

曾经有位中学生向世界首富比尔·盖茨请教成功的秘诀,盖茨说:"做你所爱,爱你所做。"华德·狄斯奈也讲过一句话:"你一定要做自己喜欢做的事情,才会有所成就。"

因此,做自己喜欢做的事情就等于一脚已经踏上了成功的征程。因为,一个人只有在从事自己感兴趣的事情时,他才会全身心地投入其中。同样,孩子有了兴趣,才想要去学习和接近某件事物。所以父母在教育孩子的时候也该投其所好,因势利导,这样孩子才会竭尽全力地去完成它。而且对一个人成长至关重要的是兴趣、爱好、特长,这也是培养孩子的核心。把孩子的兴趣、爱好、特长作为培养孩子的起点,这是教育实现的根本基础,是我们家长对孩子应付的责任。

望子成龙、盼女成凤是家长共同的心愿。一些家长为了让孩子成才,不惜投入大量的金钱,牺牲自己不少宝贵的时间,粗暴地强制孩子放弃他们的某些爱好,去做他们根本不感兴趣的事情。事实上,这种教育手段不但致使孩子得不到发展,甚至还会促使悲剧的酿成。

所以,作为父母,只要孩子的兴趣爱好不是有害的或不良的,父母就应该加以鼓励和尊重,一味地强迫孩子做他们不愿意做的事情,结果只能是事与愿违。

那么,父母应该如何鼓励孩子做自己喜欢做的事情呢?

第一,家长应该有平和的心态。许多家长让孩子练琴是因为别人的孩子也练琴,是为了在孩子成功时,自己的脸上有光。在孩子不愿意从命的时候,这样的私心一定会暴露无遗。因为你一想到自己在孩子身上的智力投资,钱花了不少,却得不到回报,你便无法理解和宽容孩子,便会以暴躁的态度去逼迫孩子,而这种做法也会致使家庭气氛恶化。另外,你的目光会因受到自己利益的限制,而错过发现孩子特长的机会。

第二,善于观察孩子,及时去发掘孩子的兴趣。孩子往往会对自己喜爱的事物表现出极其浓厚的兴趣,父母要善于从孩子平时的言行举止、行为表现等方面去观察孩子,及时地了解孩子的兴趣所在。享誉世界的钢琴才子郎朗在3岁时,父亲就发现了他对音乐的独特兴趣与天分,随后对其进行悉心的培养,尽可能地给他创造优越的环境,最终造就了这位音乐才子。

第三,让孩子养成良好的学习习惯。习惯对掌握一门技艺来说很重要,这比父母的强迫要好上千倍,但这是建立在孩子自身兴趣之上的。

第四,家长也可以帮助孩子发现、培养兴趣。要耐心观察,让孩子多尝试。在孩子小的时候,他没有任何阅历,无法告诉你他到底对什么感兴趣。这就需要父母花时间和孩子在一起做事来观察孩子的兴趣所在。你要领孩子到图书馆去,向他介绍各类图书;你要带他参加音乐会,看体育比赛,听学术演说,去专业展览会;你还要对孩子讲解这些领域特色和利弊等。于是,在不知不觉中你就会发现孩子的兴趣所在了。

第五,给孩子一定的选择权。莎士比亚说:"学问必须合乎自己的兴趣,方才可以得益。"人在做自己感兴趣的事时,内心会产生一种幸福感,这种幸福感激励他不断努力、不断追求。父母应该给孩子一定的选择权力,让他们选择自己喜欢的事。当孩子的主动性被调动起来的时候,他的激情就会像火山爆发一样不可阻挡,而家长只需要扮演一个支持者的角色就行了。

第六,不要以为学的特长越多就越好。人的一生,精力是有限的,除了让孩子学习特长外,还应注意让孩子在德智体等多方面发展。

5.勤奋是男孩成才的保障

纵观古今中外,无论是文学家、发明家,还是政治家、思想家,凡是成功人士无一不是勤奋的追随者。勤奋让安徒生从一个鞋匠的儿子成为"童话之王",让爱迪生创造了一千多种发明,让爱因斯坦总结出举世瞩目的《相对论》,也让"悬梁刺股""凿壁偷光"的美谈流传千古。

爱因斯坦曾说:"在天才与勤奋之间,我毫不迟疑地选择勤奋,她几乎是世界上一切成就的催产婆。"一个勤奋的人必然能够得到比其他人更多的成就。诺贝尔奖得主丁肇中教授认为,获得成功的第一个秘诀就是勤奋。他是这样认为的,也是这样做的,所以他获得了更多的成就。

一个勤奋的孩子能自觉学习想获得的知识,而且事实上,一个孩子掌握知识的多少也完全取决于自己的勤奋程度。

曾国藩是中国历史上最有影响的人物之一,但是在他小的时候天赋却不高。有一天在家读书,他对一篇文章重复不知道多少遍了,却因为没有背下来,还在朗读。

这时候他家来了一个贼,潜伏在他的屋檐下,希望等他睡觉之后捞点好处。可是等啊等,就是不见他睡觉,还是翻来覆去地读那篇文章。贼人大怒,跳出来说:"这种水平读什么书?"然后将那文章背诵一遍,扬长而去!

贼人是很聪明,至少比曾国藩要聪明,但是他只能成为贼。"勤能补拙是良训,一分辛苦一分收获。"那贼的记忆力真好,听过几遍的文章就能背下来,而且很勇敢,见别人不睡觉居然可以跳出来"大怒",教训曾国藩之后，还要背书，最后才扬长而去。但是遗憾的是，他的天赋因为没有勤奋，变得不知所终。

一个人的进取与成材，环境、机遇、天赋、学识等外部因素固然重要，但更重要的是依赖于自身的勤奋与努力。被誉为"钢铁大王"的安德鲁·卡内基就是一位凭借勤奋努力出人头地的楷模。

为了给父母分忧，安德鲁·卡内基在10岁的时候就进了一家纺织厂当童工，周薪只有1.2美元。后来，他又干起了挣钱稍多一点的工作：烧锅炉和在油地里浸纱管。油池里的气味令人作呕，灼热的锅炉使他汗流浃背，但卡内基还是咬着牙坚持干下去。当然，他并不甘心如此潦倒一生，而是奋发图强，积极进取。

卡内基在劳累一天后，晚上还参加夜校学习，课程是复式记账法会计，每周3次。这段时期他所学的复式会计知识，成了他后来建立巨大的钢铁王国并使之立于不败之地的法宝。

1849年冬天的一个晚上，卡内基上完课回家，得知姨夫传话来，匹兹堡市的大卫电报公司需要一个送电报的信差。他立刻意识到，机会来了。

第二天一早，卡内基穿上崭新的衣服和皮鞋，与父亲一起来到电报公司门前。他突然停下脚步对父亲说："我想一个人单独进去面试，爸爸你就在外面等我吧。"原来，他担心自己与父亲并排面谈时，会显得个子矮小；同时，他也怕父亲讲话不得体，会冲撞了大卫先生，从而失去这个难得的机会。

于是，他单独一人到二楼面试。大卫先生打量了一番这个矮个头、高鼻梁的少年，问道："匹兹堡市区的街道，你熟悉吗？"

卡内基语气坚定地回答："不熟，但我保证在一个星期内熟悉匹兹堡的全部街道。"他顿了顿，又补充道，"我个子虽小，但比别人跑得快，这一点请您放心。"

大卫先生满意地笑了:"周薪2.5美元,从现在起就开始上班吧!"

就这样,卡内基谋得这个差事,迈出了人生的第一步。这时,他年仅14岁。

在短短一星期内,身着绿色制服的卡内基实现了面试时许下的诺言,熟悉了匹兹堡的大街小巷。两星期之后,他连郊区路径也了如指掌。他个头小,但腿很勤,很快在公司上下获得一致好评。一年后,他已升为管理信差的负责人。

卡内基每天都提早一小时到达公司,打扫完房间后,他就悄悄跑到电报房去学习打电报。他非常珍惜这个秘密学习机会,日复一日地坚持着,很快就熟练掌握了收发电报的技术。后来,他被提升,成了电报公司里首屈一指的优秀电报员。

当年的匹兹堡不仅是美国的交通枢纽,而且是物资集散中心和工业中心。电报作为先进的通讯工具,在这座实业家云集的城市起着极其重要的作用。通过努力,卡内基熟悉了每一家公司的名称和特点,了解各公司间的经济关系及业务往来。日积月累之中,他熟读了这无形的"商业百科全书",这使他在日后的事业中获益匪浅。因此,卡内基在回顾这段时期时,称之为"爬上人生阶梯的第一步"。

若想成大事,就必须勤奋地去劳动,天下无不劳而获的成功。只有勤奋努力,比别人付出更多,才能够充分把握事业上的机会,在各方面取得辉煌的成就,进而赢得精彩的人生。

世上没有白吃的午餐,也没有一蹴而就的成功。父母要让男孩知道,要想更好地实现自己的人生价值,没有一处能够离开勤奋。因懒惰而受到的惩罚,不仅是自己的失败,还会有对手的成功。再好的天赋如果碰上了懒惰,也只能永远地埋没在暗室中。因此,培养孩子勤奋的习惯是父母给孩子的宝贵财富。

(1)父母要做勤奋努力的人

父母懒惰是孩子学会懒惰最好的示范,同时父母勤奋也会给孩子带来最深的感触,"勤父无懒儿"说的正是这个道理。

孙强的妈妈有一个习惯,就是每次吃完了饭,都不愿意马上洗碗,总是等到要做下一顿饭的时候,再急急忙忙地来洗碗。她的这个习惯也传染给了孙强。

上初中了,孙强在学校吃饭,总是在每次吃饭前才匆忙地洗碗。大家说过他很多次,他自己也觉得这个习惯不好,可就是改不过来。

(2)不给懒惰找借口

有很多事情我们原本可以做得很好,但是为一时的懒惰而找到的借口却让我们很容易便放弃了努力,而很多计划也就在偷懒的念头下搁置荒芜了!

康拉德·希尔顿是美国旅馆业的大亨。在他13岁那年,一件平常的小事深深地印在了他的记忆中,并对他的一生产生了很大的影响。

那天,希尔顿因为夜晚等待送货的火车而在早晨睡过了头。

朦朦胧胧中,希尔顿听到了父母的一段对话。

"咱们的儿子怎么还在睡呢?"父亲问。

"就让他多睡一会儿吧,因为他等了一夜的火车。"母亲心疼地回答。

这时,他听父亲叹了口气:"唉,真不知道他会不会就这样睡完他的一生。"

听到这句话,希尔顿马上睁开了眼睛,从床上爬了起来。

从那以后,希尔顿就再也没有睡过头。

(3)有步骤地引导孩子

孩子毕竟还小，要养成勤奋习惯不是一朝一夕的事，需要父母有计划、有步骤地进行引导。例如，在学习方面，孩子在取得较好成绩时往往容易骄傲起来，不思进取。这时，父母要给孩子提出进一步的要求(在孩子的承受范围内)，让孩子永远有前进的目标和方向。既然不是一朝一夕的工作，父母就要有耐心，在引导孩子养成勤奋习惯的过程中，要平心静气，不要急于求成，否则会适得其反。

(4)让孩子立志以激励勤奋

人有了志向，往往就会为实现这一志向而奋力拼搏，所谓"有志者事竟成"。如果孩子能树立远大的志向，那必然就能激励他勤奋努力地去实现自己的志向。例如，大富豪李嘉诚在小时候就立志要成为一个船长。如今，虽然他没做成船长，但他总是用船长的意识来经营自己的事业和人生。他自豪地说："我就是船长，我就是这条航行在波峰浪谷间的大船的船长。"当然，孩子志向的发现和确立需要父母的指导，孩子向着志向的努力也需要父母的指导。

(5)鼓励男孩的勤奋行为

好孩子是夸出来的。确实，表扬对孩子来说是一种很大的激励。当孩子表现出勤奋的行为时，父母可以抓住时机，给予孩子赞赏或认同，孩子自然会变得更加勤奋。像"我喜欢你勤奋!""我希望你努力!"这样的话，无疑会给孩子很大的鼓舞，促使孩子更加勤奋努力。

第七章

勇敢坚强,培养男孩自强不息

1.让孩子拥有克服困难的勇气

有关调查显示,勇敢这种象征着男孩个性特征的品质,已经为越来越多的父母所忽视,许多男孩都很"胆小"。父母一定要让孩子认识到,只有勇敢的男孩才有勇气和胆量去克服艰难险阻和自己内心的恐惧,最终取得成功。

一天康康放学回家,不知道为什么一进门就哭了起来。妈妈一边把儿子搂到身边,一边笑着问道:"怎么了,孩子?"

"噢,妈妈,麻烦大了。"康康呜咽着,一张小脸布满了难过的表情,"所有同学明天早上都要交作文,可是我从没写出来一篇。我们至少要写12行,憋了整个下午我才写了几个字。看看我才写了点什么啊。哦,怎么办啊,妈妈?我怎么向老师交代啊?"

　　妈妈拿起康康手里皱巴巴、浸着泪渍的纸,看看上面都写了什么。只见康康在纸上仔细写了三个题目:时间、自制和勤奋。

　　"时间是短暂的,我们大家都应当充分利用时间。""自制是非常有用的。""在这个世界上我们想做任何事情都要很勤奋。"这就是他写下的所有的句子,显然这根本算不上一篇完整的作文。

　　"现在,"康康说,"对这些题目我再也想不出一个词了,我知道,明天上学一定交不上写好的作文了,我可不好意思从书上抄一篇或是让爸爸和你帮我写。唉,我真是太笨了!呜呜!"

　　"亲爱的,这就对了,"妈妈说,"自己写的作文,再糟糕,也比别人代写的漂亮文章更让你感到幸福。不过,开心起来吧。你没有开好头,你是在尝试着写自己根本不了解的题目。去花园里玩吧,半小时后我叫你。"

　　"可是我的作文……"康康还是有些不放心。

　　"玩的时候别想作文的事,尽量开心地去玩。"妈妈宽慰道。

　　于是康康就像一只小鸟一样飞进了美丽的花园里,开始快乐地玩耍。好像只不过玩了几分钟,康康就听到妈妈喊她。他立刻跑回屋里,手里捧着花,小脸红扑扑的,看起来很高兴。

　　"康康,现在我要你坐在窗前,取一沓整洁的纸和一枝铅笔,写下你看到的东西。"妈妈吩咐说。

　　"可是我的作文呢,妈妈,我什么时候开始写我的作文啊?"康康有些奇怪地问道。

　　妈妈轻轻地拍拍康康的小脑袋,说:"别想你的作文了,亲爱的,先做我告诉你的,我们慢慢再谈作文的事。"

　　康康虽然觉得妈妈的要求有点奇怪,但是他知道妈妈不论做什么事情总是有道理的。所以他拿起纸笔,坐到窗前,开始观察外面的景物。

　　"不要和我讲话,看看窗外,写下你对看到的东西的想法。"妈妈再次提醒他。

康康禁不住笑起来,这真是一件好玩的事情。他向外望去,首先看到的是西边的天空和绚烂的晚霞。"噢,妈妈,多壮观的落日啊!"康康被这大自然奇妙的景象吸引住了,忍不住惊叹道。

"不要说,而是写下来。"妈妈回答。

"那我就写写落日好了。"铅笔开始在纸上飞快地书写。几分钟后,他说:"妈妈,我念给你听我写的东西好吗?"

"不,现在不可以,我要去餐厅了,你坐下来继续写,等我回来。"妈妈嘱咐说。

康康乖乖地听话,继续写,他开始对自己做的事情感兴趣了,有那么一会儿他完全忘了可怕的作文。他描写了晚霞,描写了远处的山丘、树木、河流,写下了开满鲜艳花朵的花园和那飞过窗口的小鸟。

康康边看边想,边想边写,简直是文思如泉涌。就在他都快写满一张纸的时候,妈妈进来了,笑着问:"康康,你的作文怎样了?"

康康惊道:"作文?你可是告诉我别去理会作文的啊,我还没有想呢。我刚才只是非常开心地写下了看到的窗外的景物。"

妈妈拿过康康的稿纸,大声朗读起康康写的文字:"我坐在窗户前的一张小矮凳上,窗户半开着,从这里可以嗅到花园里飘来的缕缕花香。天空给落日染得绚烂极了,有紫色的、粉色的和金色的,还不住地变幻着,我相信没有谁的颜料盒里会有这么漂亮的颜色。

"我看到一朵洁白的云彩,高高地飘浮在天上,好像一艘大轮船航行在蔚蓝的海面上。若是它不会让我眩晕的话,我真想坐在云彩上。现在,就在我写字的时候,云彩变幻着不同的颜色和形状,而且都非常漂亮。

"绿色山丘的山尖上镶着金边,看上去像披着金色的外衣。我可以看到远处的河流,看上去在非常宁静地流淌,尽管我知道它正飞快地奔向大海。

"鸟儿飞过窗口,急着赶回家照顾小宝宝。我真高兴小鸟一点都不害怕住在我家花园里,它还在我家树上做巢呢。哦,真希望有更多的鸟儿来到我家的花园做客、安家。

"我们的花园里种满了各种花：石竹、百合和玫瑰。整座花园一片姹紫嫣红，花儿竞相吐露着芬芳。小蜜蜂在花丛中辛勤地忙碌着，色彩斑斓的蝴蝶在翩翩起舞。我的生日再有一周就到了，到那时我们就有足够的花来编花环装饰野餐会了。"

妈妈说："康康，你看，这其实是一篇很好的作文。"

"一篇作文！"康康激动地问，"真的吗？它可以称得上作文吗？"

"是的，亲爱的，还是一篇好作文呢。"妈妈回答说，"可是还没有一个题目。"

"我们来给它安一个题目吧，我确信你的老师会和我一样非常喜欢这篇作文的。它是你亲自写出来的，而且如此优美。"妈妈接着说，"亲爱的，你看，如果你描写自己感兴趣的事物，写作文其实是很容易的事情。"

康康听完妈妈的话，开心极了，非常感谢妈妈正确地引导自己解决了写作文的难题。

第二天早上，康康整整齐齐抄写了作文，高高兴兴准备去上学了，当他亲妈妈的时候，对妈妈说："亲爱的妈妈，想想多有意思啊，我写了那么长的一篇作文，自己竟然都没有意识到。"

在男孩的一生之中，需要面对许多挑战和选择，要是没有勇敢的品质，他们不可能把握住良好的机遇，也不可能克服困难，迎接最后的成功。勇敢是战胜困难的信心，是战胜自我的勇气。那些勇敢的男孩往往为了自己的正当利益，能够不怕困难、不畏强暴、不达目的誓不罢休。

（1）不要过于保护你的男孩

男孩的性格都是在生活中不断磨炼出来的，现在的父母对孩子都特别宠爱，恨不得用自己的翅膀把孩子包起来，让孩子免受外界的伤害，可是这就使孩子丧失了锻炼勇气的机会。

父母应该时刻提醒自己，不要事事管着男孩，不要让男孩生长在父母营造的温室里。男孩迟早要迎接外面的风雨，那么做父母的最好是训练他们的翅膀和飞翔的技巧，而不是把他们关在笼中保护起来。

父母要多带孩子到户外，让孩子认识一些自然界的动植物等，并且告诉他们在什么情况下是安全的，什么情况下是危险的。孩子天生就有好奇心和探险精神，父母适当的引导，不仅能锻炼他们的勇气，还能激发他们学习新事物的兴趣。所以，父母请放开你的手，孩子自己能走。

(2)告诉男孩你是个男子汉

在日常生活中，父母就应该把男孩作为勇敢的男子汉来塑造。勇敢是具有责任心的必备条件，在男孩成长的过程中，只有足够勇敢才能承担起男子汉应尽的责任。

优优是个很不勇敢的孩子，他特别怕蟑螂、老鼠等东西。在平时生活中，妈妈就告诉他："你是个男子汉，男子汉就要有勇气，有保护他人的责任。"有一次，邻居小妹妹在家里玩，不知道从哪里跑出来一只蟑螂，小妹妹吓得大哭起来。优优开始也很害怕，但想到妈妈的话，顿时产生了勇气，对自己说我要保护小妹妹，于是找到一只皮鞋，把蟑螂打死了。从那以后，优优就摆脱了害怕"小动物"的毛病。

父母要在日常生活中让孩子明白，要成为男子汉，就要有男子汉的性格和勇气。父母要教育孩子以男子汉为荣，激励孩子主动去做"大男人"。

(3)从小事锻炼男孩的胆量

许多男孩怕一个人在家、怕黑、怕和陌生人讲话等，父母在面对这些情况时，往往都觉得是小事，但就是因为男孩遇到这些小事时，父母采取了不正确的教育和引导方式，才导致了男孩以后做事缺乏勇敢的精神。

阳阳是个一年级的小男孩,他以前特别怕黑,总担心从黑暗里会冒出什么危险或者怪物。一次,他晚上要去上厕所,但正好停电了,他害怕地蜷缩在被子里不敢出来。第二天,他居然尿床了。

当得知男孩尿床的原因后,妈妈特别生气。她要儿子自己去洗床单和被子,并且告诉他,以后每天晚上都要停电。在妈妈严厉的管教下,男孩克服了怕黑的毛病,成为了一个勇敢的男孩。

父母不要纵容男孩的"小怕",这些小时候的"小怕"都会严重影响男孩今后的性格形成。例如,男孩怕黑,父母应该鼓励他们,告诉他们没什么可怕的,男孩不应该害怕黑暗等等,来激励男孩克服这些"小怕"。

(4)设置鼓励性的规则

如果男孩遇事畏首畏尾,父母可以制定鼓励性的规则,帮助男孩培养勇敢的品质。

鑫洋是个四年级的小男孩,他很勇敢,什么都不怕。这是父母对他积极鼓励的结果。

他以前身体不太好,但又很害怕打针,以致每次看到医院的标志都发憷。妈妈便对他说:"男孩都不怕打针的,鑫洋是个勇敢的男孩,也不怕打针。如果这个星期你能努力做个勇敢的男孩,那么妈妈就带你去吃KFC。"鑫洋在妈妈的鼓励下,克制自己的恐惧心理。有了KFC的鼓励,他突然觉得打针并不那么可怕,于是变得越来越勇敢了。

鼓励对于男孩来说是最好的方式,父母在驱逐男孩心中的"胆小鬼"时,可以巧妙地运用鼓励的方法,告诉男孩他如果一直表现勇敢,就可以得到奖励,如他们很想要的篮球或者去游乐园玩等。

2.培养孩子坚强的性格

一位哲人讲过这样一段话：没有人能够永远快乐幸福地度过每一天；不是所有的人都能坦然地面对坚强和软弱。让我们成熟的,是经历,是磨难；让我们成功的,是坚定,是顽强；让我们幸福的,是追求,是执著。

让孩子学会坚强,我们就要给孩子适当的机会经受挫折和困难的磨炼。可以让他经历"受委屈"的锻炼,引导孩子面对"委屈",排泄不满,把消极因素转化为积极因素；可以让他经历"受挫折"的磨炼,引导孩子正确面对"挫折",思考解决困难的途径和方法；还可以给他"受磨难"的锻炼,一件事情,一波三折,反反复复,经过努力最后取得成功！他会在经历了各种挫折之后,自己战胜困难,获得成功的喜悦。这样,孩子就会逐步坚强起来。

凡佑是个五年级的小男孩,他的学习成绩不太好,经常受到同学们的嘲笑。有一次放学后,凡佑还在艰难地计算老师留下的思考题,其他同学早已做完背着书包轻松地回家了,可他还没算出来。一个个经过他课桌的同学都毫不吝啬地送上几句嘲讽的话,这让他心里非常难过。后来老师看他实在不会,便让他回家再做。

回到家后,凡佑沮丧极了,他伤心地问妈妈自己是不是真的太笨了。妈妈摸着他的头,温柔地说："凡佑,挫折谁都会经历的,你要知道,只有坚强的人才能取得成功。"凡佑听了妈妈的话,深受启发,于是继续拿出书本演算那道题。一个小时过去后,虽然凡佑额上渗着密密的汗珠,但是他终于解出那道难题了。

任何成功都不是一蹴而就的，都必须经过当事人千辛万苦的努力，历经许多次的失败，总结许多次的经验教训后才能获得。在这个曲折的过程中，男孩是否具有坚强的意志，将直接决定最后的成败。正如莎士比亚所说："我们的身体就像一个苗圃，我们的意志，是战胜困难、克服弱点、完成学业与取得事业成功的一把利剑。"

从前有个命运坎坷的少年，10岁时母亲因病去世。父亲由于是个长途汽车司机，经常不在家，也无法照顾少年的日常生活。因此，少年自从母亲过世后，就必须学会洗衣、做饭，并照顾自己。

然而，老天爷并没有特别关照他，当他17岁的时候，父亲在工作中不幸因车祸丧生，从此少年再也没有亲人了。只是，噩梦还没有结束。在少年走出校园开始独立养活自己时，他却在一次工程事故中断了左腿。然而，一连串的意外与不幸，反而让少年养成了坚强的个性。他独自面对随之而来的生活不便，也学会了拐杖的使用。即使不小心跌倒，他也不愿请求别人伸手帮忙。

最后，他将所有的积蓄算了算，正好足够开个养殖场，但老天爷似乎真的存心与他过不去，一场突如其来的大水，将他最后的一切都夺走了。少年终于忍无可忍了，气愤地来到神殿前，怒气冲天地责问上帝："你为什么对我这样不公平？"上帝听到责骂后满脸平静地反问："喔，哪里不公平呢？"少年将他的不幸一五一十地说给上帝听。上帝听了少年的遭遇后说："原来是这样，你的确很凄惨，那么，你干吗要活下去呢？"少年听到上帝这么嘲笑他，气得颤抖地说："我不会死的，我经历了这么多不幸的事，已经没有什么能让我感到害怕，总有一天我会靠我自己的力量创造自己的人生。"

上帝听完转身朝向另一个方向，并温和地对少年说："你看，这个人生前比你幸福得多，他可以说是一路顺风地走到生命的尽头。不过，他最后一次的遭遇却和你一样,在那场洪水里,他失去了所有的财富。不同的是,他之后便选择了自杀,而你却坚强地活了下来。"听完上帝的话,少年终于明白,他并不是不幸的,他已经拥有了最幸运的东西,那就是坚强。

有一首歌是这样唱的:"不经历风雨,怎么能见彩虹,没有人能随随便便成功。"风雨后的彩虹格外让人向往和留恋,因为它代表着一种坚强意志的胜利,代表着努力后的成功。所有的人都会经历挫折和失败,成功的人通过自己的坚强克服重重困难,到达目的地,而失败的人在中途退却了。

在竞争越来越激烈的现代社会中,坚强的意志力已经成为不可缺少的成功品质,尤其作为将来社会里中坚力量的男孩,更应该不畏挫折,勇敢克服困难和挑战难题,成为一个真正的男子汉。

现代社会是一个充满竞争的社会,困难和挫折时刻都有可能发生,培养孩子的坚强性格势在必行,那作为父母要怎样做呢?

(1)别把孩子当弱者看待

很多父母爱子心切,总是极力呵护自己的孩子。比如,在孩子打针时,总是要守在孩子身旁才放心。其实,孩子并没有父母想象中那样脆弱。反而是作为父母的,看到孩子遇到什么困难和挫折,就会变得焦急,这只会增加孩子的软弱。比如,在孩子们一起玩时,有时孩子会不小心摔倒,这时如果是他自己,他就会站起来继续和孩子们玩,但一旦父母参与进来,孩子便会大哭一场。所以说,想要孩子变得坚强,千万不要把孩子当弱者。

(2)让孩子学会处理自己的事情

总在"老母鸡"翅膀下的"小鸡"必然一辈子没出息,而且只能养成软弱的性格。父母要鼓励孩子做自己力所能及的事,让他们学会自己生活,这样才有助于孩子养成坚强的性格。生活能够自理的孩子,在面对困难和挫折的时候就能够自己面对,因为他依靠的只有自己。

(3)鼓励孩子凡事再坚持一下

很多孩子在一开始遇到困难时还能够从容应对,但等困难一个接一个到来的时候就会退缩,此时父母要告诉孩子"坚持就会胜利",只要咬紧牙关坚持一下,困难就过去了。孩子一旦尝到胜利的滋味,自然会意识到,原来坚持一下就能成功。而一旦孩子体会到坚强的意义,从而在下次再遇到困难时变得坚强。

(4)为孩子设置适当的障碍

没吃过苦的孩子很容易被困难打倒,而吃过苦的孩子往往能坚强地面对困难。原因就在于,对于吃过苦、遭遇过各种困难的孩子来说,眼前的困难根本不算什么。由此得出的结论就是,只有能吃苦的孩子,才能拥有坚强的性格,才能经得起更大的风浪。所以,父母可以适当地给孩子设置一些障碍,让他们吃点苦,以便磨炼他们。当然,这样的障碍最好要有针对性。

3.鼓励孩子学会坚持

曲折可以加速人的意志成熟;坎坷可以锤炼出人的人格成熟;挫折可以培育出人的性格成熟。永不言弃,坚持才是胜利,只有坚持不懈的努力拼搏才能取得最后的胜利。让孩子在困难面前懂得坚持,迎接胜利的喜悦。

有一个叫提夫的男孩对足球十分痴迷。一个偶然机会,他被父母送到了足球学校学习踢足球,父母希望他可以在自己喜欢的领域有所成就。

在足球学校里有很多孩子,而提夫并不是他们当中出色的一位,因为此前他并没有受过规范的训练,踢球的动作、感觉都比不上先入校的队友。提夫上场训练时,常常受到队友们的奚落,说他是职业的"业余球员"。提夫为此很难过,他问教练:"我真的永远都是业余球员吗?"

"提夫,想听一个故事吗?"杰姆教练并没有直接回答。

"故事?"小提夫有点茫然。

"对,这个故事会对你有所帮助,"杰姆教练开始讲述故事,

"曾经有一个著名的推销员,在他的退休大会上吸引了许多崇拜的人参加。当有人询问他推销保险的秘诀时,他微笑着表示,一会儿就告诉大家。所有的人都企盼着。这时,从后台出来了4个强壮的男人,合力扛着一座铁马,铁马下垂着一只大铁球。所有的人都不明白接下来是做什么?

"这时,那个著名的推销员走上台,没有说话,只是朝铁球敲了一下,铁球纹丝不动;隔了5秒,他又敲了一下,还是没动。于是他每隔5秒就敲一下,持续不停,但是铁球还是一动不动。时间已经过去半个小时,他还是没有说话,铁球也还是纹丝不动。'难道这就是他要告诉我们的秘诀?'台下的人群开始骚动,陆续有不耐烦的人悄悄地离开。

"但推销员还是自顾自地敲铁球。时间一分一秒地过去,人也愈走愈多,最后留下来的只剩下零星几个。

"这时,大铁球终于开始慢慢晃动了。经过40分钟后,大幅度摇晃的铁球,就算任何人付出努力也不能迫使它停下来。'这就是我送给你们的秘诀——坚持必然会有结果,但只有耐心的人才可以得到这个秘诀。'推销员最后说道。"

杰姆教练说:"故事讲完了,提夫。我希望你能明白,只要每天都努力,你每天都会进步一点点。你不会永远都是业余球员。"提夫相信教练

说的话,于是更加刻苦训练。

每个队员踢足球的目标就是进入职业队打上主力。这时,职业足球队也经常到足球学校挑选后备力量。但是选了很多次,提夫仍没有被选上,他实在没有信心再练下去。他认为自己虽然场上意识不错,但个头太小,起步太晚。而且每次选人时,他都迫切希望被选上,因此上场后就显得紧张,导致平时训练水平发挥不出来。

"也许我真的不适合踢球?"他为自己在足球道路上黯淡的前程感到迷茫,开始怀疑起自己。但是提夫想起了那个铁球的故事,"不行,不能放弃。我一定可以被选上。"他对自己说道。

第二天,提夫收到了职业队的录取通知书。他激动万分,希望教练可以与他一起分享。当他看到教练的时候,他发现教练的眼中同他一样闪烁着喜悦的光芒。

"提夫,祝贺你,你最终还是成功了!铁球现在开始晃动了!"杰姆教练高兴地对他说,"也许你会是下一个球星!"

"谢谢您,杰姆教练,谢谢您告诉我的故事,我一定会永远记住。"提夫一字一句地说。

做父母的永远不要对孩子失去信心,对孩子多一些鼓励,让他们明白,只有坚持不懈地做好每一件事,才能取得最后的成功。

4岁的小杰和妈妈去上海旅游,在一家商店里买了一辆崭新的自行车。这辆自行车漂亮极了!它是宝蓝色的,车身涂满了翠绿色的花纹,还有几只米老鼠和唐老鸭。小杰喜欢极了!

买了自行车后,妈妈就让小杰学骑自行车。一开始,小杰还不会骑,接二连三地摔了好几跤。小杰问妈妈:"妈妈,你能不能给我示范一下?"妈妈微笑地说:"好吧!"妈妈就骑着自行车转了几圈。小杰恍然大悟,原来骑自行车这么简单，胸有成竹地对妈妈说："妈妈，我知道怎么骑了。"小杰信心十足地骑上自行车。"啊！"小杰尖叫一声，摔了一个"四脚朝天"，这一跤可把他摔得"鼻青脸肿""遍体鳞伤"，原本还信心百倍的小杰在这时打算放弃了。妈妈语重心长地鼓励小杰说："小杰，你既然开始学了，就不能放弃。要知道，坚持就是胜利。"小杰听了默不作声，妈妈又鼓励小杰说："失败是成功之母，妈妈相信小杰一定能成功的！"小杰听了这话，坚定地点了头，又练起自行车来。这一次，小杰不怕摔跤，坚持下来，最终学会了骑自行车。妈妈因为小杰的坚持而鼓励他一个玩具，小杰也为此学会了坚持。

小杰在妈妈的教育下学会了坚持，所以取得了成功，那么父母在教育孩子的时候应该注意哪些方面呢？

(1)让男孩树立成功的信念

好的信念会支撑孩子去坚定地完成目标。人在很多时候选择坚持下去，就是因为他们保持了必胜的信念，信念支撑着他们选择继续坚持。

小刚在3岁时刚开始学数学，父母为他准备了一些小木棍，来辅助他进行加减运算。爸爸平时喜欢给小刚讲伟大数学家的故事，用这些人物来激励孩子。这让小刚从小就树立了一个远大的目标，就是将来做一个数学家。就是在这种信念的支持下，对于数学这么一个在别人眼中很枯燥的学科，小刚却学得津津有味。

让孩子树立起一个强烈的信念，有了这个信念，孩子就会更主动地向目标前进，也使孩子在面对困难和挫折时，能够去努力坚持。

(2)教会男孩自我激励

在男孩遭遇挫折和困难时，来自父母或是他人的鼓励是很好的安慰,但是如果没有,就需要男孩学会自我激励,尽快调整自己的情绪,坚持下去,战胜挫折和困难。

父母要教会孩子:在心里记住自己成功的事,这表明自己有能力战胜挫折,也能用来增强自己的自信心;让男孩学会把握自己的情绪,多产生积极的思维倾向,认识到适当的压力也是一种动力等。如果可以做到这些,男孩就能在积极的自我激励中激发潜能,坦然面对挫折。

(3)让男孩做事有始有终

对事情做到有始有终, 可以在无形中练就男孩面对挫折不轻言放弃,勇敢坚持的心态。这让男孩离成功越来越近。

涛涛对弹琴产生了浓厚的兴趣,妈妈便给他买了一架电子琴,还专门请了一个老师来教他。刚开始他还是很有兴趣的,可是随着课程的加深,他越来越觉得自己跟不上了。看到别人弹得比自己好,还能经常受到辅导老师的表扬,他就想放弃了。妈妈对他说:"做任何事情,都不是轻而易举就可以成功的,要学会坚持。等到这些难一点的课程你都能掌握了,就会觉得越学越轻松了。做事情就要坚持有始有终,只有这样才能真正做好事情。"

孩子在做事的过程中肯定会碰到各种各样的困难和挫折, 父母一定要让孩子学会有始有终地来做事情。孩子会为了能够最终完成任务,积极去寻求解决的办法,最终把事情完成。这样孩子以后就不会惧怕困难了。

(4)让男孩在坚持下实现成功

对于在困境中的男孩,父母要多给他们鼓励,鼓励孩子坚持下去,再坚持一小时,一天,一个月,最终坚持到成功。

　　淘淘和爸爸妈妈一起去爬山,还不到半山腰,他就觉得自己体力已经到了极限,再也不能多走一步了,嚷着要下山。爸爸见状便和他说:"只有到了山顶才能够看到全城的景色呢,现在下去就看不到了。我们先休息二十分钟吧,喝点儿水,我相信你一定可以和我们一起走到山顶的。"

　　妈妈也对淘淘说:"既然我们都已经开始了,就坚持到底吧。"淘淘想了想,同意地点点头。二十分钟后,全家人又上路了。三个小时后,淘淘终于和父母一起爬到了山顶。

　　在孩子面对困难不想坚持下去的时候,父母要多跟男孩说一些鼓励性的话,让孩子在精神上先不要放弃,继续去努力,积极面对每一个细节问题。

　　父母要告诉孩子,不论是财富还是知识,都像爬山一样,要通过坚持和累积才能最终获得。一个不善于坚持的孩子,想通过一蹴而就获得成功,是不可能的。任何成功都是一个积累的过程。认真对待前进中的每一个细节,如听好每一节课、做好每一道题,坚持不懈,才能真正学好和做好事情。父母的鼓励非常重要,它可以帮助男孩最终走向成功。

4.磨炼男孩的坚强意志

　　坚强的意志,使人能够在前进中持之以恒,风雨无阻,直到最后取得胜利。男孩的坚强意志要通过磨炼才能培养出来。人有时候感到疲劳从而产生放弃的念头,这其实是一种心理上的疲劳,是干扰行动的不利因素。每个孩子都有一定的意志力,只是在强弱程度上会有不同。意志力薄弱的孩子遇事喜欢犹豫，难下决心，碰到困难不能坚持，只想退缩和逃避。

超超平时很怕吃苦，在家里他养尊处优，什么家务也不做。在学校里，每次体育课进行800米测试，是他最痛苦的时候。他只跑一圈就坚持不下来了，中间一定要停下来。全班就他一个人不能及格，老师对他的体育成绩很担忧。

超超平时看起来并不瘦弱，但是在跑步上却连女孩子都比不上，老师分析后一致认为，是他的意志力太薄弱了。他一遇到困难就先在心理上畏怯了，行动上也就更加不积极。如此一来，就不能够坚持跑完他的800米了。

"天将降大任于斯人也，必先苦其心志，劳其筋骨，饿其体肤。"在一个人获得成就前，他的躯体和灵魂必须受到磨炼，他也必须有坚强的意志。苦难能磨砺人的意志。生活就像无边的海洋，只有意志坚强的人才能到达彼岸。

人一生的道路是崎岖不平的，当中难免会遇到苦难，而一个性格坚强的人，则会在苦难的煎熬中磨炼自己的意志，塑造更完美的自己，登上人生最辉煌的顶峰。那时候，他就可以看一看，背后走过的路是多么漫长、多么艰险，这时他就会问心无愧地说："我是一个坚毅不倒的胜利者。"

那天的暴风雪很猛烈，外面像是有无数发疯的怪兽在呼啸厮打。雪恶狠狠地寻找袭击的对象，风呜咽着四处搜索。大家都在喊冷，读书的心思似乎已被冻住了，只剩一屋的跺脚声……

在鼻头红红的欧阳老师挤进教室时，等待了许久的风席卷而入，墙壁上的《中学生守则》一鼓一顿，开玩笑似的卷向空中，又一个跟头栽了下来。

往日很温和的欧阳老师一反常态,满脸的严肃庄重甚至冷酷,一如室外的天气,乱哄哄的教室静了下来,我们惊异地望着欧阳老师。"请同学们穿上胶鞋,我们到操场上去。"几十双眼睛在问为什么。"因为我们要在操场上立正五分钟。"

即使欧阳老师下了"不上这堂课,永远别上我的课"的恐吓之词,还是有几个娇滴滴的女生和几个很横的男生没有走出教室。操场在学校的东北角,北边是空旷的菜园,再往北是一口水塘。

那天,操场、菜园和水塘被雪连成了一个整体。矮了许多的篮球架被雪团打得"啪啪"作响,卷地而起的雪粒、雪团呛得人睁不开眼、张不开口。脸上像有无数把细窄的刀在拉、在划,厚实的衣服像铁块、冰块,脚像是踩在带冰碴的水里。

我们挤在教室的屋檐下,不肯向操场迈半步。

欧阳老师没有说什么,面对我们站定,脱下羽绒衣,线衣脱到一半,风雪帮他完成了另一半。"到操场上去,站好!"欧阳老师脸色苍白,一字一顿地对我们说。谁也没有吭声,我们老老实实地到操场排好了三列纵队。瘦削的欧阳老师只穿一件白衬褂,衬褂紧裹着的他更显单薄。

后来,我们规规矩矩地在操场站了五分多钟。在教室时,同学们都以为自己敌不过那场风雪。事实上,叫我们站半个小时,我们顶得住;叫我们只穿一件衬衫,我们也顶得住。

这样类似的训练存在着一定的危险性,但是对培养孩子坚毅的心态很有好处。"哈佛女孩"刘亦婷的父母就给孩子进行过"握冰一分钟"的残酷训练,用来培养孩子的坚强意志和承受力。家长或许找不到也不必找这样的机会刻意"锻炼"孩子,但是却可以在孩子生病的时候,不准孩子向你撒娇;在孩子显露出娇弱、想放弃、向你求救时,用这样的方式告诉孩子坚毅的可贵。

意志的坚强与否体现在能不能在一些小事和细节上做到持之以恒。许多成功人士，都是在一些最简单的事情上能够做到坚持，追求细节上的完美，不断克服困难，才最终达到了高水平并取得了不菲的成绩。

孩子在磨炼意志的过程中，需要非常强的自制力，要能够抵制住来自各方面的压力和欲望。孩子只有专注于做好自己分内的事，才能最终达成自己的目标。坚强的意志力，是孩子能够挺过困难，不折不挠的关键品质。孩子的意志是需要从小培养的，父母要注意在平时的生活点滴中，逐渐提升孩子的意志力。

(1)树立一个激励男孩的目标

影响人意志品质的所有行动中，拥有一个远大的人生目标很重要。孩子对实现目标愿望的强烈程度，也决定了孩子能否坚持前进，能否持续不断地去努力。可以说，孩子在克服困难的过程中，也能够逐渐磨炼出坚强的意志。

父母要先让孩子树立一个远大的人生理想，在理想的激励下，更利于孩子学习文化知识，培养出优秀品质。有了目标的行动才会更有方向，也才能给人坚持下去的力量。父母要让孩子在实现目标、不断进取的征途中，培养出自己坚强的意志力。

(2)让男孩能够抵制诱惑

如果男孩能够排除不良情绪的干扰，抵制住各种诱惑，那么他离成功就不远了。

虽然王强平时很喜欢看动画城的节目，但是他也是一个很爱学习的孩子。父母对他有一个很明确的要求，就是必须把每天的作业做完了之后才能看电视。

有的时候功课比较紧，又要复习，又要预习，他一时做不完，但这个时候节目已经开始了,他心里便有一些难受。但在父母的督促下,他每次都坚持先把作业做完,这让他很有成就感。

自制力强的孩子也能够控制好自己的情绪,不让不良的情绪影响到自己做事的心情。父母让男孩拥有了较高的自制力,男孩才能够成为自己的主人,才能够根据正确的原则来指挥自己、控制自己、约束自己的行动。

(3)培养男孩不服输的心态

父母要培养男孩不服输的心态。不服输的积极情绪会促进男孩的智力和品德的发展。在现实生活中,很多孩子的意志力不够坚强,他们遇到困难往往会选择退缩,而像"输不起"这般的不良情绪会影响到正常的学习。

宋继超的班里举行跳绳比赛,要求学生自愿参加。一向很喜欢跳绳的宋继超却和妈妈说:"我不想报名参加了。"妈妈觉得很奇怪,她很了解宋继超,就问宋继超:"是不是你怕跳不好,拿不到名次啊?"宋继超点了点头。

妈妈接着说:"你觉得一个人跳绳开心还是和同学们跳绳开心啊?"宋继超说和同学们一起跳开心。妈妈顺势引导:"比赛重在参与,只要开心就够了。"宋继超放下了心理包袱,决定报名。

输不起的孩子遇到挫折就会一蹶不振,对于这种男孩,父母要有意识地培养他们不服输的心态,想办法多"打击"一下男孩,磨炼一下男孩的心理承受能力和坚强的意志力。

(4)鼓励男孩不断地超越自我

父母要鼓励男孩多跟自己作对,不断地超越自我。

李健在练俯卧撑。刚开始他一天只能做8个,坚持做了3天,觉得自己可以做9个了,就升到了每天9个。就这样,他每3天增加1个,当到了一天能做40个的时候,他觉得已经到了自己的极限,怎么也增加不了了。

但是他觉得要跟自己作对,便加强了手臂锻炼,从各个方面来提升自己手臂的力量。在他的努力下,他的俯卧撑的数量又上升了。在不断地自我超越中,李健磨炼出了坚强的意志力。

做任何事情,最大的敌人就是自己。和自己比赛,不断地超越自我,才能够不断地取得一个又一个新的成绩。让男孩把自己作为超越的对象,每天都来和自己比赛,看今天的自己是否比昨天的自己更优秀,有了这种精神,男孩就会不断地走向成功。

5.世上没有什么"不可能"

这个世界上没有什么不可能的事情,只要你肯充分发挥自己的潜力,敢去做别人认为不能做、不可能做的事,你就成功了60%。总喜欢说"不可能"的人,必定是一个失败之人。因为他在做任何事情之前,首先想到的是失败的后果,根本没有勇气去设想成功的喜悦。这样,他在做事的过程中,就会不断地寻找各种困难作为放弃的理由,直至将本来有可能的事情,变得完全没有可能。

事实上,"不可能"只是我们给自己的一个借口,是我们取得成功的绊脚石,只有克服了"不可能"这种心理因素,才能将奋斗付诸行动,才能朝着既定的目标前进。而克服"不可能"的唯一办法就是牢固树立"没有不可能的事情"的意识。当树立起这种意识之后，你就会发现：积极主动的心态取代了消极悲观的心态；对任何事情你都会主动尝试而非被动接受；无论处境如何，你都会对未来充满希望；越来越多的目标都能如愿实现，尽管过程充满艰辛，但你从未中途放弃。

当你真正认识并彻底领悟"世上没有不可能的事情"的时候，你离成功就又近了一步。

只有积极主动的人，才能在瞬息万变的竞争环境中取得成功；只有善于展示自己的人，才能在工作中获得真正的机会。成功青睐着那些对未来充满渴求的人，青睐着那些自信自己能够成功的人。

美国布鲁金斯学会以培养世界杰出的推销员著称于世。它有一个传统，在每期学员毕业时，设计一道最能体现销售实力的实习题，让学员去完成。

在克林顿当政期间，该学会推出一个题目：请把一条三角裤推销给现任总统。8年间，无数的学员为此绞尽脑汁，最后都无功而返。克林顿卸任后，该学会把题目换成：请把一把斧子推销给布什总统。

布鲁金斯学会许诺，谁能做到，就把刻有"最伟大的推销员"的一只金靴子赠予他。许多学员对此毫无信心，甚至认为，现在的总统什么都不缺，再说即使缺少，也用不着他们自己去购买，把斧子推销给总统是不可能的事。

然而，有一个叫乔治·赫伯特的推销员却做到了。这个推销员对自己很有信心，认为把一把斧子推销给小布什总统是完全可能的。因为小布什总统在得克萨斯州有一个农场，里面长着许多树。

乔治·赫伯特信心百倍地给小布什写了一封信。信中说：有一次，有幸参观了您的农场，发现种着许多矢菊树，有些已经死掉，木质已变得松软。我想,您一定需要一把小斧子。但是从您现在的体质来看,小斧子显然太轻,因此你需要一把不甚锋利的老斧子。现在我这儿正好有一把,它是我祖父留给我的,很适合砍伐枯树……

后来,乔治收到了小布什总统15美元的汇款,从而获得了刻有"最伟大的推销员"的金靴子。

乔治·赫伯特成功后,布鲁金斯学会在表彰他的时候说,"金靴子奖"已空置了26年。26年间,布鲁金斯学会培养了数以万计的推销员,造就了数以百计的百万富翁。这只金靴子之所以没有被授予他们,是因为我们一直想寻找这么一个人,这个人不因有人说某一目标不能实现而放弃,不因某件事情难以办到而放弃尝试的机会。

在一个看上去并不起眼的小酒吧里,有一位年轻人每天专注地弹奏着钢琴,他弹得非常好,客人们也都愿意认真倾听他的弹奏,他也因此为酒吧吸引了很多慕名而来的客人。

有一次,一位中年顾客在听了几首曲子后,对他说:"我每天晚上都来听你弹奏,但翻来覆去都是这些曲子,你不如唱首歌给我们听吧。"中年顾客的提议得到了不少人的响应和附和。

年轻人显得非常为难,他向大家表示自己从来没有学习过唱歌,他只学习了弹奏乐器,并说自己只是长年累月在这里弹琴,唱歌恐怕会很难听。

大家却仍然鼓励他,有人说:"年轻人,试试吧!你说你从来没有唱过歌,说不定你还是个歌唱天才呢,只不过你自己还没发现罢了。"

年轻人仍然怕自己万一唱得不好会出丑,因为自己并没有经过这方面的专业训练。于是他坚持说不会唱歌,只会弹琴。酒吧的经理怕他扫了大家的兴致,得罪了顾客,就对他说:"你要么选择唱歌,要么另谋出路。"

　　年轻人被逼无奈，只好红着脸唱了一曲《蒙娜丽莎》。大家都被他那流畅自然、男人味十足的歌声迷住了。他这一唱可以说是一鸣惊人，大家纷纷鼓励他向歌坛进军。

　　这位年轻人终于又一次认识到了自己，他决定进军流行歌坛。为了实现这个目标，他放弃了弹奏乐器的艺人生涯，每天清晨都坚持练歌。

　　后来这位年轻人成为著名的歌手，他就是美国著名的爵士歌王纳京高。

　　鲁迅非常赞赏世界上第一个吃螃蟹的人，称第一个吃螃蟹的人是勇士，他说："世上本没有路，走的人多了，也便有了路。"成功离不开实践，只有勇于尝试的人，才有可能取得成功，不尝试永远不会成功。

　　当面对一个机会时，我们要勇于尝试，即使失败了也是有意义的，因为这样至少可以对自己多一点了解，对新事物也多了一些认识。尝试其实是一个不断接触、体验的过程，很多事情并不是在最初就可以看到、预料到结果的，只有尝试之后，才能增进对事情的了解，为下一次的实践打好基础，也就是为成功打好基础。所以，尝试很重要。细想一下，其实我们就是伴随着一个又一个的尝试，长大和认识这个世界的。

　　对于勇敢者，尝试是一种生活道路。但凡成功者，都曾有多次尝试的经验。尤其是男孩，将来要承担更多的责任，因此更应该勇于尝试，更应该勇于面对新事物！

　　父母要让孩子明白，对于想做的事，试，还有一些成功的机会，而不试，成功的概率就是零。同时，尝试过没有成功和不尝试直接放弃是完全不同的。尝试过没有成功，可以为下次的成功积蓄经验教训，为下次的成功做好铺垫。而不尝试直接放弃，则只是白白错过许多锻炼和成功的机会。

　　(1)告诉男孩要勇于决断

　　俗语常说"三思而后行"，于是有些男孩便以这句话做挡箭牌，把果敢说成冲动。但事实上,一件事情他们可能已经三思、四思、五思了,可还是迟迟不能决定。现在社会瞬息万变,机会可以在瞬间出现,也可以在瞬间消失,所以父母要告诫孩子,分析完情形后,要立即决断,不然机会肯定就会溜走。

陈平是个初二的男孩,他拥有很好的文采和出色的口才。有一次,学校推选一个学生代表全校参加市里的演讲比赛,陈平在分析了自己各方面的能力后,认为自己完全可以胜任这个工作。但是当学校内部进行评选时,他一直死死地坐在座位上,不敢上台去演讲。

事后,他非常后悔,于是回家告诉妈妈,希望妈妈能为自己争取一下。妈妈很了解他,也很为他可惜,但是她告诉孩子:"从才能上说你无可挑剔,但是连学校的评选你都害怕,老师怎么会相信你能在那种场合发挥出自己的水平呢?"

敢于尝试,也需要男孩运用大脑进行思考,但是如果思考过了还迟迟不行动,这就不是谨慎的表现,而是犹豫不决。父母应该鼓励男孩在认真思考过各方面利弊后,勇敢而果断地行动起来,不要把思考过的问题一遍又一遍地思考,耽误了成功的机会。

(2)鼓励男孩要敢于尝试

只有尝试才能有更多的收获,敢于冒险才可能有成功的机会。父母应该告诉自己的男孩去尝试,即使摔跤,那也是人生的一种收获。试一试才可能成功,不试永远不可能成功。

林锋是个六年级的男孩,他很聪明,现在已经是远近闻名的小发明家了。他刚开始对发明感兴趣的时候,只是为了玩玩。妈妈知道他的爱好后,便问他为什么不试着去发明一种东西,他没有说话。后来老师让他参加市里的科技活动比赛,他开始犹豫了。妈妈看出了他的犹豫,便告诉他:"去试试吧,至少有成功的机会,否则你会后悔的,男孩不应该轻言放弃。"

男孩第一次学走路的时候,父母应该鼓励他们去试着自己走,只有摔过跤他们才能快速地成长,也只有更多地尝试才能让他们更有机会成功。在平时的生活中,父母也应该多鼓励男孩去尝试自己不擅长、不熟悉的领域,让他们勇于尝试,敢于挑战。

(3)告诉男孩不要害怕失败

害怕失败是许多男孩选择放弃的重要原因。男孩都有强烈的自尊心,生怕别人笑话自己,但是谁能不经历失败就轻易地取得成功呢?这种毫无价值的自尊心应该被丢弃。正确看待失败是男孩成为真正男子汉的标志,男子汉不仅要敢于成功,更要不怕失败。

父母要鼓励男孩淡然地看待失败,哪个成功的人没有失败过?父母可以给他们讲一些名人在成功前遇到的失败和挫折,告诉他们只有不害怕失败的人,才能果断而勇敢地把握住成功的机会。

(4)培养男孩自信从容的态度

自信从容的心态是男孩果敢的前提。如果一个人对自己不自信,他就不能从容地面对挑战,就难以果断地做出决定。

平时在生活中,父母应该多鼓励男孩,让他们正确认识自己、相信自己,并且多让男孩去接触外部世界。例如,参加聚会、参加集体活动等,让男孩面对挑战和变化时,保持从容的态度,这样他们才能正确思考,准确把握时机,迅速出手夺取胜利。

6.跌倒了,要勇敢地站起来

人跌倒了并不可怕,可怕的是跌倒了没有勇气爬起来,一味等待别人来扶,或是自暴自弃、一蹶不振。马克思说:"人要学会走路,也得学会摔跤,而且只有经过摔跤,他才能学会走路。"所以每位家长都应告诉儿子:"无论何时,跌倒了要自己爬起来。"

有一对母子。小孩子在前面蹦蹦跳跳地跑着,年轻的母亲微笑着跟在他身后。这本来是一幅很自然很亲切的画面,但在前面跑着的小孩子不知被什么东西绊了一下,一跤扑倒在地。可是,那位母亲并没有动,她几近冷漠地站在那里,静静地看着跌倒的孩子。孩子躺在地上号啕大哭,用可怜兮兮的眼睛望着母亲,母亲仍然无动于衷。过了几分钟,孩子终于停止了哭泣,艰难地从地上爬起来。一直旁观的母亲长吁了一口气,眼睛里亮晶晶的,这才三步并两步地跑上前去。她一边轻拍着孩子衣服上的灰尘,一边小声问:"痛吗?"孩子点点头。她又抚摸着孩子的头语重心长地说:"好孩子,跌倒了要靠自己爬起来,知道吗?"说完拉起孩子的手,重新向前走去。

小孩子刚学会走路,摔跤是很正常的事,跌倒了自己爬起来还会继续玩。可是如果父母过分关注,就会让原本很小的一件事变得严重起来。结果有些孩子跌倒后就不再爬起来,反而委屈万分地等着大人来抱或是来安慰。其实,在孩子人生之初跌倒时,父母不必过于惊慌,而要鼓励孩子自己爬起来。男孩如果从小没有改变自我境遇的态度和勇气,在将来也无法成为一个顶天立地的男子汉。

在成长的道路上,每一个孩子都会跌倒,只要每一次跌倒后自己能爬起来,就会站得更稳、走得更好。从小培养男孩"跌倒了,自己学会爬起来"的习惯,在以后的成长道路上,他们才能逐渐学会如何面对困难,才能学会坚强。如果父母看到孩子遇到一丁点儿困难就介入其中,把孩子从困境中解救出来,充当孩子的保护神,那么孩子就会失去用自己的能力解决问题、克服困难的成长机会,也无从掌握解决问题、战胜困难的方法。

生活中,常常会有这样的经历:我们在人生的某段道路上跌倒了,如果让惰性、依赖、犹豫不决的安逸心态占领了整个心灵,那么很可能会永远也爬不起来,从而失去步入光明前程的机会。过于依赖别人的搀扶,有时候也会产生这种安逸心态,跌倒了有什么关系,反正会有人把我扶起来,试问这种人还会有勇于前进、独立自主的能力吗?所以,每一个成功人士的背后,都会隐藏着跌倒了靠自己爬起来的故事,每个人越多经历这样的磨难,成功的几率将会越大。

曾有一位父亲很为他的儿子苦恼,都已经十六七岁了,却一点男子汉的气概都没有。毫无办法之际,他去拜访一位拳师,请求这位武术大师帮助他训练他的儿子,重塑男子汉的气概。

拳师说:"把你的孩子留在我这里半年,这半年里你不要见他,半年后,我一定把你的孩子训练成一个真正的男子汉!"半年后,男孩的父亲来接男孩。拳师安排了一场拳击比赛来向这位父亲展示这半年来的训练成果,被安排与男孩对打的是一名拳击教练。

教练一出手,这男孩便应声倒地。但是,男孩才刚刚倒地便立即站起来接受挑战。倒下去又站起来……如此来来回回总共二十多次。

拳师问这个父亲:"你觉得你孩子的表现够不够男子气概?"

"我简直无地自容了,想不到我送他来这里训练半年多,我所看到的结果还是这么不经打,被人一打就倒地。"父亲伤心地回答。拳师意味深长地说:"我很遗憾,你没有看到你的孩子倒下去又立刻站起来的勇气和毅力,其实这本身就是真正的男子汉气概!"

成功者与失败者并没有多大的区别, 只不过是失败者走了九十九步,而成功者走了一百步。失败者跌下去的次数比成功者多一次,成功者站起来的次数比失败者多一次。当你走了一千步时,你也有可能遭到失败,但成功却往往躲在拐角弯的后面,除非拐了弯,否则你永远不可能成功。

人生总有跌倒的时候,有时需要别人的搀扶与鼓励,有时却需要靠自己爬起来。像那位母亲一样,假装漠然置之,其实最深刻的爱就包含在其中。不扶,往往便是最大的搀扶,因为搀扶的是人生。

在这个充满竞争的时代里,几乎每个人都在学习"赢"的学问,做父母的从小灌输给孩子的教育,也是如何获得成功的技巧和决心。但是,没有任何人一生都不会经历挫败。因此,只有在男孩小的时候,父母就对他进行"挫折教育",告诉他"跌倒了,自己勇敢地爬起来"。这样,孩子才能以勇敢、坚强的态度去面对挫折,并以积极、乐观的想法去战胜困难。

(1)父母要树立挫折教育意识

许多父母都认为,幼小的孩子心理承受能力差,挫折会让孩子感到痛苦和紧张,不应该让孩子遭受太多的挫折。而事实证明,这种观念是极其错误的。

研究证明,一个人受点挫折,尤其是在成长早期受一些挫折,是很有好处的。

孩子从小就知道什么叫"失败",长大之后便能正确地看待失败;

孩子从小就在困难中摸爬滚打,长大之后,他才不会惧怕困难;

孩子从小便与挫折"较量",不管结果如何,这种"较量"会让孩子的思维更活跃、应变更灵活、行动更敏捷……

因此,家长应该正确看待挫折教育的价值,把它看成是磨炼意志、提高适应能力的好方法。

当然,如果父母一味地把挫折教育看成是吃苦教育,这也是片面的。事实上,挫折教育的目的是让孩子在体验中学会面对挫折并战胜挫折,培养孩子的一种耐挫折能力。它不仅包括吃苦教育、生存教育、社会教育、心理教育,也包括独立、勇气、意志及心理承受力等方面的培养。挫折教育的内容是多方面的,它的目的不只是让孩子吃点苦、受点挫折,而是时时地、潜移默化地从各方面着手培养孩子的抗挫折能力和耐挫折能力。

(2)让你的小男子汉感受并读懂"挫折"

在独生子女时代中,每个孩子都强调"我",不管什么东西,只要是自己想要的就大声要求,而有的父母也不管合理与否,就满足这种要求。

父母的这一做法是十分不科学的。这个世界不是为某一个人而创设的,每个人总有顺心和不顺心的时候,所以平时父母要"狠心"一点,在适当的时候藏起一半的爱。在孩子不顺心的时候,父母要顺其自然,不要替孩子遮挡一切风雨,让孩子不受半点委屈。只有让孩子在遇到的委屈中,体验挫折的滋味,他的抗挫折能力才会慢慢增强。

另外,父母如果有意对孩子进行挫折教育,可以把自己在事业和家庭生活中遇到的挫折和不如意告诉孩子,让孩子对挫折有一个全面的认识。当然,这种做法也能为孩子正确对待各种挫折和不如意树立榜样。在这种情况下,父母对生活的热爱、执著、不怕困难的态度和坚强的意志,是孩子面对挫折时最强有力的精神支柱。

(3)鼓励逆境中的男孩

在逆境中,很多男孩都容易产生消极反应,他们往往会垂头丧气,甚至采取退避的方式来回应逆境,这是家长最不愿意看到的现象。因此,家长在这时最需要做的就是:用你的鼓励,让男孩走出逆境。

(4)面对男孩的失败,家长可以"袖手旁观"

一个男孩的父亲是一名优秀教师,谈起如何对待孩子的失败,他说:"我的儿子也有成绩不好的时候,很多时候我会鼓励他,但是更多的时候,我会'袖手旁观'。因为只有让他经受点挫折,只有让他自己从失败中走出来,他才会真正具备克服困难的韧性和耐力。"

对于孩子来讲,没有永远的"失败",偶尔的"失败"也不是一件坏事,只有在失败后再站起来的人才是真正的强者。因此,父母要想真正地帮孩子,那么在他失败后,不妨多"袖手旁观"几次,让你的孩子经受抗挫折能力的锻炼,使他积累一些在输了以后学会赢的经验。

第八章

勇于担当,培养男孩高度的责任感

1.责任是男孩成长的第一步

所谓责任心,就是责任感,是一个人对他所承担的任务的自觉态度,包括对自己的责任、对他人的责任、对集体的责任和对社会的责任。

在一个雪天的傍晚,中士杰克先生匆忙地走在回家的路上。在路过公园时,他被一个人拦住了:"先生,打扰一下,请问您是一位军人吗?"这个人看起来很着急。

"是的,我是。我能为您做些什么吗?"杰克急忙回答道。

"是这样的,我刚才在经过公园门口时,看到一个孩子在哭。我问他为什么不回家,他说自己是士兵,在站岗,没有接到命令是不能离开这里的。和他一起玩儿的那些孩子都不见了,估计是回家了。"这个人说,"我劝这个孩子回家,可是他不走。他说站岗是自己的责任,必须接到命令才能离开。看来只能请您帮忙了。"

杰克心里一震,说:"好的,我马上就过去。"

杰克来到公园门口,看见那个小男孩在哭泣。杰克走了过去,敬了一个军礼,然后说:"下士先生,我是杰克中士,你站在这里干什么?"

"报告中士先生,我在站岗。"小男孩停止了哭泣,回答说。

"雪下得这么大,天又这么黑,公园门也要关了,你为什么不回家?"杰克问。

"报告中士先生,这是我的责任。我不能离开这里,因为还没有接到命令。"小男孩回答。

"那好,我是中士,我命令你现在就回家。"杰克对小男孩严肃地说。

"是,中士先生。"小男孩高兴极了,还向杰克敬了一个不太标准的军礼。

小男孩的举动深深地打动了杰克。这个孩子的倔强和坚持看起来似乎有些幼稚,但他所体现的责任和守信却是很多成年人都无法做到的。

责任心是一个人立足社会、获得事业成功至关重要的人格品质。现在许多父母都过多地注意孩子的智力和身体的发展,对孩子责任心的培养却不大重视,这种做法对孩子的成长是不利的。

责任心是孩子健全人格的基础,是能力发展的催化剂。只有具备一定的责任感,人才能自觉、勤奋地学习、工作,做各种有益的事情,掌握各种技能。因此,家长必须从小就培养孩子的责任感,以便孩子长大后能很好适应社会、照顾家庭、完成本职工作,尽自己的责任和义务,从而成为优秀的人才。在大力提倡素质教育的今天,家长应该用自己的爱心、耐心和智慧去培养孩子的责任心。

林凯一家到英国旅游。一天,林凯在公共卫生间里如厕,就在他坐到马桶上的时候，他突然听到隔壁小间里有一种奇特的响动。由于时间过长，而且也很好奇，林凯通过小门的缝隙向里探望。这一看，使他惊叹不已。

原来，一个只有七八岁的小男孩正在修理马桶的冲刷设备。一问才知道，是这个小男孩上完厕所后，因为冲刷设备出了问题，他没有把脏东西冲下去。因此他就一个人蹲在那里，千方百计地想修复它。

这件事给林凯留下了很深的印象，他感慨道："一个只有七八岁的孩子，竟然有如此强烈的负责精神，可见其父母的教育是成功的。"

责任心就是对自己所做事情的一种自觉、负责的态度，是办好一件事的重要基础。一个没有责任感的人，容易出现一些大的原则上的问题，一旦犯错就都是很严重的错误，会给大家带来很大的危害。自己的男孩能力再强也要注意对他进行责任感的培养，不然谁也不敢把一个重要的任务去交给一个不负责任的男孩。

(1)增强男孩的主人翁意识

父母要注意对男孩主人翁意识的培养。一个孩子要先学会做自己的主人，然后才能做到对自己负责，进而表现出对自己工作的负责、对社会的负责。责任意识的形成需要一种自主自立的主人翁意识。孩子如果缺乏主人翁意识，就会把责任推向别人，碰到问题，也不会想要积极主动去解决。

只有父母帮孩子树立了强烈的主人翁意识，孩子才会尽职尽责地做好自己分内的事，还会自愿去维护他人的利益及社会公德，用更加严格的要求，来督促自己做好每一件事，不依赖于人，不推脱于人。

(2)让男孩参与家庭责任的承担

孩子的责任感是在反复实践中培养起来的，而家庭是一个很好的实践场所。

陈宽在上小学的时候，就要负责家里每天早晨的取报和取牛奶任务。上中学的时候，家里买米和买油这些较重的活，父母也交给他来负责了。只要东西没有了，他就负责去超市把东西买回来。家里其他的家庭分工，他也都有份。

这让他觉得自己是这个家庭中很重要的一员，有什么事他也都能先从家庭整体利益的角度出发，把个人的利益放在第二位。所以无论什么时候，他都觉得自己是这个家的主人翁，要对所有的人负责。

孩子在生活实践中多参与家庭分工，会让他们更有归属感。孩子会觉得自己是这个家庭很重要的一分子，也要来尽一分力，这种想法就是责任感的体现。当然，在这种教育方法下，孩子学会了对自己所做的事情负责，也懂得了要对家庭尽到自己应尽的义务和责任。

(3)让男孩学会为自己的过错负责

犯错误是人常有的，但是能够对自己的错误负起责任，却不是人人都能够做到的。

江南的父母要去看望外婆，所以这个星期天他一个人在家。他们班上的足球赛马上就要开始了，他要在上午九点钟赶到学校集合，参加训练。在骑自行车去学校时，江南不小心把一位老人给撞倒了，他赶忙下车，扶着老人去医院里检查，结果没什么大问题。他又把老人送回家，还把自己的姓名和地址留给了老人，说只要有问题，就来找他。

父母回来知道这件事后，又和江南一起买水果去看望了老人。老人直夸江南是个好孩子，有担当、有责任感，将来一定会有出息的。

男孩犯了错误，能不能主动承担，是他是否具有责任心的体现。父母不要怕孩子犯错，而是要让孩子在犯错后，不要推脱自己的责任，自觉主动地去承担。

(4)让男孩做事有始有终

培养良好的责任感,是要靠坚强的意志和持之以恒的态度来维持的。孩子在年幼的时候,可能会因为兴趣比较广泛,从而做事虎头蛇尾。当然,这是孩子责任心缺乏的表现。父母在看到孩子的这些表现时,一定要让孩子做到做事情有始有终。

李继贤今年四岁半了,在萨尔马多城上幼儿园,最近在学习有关植物方面的知识。李继贤迷上了植物,他觉得那些花草实在是太美了,便苦苦地哀求爸爸给他买了一盆鲜花。

爸爸同意了李继贤的请求,趁周末带着他到花卉市场买了一盆小花。父亲希望李继贤看到小花生长的整个过程,并且能够自己照顾它。于是,父亲和李继贤约定,由李继贤自己负责照顾鲜花,给它浇水和施肥。

最初几天,李继贤非常兴奋,每天耐心地给小花浇水。还根据日照的情况,不断给花盆挪动位置。并拿出本子,歪歪扭扭地在上面画出花卉生长的情况。

爸爸看到李继贤这么有责任心,十分满意。可是,没过多久,爸爸发现李继贤给花浇水的次数越来越少了,甚至好多天都不给小花浇水,也不做记录,似乎他已把养花的事给忘了。结果,小花慢慢枯萎了,叶子也开始泛黄,生长的速度减慢了,完全没有了生机。

一天吃过晚饭,爸爸把李继贤叫到阳台,说:"你给花浇水了吗?"

李继贤低着头说:"没有。"

"为什么没有?"

"我……"

"我们在买这盆花的时候,是怎么说的?由谁负责给这盆花浇水?"

李继贤沉默不语。

"你看,这盆花多么伤心、悲哀！她失去了美丽的叶子变得枯黄,而这都是因为你。"

以后的日子里,李继贤每天坚持给花浇水,小花不久后恢复了以往漂亮的颜色。

让男孩先学会对一件事情负责,然后他才能够在生活中对自己的每一件事都抱着负责任的态度来做,在遇到困难时也不会轻易就打退堂鼓。培养孩子良好的责任感,对于孩子的成长很重要,父母要督促和鼓励孩子从小做事就能够有始有终。

2.让男孩勇于承认错误

我们犯下错误之后,如果只想到推诿和逃避责任,那么受到最大伤害的只能是自己。我们必须面对属于自己的问题,将责任归咎于环境或者他人,问题并没有得到解决,反而只会让错误像高利息债务一样,越滚越大,成为横亘在我们人生路途前的一座大山,让人变得小心翼翼、害怕犯错,从而丧失面对挑战的勇气,最终变成一只鸵鸟。

亚伯在17岁时喜欢躺在树阴下或小屋的顶棚上读书, 做算术题,写写画画。在晚上,他经常坐在壁炉旁,借着火光在木制的铲子上写写算算。如果铲子上写满了,他就用刮刀将外面那层刮掉,然后重新开始。白天,他在木板上做着同样的事情,写满后刮掉,刮掉后再写。

他的继母经常对人说:"亚伯读书非常刻苦, 看到什么书就读什么书。他读到一段让他叫好的内容时，如果没有纸，他就会将它写在木板上，并保存着木板，直到找到纸为止。然后他就将木板上的内容抄写到纸张上，一边看，一边默记。他有一本类似剪贴簿似的本子，他在里面记下各种事情，然后将本子保存好。"

林肯·亚伯在青少年时，常常和大人们一起赤着脚劳动，例如挖地、耕地、收割、打捆、种玉米、收玉米、剥玉米皮。虽然劳动非常辛苦，但是每当干完活回家后，他经常走到碗橱旁，拿一块玉米饼，再拿一本书，坐在椅子上，把腿翘得很高，足以与他的头一般高，然后开始读书。总之，他一有机会就读书。

但是可以想象，当时所能看到的书微乎其微。当时那里没有图书馆，不管是公共的还是私人的。因此他只能找到什么看什么，而不能有所选择。有一次，亚伯从一个邻居约西亚·克罗弗特那里借来了一本威姆斯撰写的《华盛顿生平》。亚伯对那本书十分喜爱，视若珍宝，几乎只要有空，就会将书拿出来阅读。不读时，他就把书放在小屋中某个地方，认为那样就可以万事大吉了。然而不巧的是，就在他放书的书架后面，在墙壁的木头中间有一个大裂缝。一天晚上，突然下起了大雨。雨水从裂缝中渗进来，把亚伯借来的那本书全都浇透了，那本书几乎已经完全被毁坏了。亚伯感到非常不安，因为在他和书的主人看来，书非常重要。

他拿着那本被损坏的书，怀着沉重的心情来到克罗弗特先生的家。他决定为自己的错误接受克罗弗特先生的惩罚。

"喂，亚伯，你怎么这么早就来我家？"克罗弗特先生有些奇怪地问道。

"我有一个不好的消息告诉您。"亚伯因为不好意思，羞愧地红着脸，脸拉得很长。

"不好的消息！是怎么回事儿？"

"您还记得您借给我的那本《华盛顿生平》吗？"虽然有些难以启齿，亚伯还是鼓足勇气说了出口。

"记得,记得。"

"您瞧,昨晚的大雨把它给弄成了这个样子。"亚伯一边把那本湿透的书递过去,一边解释事情的经过。

"这太不幸了！你必须赔偿我的损失,亚伯,你太粗心大意了！"

"如果我有钱,我会赔您的,克罗弗特先生。"

"如果你没有钱,你可以通过劳动来赔偿。"克罗弗特说道。

"好吧,我随时听候您的吩咐。"

于是他们达成如下协议:亚伯必须为克罗弗特劳动三天——拉饲料。他每天的劳动折合25美分,书价为75美分,工作三天就可以了。于是亚伯工作了三天,偿还了债务。

金无足赤,人无完人。人难免会有因为疏忽而犯错的时候,这是人之常情。但是,以怎样的态度来看待因自己的疏忽而出现的问题,是一个人是否能够勇于承担责任的重要表现。

乔治·华盛顿是美国首任总统,是美国独立战争大陆军总司令。1789年,他当选为美国第一任总统。在任期结束后,他自愿放弃权力不再续任,隐退于弗农山庄园。华盛顿被尊称为美国国父,学者们则将他和亚伯拉罕·林肯并列为美国历史上最伟大的总统。

乔治·华盛顿出生在一个大庄园主家庭,家中有许多果园,园里种着苹果树、桃树、梨树、李子树,还有一棵父亲从大洋对岸采买回来的品种上佳的樱桃树。这棵樱桃树长势很好。春天来了,树上开满了白花,散发出阵阵芬芳,许多蜜蜂都围着它辛勤地忙碌着,用不了多长时间就会结出果实了。

有一天,父亲交给华盛顿一把斧头,要他把影响果树生长的杂树砍掉,并再三叮嘱,一定要注意安全,不要砍伤正在结果的果树。在果园里,华盛顿挥动斧子，不停地砍着。突然，他一不留神，砍倒了这唯一的一棵樱桃树。

华盛顿意识到自己闯下了祸，害怕受到责罚，就用杂树把樱桃树盖起来。

傍晚，父亲来到果园，发现了被砍的樱桃树就知道儿子犯下了错误，但他装作不知道，还表扬儿子说："你真能干，一个下午不但砍了这么多树，还把砍断的杂树都堆在了一块儿。"

华盛顿听了父亲的夸奖，脸一下子红了，惭愧地把实情告诉了父亲，还请父亲责备他。父亲把手放在孩子肩头，意味深长地说："失去了一棵树，我当然很难过，也应该批评你。但我同时也很高兴，因为你鼓足勇气向我说了实话，没有说谎或找借口，我就原谅你了。你知道吗？我宁愿要一个勇于承认错误的孩子，也不愿拥有一个种满枝叶繁茂樱桃树的果园。一定要记住这一点，儿子。"

尚未懂事的华盛顿望着父亲，不解地问："为什么承认错误会比一千棵樱桃树还珍贵？"

父亲谆谆教导说："一个人敢于承认错误、为自己的错误负责，他才能更好地在社会上立足，才能取得别人的信任。"

华盛顿从父亲那学会了勇于担当的品质，这对他一生的成长都产生了积极影响。每个人都会有做错事的时候，不论是大人还是孩子。当孩子做错事情，重要的不是错误本身，而是我们成人该怎样让孩子认识到他的错误以及承认错误。

为什么孩子都很害怕犯错误、害怕承认错误呢？因为他们害怕承认错误后会挨骂、挨打，或者有人会看不起他。

其实，孩子不承认错误，就等于错上加错，这是比犯错更严重的后果。做错了事，只要改正就好，但是如果做错了事用撒谎的方式去隐瞒，久而久之,孩子就会养成逃避责任的恶习,最终犯下更大的错误。

错误对我们来说是不可避免的。面对过错,我们应该勇敢地面对它,不要试图逃避自己应承担的责任。我们应将承认错误、担负责任的观念根植于内心,让它成为我们人生的基本信条。对于男孩来说,错误更加像是家常便饭,错误伴随着他们的成长。因此,家长要鼓励男孩勇敢地承认错误,并帮助他们改正。

3.善于自省的男孩才能完善自己

自我反省是一种内在人格智力,是认识自我、完善自我、不断进步的前提条件。对成人而言,具备自我反省的能力,就能正确认识自己的优缺点,自尊、自律,有计划地规划人生。在遇到困难和挫折时,也能够及时调整自己的情绪,积极进取,渡过一次次难关,一步步走向成功。在幼儿时期,孩子尚未形成完备的自我意识,自我反省的内在人格智力还处于萌芽阶段,因此需要家长正确引导,从小培养孩子的自我反省能力。

姑姑送给毛毛两条漂亮的小金鱼。毛毛十分喜欢,把鱼儿放在玻璃缸里,看它们在水中自由地畅游。有一天,毛毛突发奇想,把金鱼从水中捞出来,丢在地板上。看到金鱼不停甩动尾巴,毛毛觉得很好玩。

"毛毛,你怎么这么残忍!鱼会干死的,赶快把它们放回水里去。"妈妈看到这一情景,大声呵斥毛毛。毛毛无动于衷,对妈妈的呵斥置若罔闻。这时,外婆走过来说:"毛毛,如果在你口渴时不给你水喝,你会怎样呢?"

"我会很难受。"毛毛有过口渴难耐的经历,便不假思索地说。

"是啊,没水喝很难受。可你把鱼从水里抓出来丢到地上,让它们没水喝,你说它们难不难受啊? 而且,鱼是水生动物,比人类更需要水,一旦离开水,会很快死的。它们拼命甩动尾巴,是因为它们太难受了。"外婆开导毛毛。

毛毛不出声了,沉思了片刻,对外婆说:"我错了,我以后再不把金鱼丢到地上玩了。"

很多成功人士在介绍自己的成功经验时,都会提到自我反省能力。一个人之所以能够不断地进步,正在于他能够不断地自我反省,找到自己的缺点或者做得不好的地方,然后不断改正,从而取得一个又一个的成功。

有一个青年,有一天在街角的小店借用电话。他用一条手帕,盖着电话筒,然后说:"是贾公馆吗? 我是打电话来应征做园丁工作的,我有很丰富的经验,相信一定可以胜任。"电话的接线生说:"先生,恐怕你弄错了,我家主人对现在聘用的园丁非常满意。主人说园丁是一位尽责、热心和勤奋的人,所以我们这儿并没有园丁的空缺。"

青年听罢便有礼貌地说:"对不起,可能是我弄错了。"跟着便挂了电话。小店的老板听了青年人的话,便说:"年轻人,你想找园丁工作吗? 我的亲戚正要请人,你有兴趣吗?"

青年人说:"多谢你的好意,其实我就是贾公馆的园丁。我刚才打的电话,是为了自我检查,确定自己的表现是否合乎主人的标准而已。"

我们最大的敌人其实就是我们自己,只有了解自己,才能战胜这个强大的敌人。了解自己则需要时刻地自我反省和自我审视,让反省成为智慧之树,深深埋进我们的思维里,源源不断地为我们提供智慧。只有长时间做到自我反省,才能使自己进步。

对于自我反省,高尔基也曾说:"反省是一面莹澈的镜子,它可以照见心灵上的污点。"这也是肯定反省给我们带来的积极作用。懂得反省自我的人,才能清楚地了解自己的优点与缺点,才能跳出从前狭窄范围的自我,重新审视自己、改善自己。如此,我们才能让自己强大完美,获得人生的成功。

作为家长,我们常常对勇敢、坚强的男孩说:"失败了,没有关系,关键是看你对待失败的态度。"事实上,每个人,尤其是正处于性格形成期的孩子,在面对失败时都要持有自我反省、自我修正的态度,并以不懈的追求去实现自己美好的愿望。

一个善于自我反省的人,往往能够发现自己的优点和缺点,并能够扬长避短,发挥自己的最大潜能;而一个不善于自我反省的人,则可能一次又一次地犯同一些错误,不能很好地发挥自己的能力。

帅帅和勋勋是从小一块长大的小伙伴。上三年级时,他们被分到了同一个班里。两个好强的男孩都想当"官",但老师却给了他们俩每人一个"闲差"——帅帅是班上的体育委员,勋勋做了班上的劳动委员。

面对这份"闲差",勋勋什么也没说,他每天认认真真地做好自己本职工作,同时还喜欢帮助别的同学。如帮同学修理桌椅板凳;值日的同学忘记擦黑板了,他主动去把黑板擦干净……因此,他深得老师和同学们的好评,不久后就被民主选举为班长。而帅帅则不同,他先是抱怨体育委员很累,后来连自己的本职工作都懒得去做了,结果可想而知,帅帅最终被贬为"平民"。

现在的男孩,对待生活和学习,持帅帅这样态度的人很多,总是抱怨自己学习不好、抱怨老师偏心、抱怨命运对他不公……但是，他们却很少反思自己：我有什么缺点？我是不是有什么做得不好的地方？

其实，每个人都有缺点、每个人都会做一些平凡的事情、每个人都会犯错误、每个人都会不如意……但是，在这个时候，如果只抱怨他人或环境，他就不可能认真去做这件事，也就不可能取得成功。如果一个人不断反省自己，寻找更好的方法去弥补自己的缺点和失误，那么成功就一定会来到。

(1)让男孩正确面对批评

每一个孩子都喜欢受到表扬，而不喜欢受到批评。但是，让孩子学会坦然接受批评，这对于他的成长大有益处。心理学家指出，只会接受表扬的孩子，长大之后心理很容易出现问题，他们甚至连接受批评的心理承受能力都没有。因此，从小让男孩学会用正确的心态面对批评，将有利于塑造他完整的人格。

那么，当孩子做错事时，家长如何批评才能让他们更容易接受呢？

首先，家长在批评孩子时，千万不能损伤孩子的自尊心。当孩子做了错事时，孩子往往会处于悔恨之中，不知所措，此时父母批评孩子，应先对孩子好的方面给予肯定，然后再指出做得不对的地方，要让孩子知道家长不是光盯住他的错处。

此外，在批评孩子错处时，家长应只谈眼前做的错事，不翻旧账。以前的事已经批评过了就应该"结案"了，不能老是记着孩子以前不好的地方，让孩子觉得在父母面前永远无法翻身。

其次，家长要允许孩子作出解释。如果批评不符合事实，家长应允许孩子作出自己的解释。如果你强硬地要求孩子改正错误，那么孩子对你的指责从心里就感到不服。即便他表面答应你，心里却始终觉得受了很大的委屈，这对他接受你的批评没有任何益处。

另外，家长在批评孩子时，应尽可能多地增加与孩子的身体接触，这样更容易让他们接受。如家长在批评孩子时,可以搂着他的肩膀说话,或拉着他的手给他讲道理,这样的做法就能达到恩威并用的效果。

(2)让男孩自己承担做错事的后果

许多男孩做错事后,家长喜欢为他们承担后果。如孩子迟到了,却是妈妈向老师道歉"不好意思,我起晚了"。这不仅会让男孩失去责任心,更会使他不懂得反省自己的错误,从而一而再、再而三地犯相同的错误。因此,明智的父母从不替孩子承担后果,而是让他自己来承担做错事的后果。

一个有点懒的小男孩,周末为了多睡一会儿,就把他的小闹钟拨慢了一个小时。因此,他美美地多睡了一个小时。但是,他却忘了把它调回正常状态。

周一,快到上课的时间了,妈妈发现儿子还在睡觉,再看看他的小闹钟,妈妈马上明白了是怎么回事。但是,她没有叫醒儿子。当这个小男孩像平常一样背着小书包来到学校时,他发现同学们已经上完一节课了。结果可想而知,他被老师狠狠地批评了一通。

回到家后,心情沮丧的小男孩开始埋怨妈妈没有叫他起床,这位聪明的妈妈对儿子说:"儿子,每天睡觉前你为什么不把闹钟调好?你总习惯别人提醒你做你自己的事,但别人是不可能一辈子提醒你的。你要学会自己提醒自己,做错事后自己反省自己的错误!"

从此以后,这个孩子很少犯同样的错误。

孩子总是习惯别人提醒他做这做那,但事实正如那位妈妈所说:没有人能一辈子提醒他。因此,只有让孩子养成不断提醒自己、不断反省自己的好习惯,他才能更好地成长。

(3)引导男孩总结失败的教训

男孩做事情时往往会比较冲动,他想做一件事情的时候根本就不考虑后果,因此事情往往会以失败而告终。这时候,父母就要教孩子总结失败的教训。其实,总结失败的教训就是对自我行为的一种反省。

一次,爸爸带男孩去商店。男孩看到了一把非常漂亮的手枪,而且还有五颜六色的子弹,他非常喜欢,就吵着要爸爸买下来。爸爸看了看那把手枪后,对儿子说:"这把玩具手枪华而不实,不好玩,而且很容易摔坏,我们再看看别的好不好?"

男孩不听,执意要买。爸爸想了想,对他说:"我可以答应给你买,但你要承诺,在买了这把手枪之后的两个月之内不许买别的玩具,否则我就不给你买。"

男孩看着那把漂亮的手枪,高兴地答应了。但买了之后,孩子却发现,这把手枪并没有他想象的那样好玩,子弹一会儿就没了,而且没有力度。并且一次不小心,他把这把手枪摔到了地上,从此它再也不能发射子弹了。看着别的小朋友都玩着他们结实而耐用的玩具,男孩一点儿都不高兴。

聪明的父亲看出了小男孩的想法,对他说:"孩子,别为已经做错了的选择而后悔。现在,你需要做的是吸取这次失败的经验,学会自我反省,下次你知道怎样去做就可以了。"

男孩听了爸爸的话,把小手枪挂到了自己房间的墙上,他要让它时刻提醒自己:不要任性,不要贪图虚荣。

当男孩因为自己的失误、错误而陷入痛苦与自责之中时,家长不应再盲目地批评他们了。孩子的痛苦、自责,说明了他已经意识到自己的错误,这时,家长应该正确地开导他们。并且告诉他们:痛苦与自责并没有用,最有利的解决问题的办法是——从失败和错误中吸取教训,反省自我,并保证下一次不犯同样的错误。

4.让男孩敢于担当,为自己的行为负责

一个11岁的美国男孩踢足球时,不小心打碎了邻居家的玻璃,邻居向他索赔13美元。那是在1920年,13美元可是笔不小的数目,足可以买125只生蛋的母鸡。男孩没有办法,只好去向父亲承认错误,请求父亲的帮助。然而,父亲却斩钉截铁地说,男孩必须对自己的过失负责。

"我哪有那么多钱赔人家?"男孩非常为难。

"我可以借给你。"父亲拿出13美元,"但一年之后你必须还我。"

于是,男孩开始了艰苦的打工生活。经过半年的努力,终于挣够了13美元这一"天文数字",还给了父亲。

这个男孩就是日后的美国总统里根。他在回忆这件事时说:"靠自己的努力来承担过失的经历,使我懂得了什么是责任。"

在字典中,"担当"作为动词出现,意思是:接受并负起责任。我们没有使用名词"责任",意在强调行动的重要性。责任不需要整天挂在嘴边,这是一种意识。我们希望男孩明白,在遇到事情的时候他必须承担后果。

男孩从小学会"担当",长大了自然就会有责任心。在这一点上,我们应该向里根的父亲学习,通过一些平凡的小事来培养孩子"担当"的品质,让孩子意识到"担当"的重要性。

格里没有等到晚上放学,就哭着回到了家,送他回来的是学校里的一个叔叔。格里的母亲萨利特斯问学校里的叔叔,这到底是怎么一回事?

叔叔说,在放学前小朋友们需要排队,可格里不好好站,总是窜来窜去的,结果不知怎么,就和一个同学起了冲突。老师批评了格里几句,他

就开始哇哇地哭个不停,还跟老师嚷嚷:"我没错! 我没有打他!"

母亲萨利特斯向叔叔道了谢,然后拉着格里进了门。

"怎么回事?"萨利特斯看着两眼红红的格里问道。

"我不小心和马克撞了一下,结果马克就使劲儿地推我,我踢了他一脚,马克哭了,老师就说我了。"格里脸上挂着两行泪珠,补充说道,"是他先推我的!"

听到这里,母亲萨利特斯基本上把事情的来龙去脉搞清楚了,她语气平和地问格里:"难道你就一点责任都没有吗?"

"没有! 不是我的错! 是马克先推我的!"

"好,现在我问你,如果你好好按照老师的要求排队,没有乱跑,你能不小心撞到别人吗? 你没有撞到马克,马克会推你吗?"

格里默不作声了。

"现在你再仔细想想,你一点责任都没有吗? 你是男子汉,记住不要把什么责任都推到别人的身上! 遇事仔细想一想,为什么别人会这样对你? 你是不是做了什么不对的事情?"

最后,萨利特斯对儿子格里说了一句话:"你得学会对自己的行为负责!"格里用力地点了点头。

当你的孩子回来向你诉说在外受到的"委屈"时,你会怎么做? 是劈头盖脸地责备孩子一番,还是气愤得要带孩子找对方"算账"?

萨利特斯夫人的做法,相信会对我们有所启发。萨利特斯夫人帮助孩子首先分析自己身上存在的问题,让孩子明白每个人都要对自己的行为负责,在发生错误时,自己不要一味地抱怨别人,要敢于自己勇敢地承担。

"担当"应该作为一种品质植根男孩的心灵。人们喜欢说"勇于承担(担当)",其实,"担当"如果与勇气挂钩,就被忽略了其作为品质的根本。

因为在一些特殊的关头，只有品质才会跨越思考的界限，自然而然地发挥作用。父母是孩子心中的权威，孩子从小就喜欢模仿父母的各种行为。对孩子、对长辈、对爱人、对家庭、对社会毫无责任感的父母，也不可能培养出具有很强责任心的孩子。所以，父母应该在生活中严于律己，给孩子做好表率，从而更好地影响和教育孩子。父母要教导孩子勇于对自己的言行负责，不要逃避和推卸责任。无论孩子有什么过失，都要让他勇敢去承担责任。

　　学校组织去国家公园野餐，老师将需要带的东西分派了下去，由班上的每个同学负责回家准备一项。同学们有的负责去超市买食品，有的负责准备烤肉的炉子，有的负责所有的餐具……威尔逊分到的任务是负责准备烤肉要用的调料。

　　威尔逊期盼这次野餐已经很久了，消息一经确认，就开心地蹦了起来，放学回到家，他还开心地楼上楼下地欢呼着，惹得爸爸妈妈一阵怜爱。妈妈提议威尔逊列出一个单子，把需要带的东西先列出来，然后交给妈妈检查。这样不但可以防止遗漏，还可以防止没有经验的威尔逊漏拿了东西。

　　但是威尔逊说要先出去跟小朋友宣布这个消息，回来后再列清单。他说："放心吧，爸爸妈妈。我会带好的，别担心。"

　　妈妈虽然不是很相信他，但一想，这是一个很好的锻炼机会，就没有再要求他必须现在开列出清单来。

　　威尔逊在外面玩了整整一天，临到晚上该睡觉的时候他才匆忙跑到厨房里收拾。

　　第二天，当全班人准备就绪，开始野餐时，威尔逊却怎么也找不到烤肉汁，他惭愧地低下了头。这次教训让他意识到由于自己的疏忽，这次活动大为逊色。影响了自己，也麻烦了别人。

在教育孩子的时候，一定要让孩子明白：每个人都应该为自己的行为负责，无论好坏都要承担它的后果。这是父母在教育孩子时一定要着力培养的良好习惯。尤其是在集体活动中，孩子更要尽职尽责，有条理地做好自己的本职工作，否则就会给自己和大家带来麻烦。

现在有些父母不太重视培养孩子的责任心，当孩子遇到一些事情的时候，父母总想替孩子完成，希望能为孩子留出更多的时间去学习。责任心是孩子做人、成人的基础，因为有责任心的人，首先要有一定的道德水准，否则他也不可能对事情负责任。责任心也是做事情的标准之一，没有责任心就不可能认真去做事。

(1)适当给孩子布置力所能及的任务。从简到繁，从易到难，在家庭中有意识地给孩子布置一些适当的、力所能及的任务，如打扫卫生、负责给花草浇水等，看他能否完成，完成了立即加以鼓励。

(2)听取孩子对家庭生活的建议。经常和孩子讲讲家里的花销添置、人事来往，并请孩子谈谈自己的看法，或者请孩子出主意想办法。当父母经常聆听他们的意见、采纳他们的有价值的建议的时候，孩子对家庭的责任感就会油然而生。

(3)让孩子学会自我服务。不要总是对孩子说"你还小""你不懂""你不行"，而要给孩子一定的锻炼机会。孩子们的成长速度是惊人的，远远超出成年人的想象。成年人认为孩子不能做的事，可能孩子已经完全有能力驾驭。因此，父母们要尽量给孩子一些锻炼的机会和勇气，这样孩子便可以在自我服务中增强责任心。

(4)强调做事的结果，使孩子养成凡事要么不做，要做就要做得认真、做得出色，达到卓越的自我要求。

(5)父母不要轻易给孩子许诺，如果许诺了就要做到。

5.做事有始有终，拒绝半途而废

美国著名心理学家威廉·詹姆士有这样一句经典名言："播下一个动作，你将收获一种习惯；播下一种习惯，你将收获一种性格；播下一种性格，你将收获一种命运。"可见，如果一个男孩在年轻时就养成良好的学习和生活习惯，那么他就具有了一生的财富。

战国时期，黄河岸边有个叫乐羊子的人，他的妻子是个十分贤惠懂事理的妇女。有一次，乐羊子在路上拾到一块金子，拿回家交给他的妻子。他的妻子劝告他说："我听说有道德的人不喝盗泉的水，廉洁的人不接受带有污辱性的施舍，更何况捡到别人丢失的东西使自己得利而玷污自己的名声呢？"乐羊子听了，惭愧万分，便把捡到的金子放回了原处，并且外出求学访师，以求能在学问上有所进步。

然而过了一年，乐羊子便回到了家中。妻子问："你怎么刚刚学了一年就回来了呢？"乐羊子说："我在外面待时间长了，非常想念你，于是就赶回来看望一下。"妻子听后，就拿起一把剪刀走到了织布机旁，说："这些丝绸，是把蚕茧抽成丝，再通过织布机织成，是一根丝接一根丝通过长时间的积累而成寸、成尺、成匹的。现在如果把这匹丝绸剪断，以前的劳动就会白费。你在外求学也要日积月累，只有通过不断钻研你才能提高自己的学问和修养。如果学了一半就回来，这不是与剪断织布机上的丝线一样会前功尽弃吗？"

乐羊子听了妻子的这番话，非常感动，随即又外出继续求学。七年之后乐羊子学成归来，得到了魏国国君的重用，成就了一番大事业。

由此可见：善始善终地做事，不仅是一种责任，更是一种良好的品行。

"三天打鱼,两天晒网"或者"虎头蛇尾"的做事方式,只会把男孩拉进失败的旋涡。而一个做事有始有终的男孩,一定会认真、负责地对待每一件事情,进而凭借不断的努力走向成功。

有一个男孩在日记中这样写道:

一天,爸爸给我设了一个挑战,让我捏住冰块15分钟。一开始我想,不就是捏冰块吗,简直就是小菜一碟,于是非常爽快地答应了爸爸。但是当我真正尝试的时候才发现,事情远没有我想得那样简单。不过老爸答应我完成这项任务,就会奖励我一套《犬夜叉》的漫画书,所以为了我最爱的漫画书,我一定要坚持下去。

第1分钟,冰凉的感觉还让我挺舒服的;第2分钟,我的手指感觉到深深的凉意;第3分钟,这种凉意浸透到我的心里,让我忍不住打了个冷颤;第4分钟,我的手竟然有些颤抖,感觉刺骨的凉……当我努力坚持到第15分钟的时候,我觉得不只是我的手指,就连我的全身都有一种凉透的感觉,但是我非常高兴。因为我终于坚持到了最后,凭借自己的能力得到了我想要的漫画书。

这时,我兴奋地对爸爸说:"爸爸,我赢了,你输了,可不要太伤心啊!"爸爸赶紧握着我有些微肿的手指,赞赏地说:"傻小子,爸爸怎么会伤心,高兴还来不及呢!你有这么强的意志力,真是不错!"

上述事例中的父亲很显然是在锻炼自己儿子的意志力和耐力,虽然他知道自己的这种方式对儿子来说可能有些残酷,但同时他也深知这种方式可以锻炼孩子的毅力。其实,培养孩子坚持不懈的习惯还有其他更为有效的方法。

(1)引导男孩做事要坚持、认真

宋刚要搬新家了。由于他存了一大罐子的硬币,爸爸妈妈和他商量,让他将这些硬币拿到银行兑换成纸币。宋刚想到能换成大面额的钞票,就欣然应允了。

不过,摆在他面前的有这样一个难题,就是要将硬币数出来。可是这么多的硬币自己一个人数实在是太难了,而且肯定要花费很多的时间。于是爸爸妈妈建议将硬币分成三份,爸爸、妈妈和宋刚每人各负责数一份。

宋刚负责的那堆最小,但十几分钟后他就开始东张西望,竟然把刚刚数到多少给忘了,不得不重新数。宋刚偷偷地看看爸爸妈妈,发现他们两个人干得可认真了,一边一枚硬币接一枚硬币地数,一边还在纸上记着数字。

半个小时后,当爸爸妈妈都数完时,宋刚才数了一点点。爸爸妈妈就及时指出宋刚做事慢的原因:"儿子,你干活时总是开小差,不认真。"宋刚认识到了自己的问题,最后,他终于将他的那一堆硬币数清楚了,三个人的硬币加在一起,总共是225.8元。

相信通过这件事情,宋刚会明白这样一个道理:做事要坚持与认真,两者缺一不可。

很多时候,当男孩独自面对难题时,他们总想去求助自己的父母或者他人,表现出精力不集中、拖延、消极等态度。一旦男孩出现这种情况,父母一定要让你的孩子明白这样一个道理:认真,也就意味着节省更多的时间和劳动。如果想让孩子学会对自己的事情负责、不拖延,父母甚至可以采取一些适当的惩罚措施,去督促孩子坚持完成事情。

(2)明确努力的目标,做到善始善终

父母在教育男孩的问题上,一定要让他明确自己努力的目标,然后让他从小处着手,本着对每一件小事认真、负责的态度,坚持完成他的目标,唯有这样他才能有取胜的机会。

著名画家朱军山先生从小深受母亲的影响,对艺术抱有浓厚的兴趣,而且做任何事都会努力、坚持。当时,朱军山的母亲经常在家中刺绣,他就在一旁饶有兴致地观看。渐渐地,朱军山对图案、绘画萌发了兴趣。

虽然他对画画产生了浓厚的兴趣,但是当时家里的经济条件负担不起朱军山的学费,于是他想了一个绝妙的主意,用树枝做笔,用大地做纸,再把眼前的风光当临摹的风景。在画画的时候他精力非常集中,而且极其认真。

在地上的画也许和在纸上的画差异很大,但朱军山认为只有先在地上练好,以后学别的画才会容易些。就这样,他每天在大自然中上他的"画画课",认真地画好每一幅"画"。他坚信,只要自己认真画,总有练好的那一天。最终,坚持不懈的朱军山成为了享誉海内外的著名画家。

(3)提高自信心,原则问题绝不让步

一个人能够坚持完成一件事情,凭借的不只是自身的毅力,还有源源不断的自信心。自信心是坚持不懈的最大动力,因此父母首先要帮助自己的孩子学会克服困难,提高他完成某项任务的信心。例如当你把某件事交给儿子去做的时候,一定要把任务交代具体,并提醒他在完成任务的过程中可能会遇到哪些困难,在他有思想准备的前提下再教给他一些解决问题的方法,使他做到心中有数,用以增强男孩完成任务的信心和勇气。

另外,培养孩子坚持不懈的好习惯是一项长期而艰巨的任务。所以,在这个艰难过程中,父母切忌一时心软就对孩子让步。因为有了第一次的纵容就会有第二次,长此以往,"坚持不懈"就会变成一句空话。

6.不要让你的男孩养成坐享其成的习惯

现在的孩子备受娇宠,父母舍不得让他们分担任何家务,对孩子分内的事情也大包大揽。这样,在不知不觉中孩子就养成了坐享其成的习惯,成为"新精神贵族"。有的家长替孩子背书包,做卫生值日;有的家长帮孩子削铅笔,系鞋带。这种做法不仅剥夺了孩子动手的机会,也放任了孩子的懒惰。强大的动手能力,虽然不能算是孩子的特长。但不动手的孩子普遍存在眼高手低的毛病,而这些孩子通常都不会意识到自己不做事是错误的,以为父母为自己做好一切是理所当然的。所以,在日常生活中,父母一定要加强对孩子动手能力的培养,让孩子明白坐享其成是一种耻辱。

"铁石心肠的人大都生长在那些父母过分溺爱子女,对他们百依百顺,一味迁就,对他们没有任何要求的家庭。"这是苏联著名教育家苏霍姆林斯基说过的话,他还曾说:"要善于爱孩子,教育的真谛是爱,爱的真谛就是给孩子以精神上的温暖、关怀、鼓励和帮助,而不是其他任何东西。"因此,父母在教育孩子时,要注意把关心爱护和严格要求结合起来,力争做到爱而不溺,严而不厉。父母对孩子的关心爱护,应该以有利于孩子身心健康为前提,一旦离开这个前提就容易与望子成龙的愿望背道而驰。父母对孩子的爱应该是理智的、有分寸的,一定不能溺爱,否则,就可能成为孩子身心畸形发展的祸根。

山脚下有一个湖,当地人叫它天鹅湖。天鹅湖中有一个小岛,岛上住着一位老渔翁和他的妻子。平时,渔翁摇船捕鱼,妻子则在岛上养鸡喂鸭。除了买些油盐,平时他们很少与外界往来。

有一年秋天,一群天鹅来到岛上。它们是从遥远的北方飞来,准备去南方过冬的。老夫妇见到这群天外来客,非常高兴,因为他们在这儿住了那么多年,还没有见谁来拜访过。

渔翁夫妇为了表达他们的喜悦,拿出喂鸡的饲料和打来的小鱼,于是这群天鹅就跟这对夫妇熟悉起来。在岛上,它们不仅大摇大摆地走来走去,而且在老渔翁捕鱼时,它们还随船而行,嬉戏左右。

冬天来了,这群天鹅竟然没有继续南飞。它们白天在湖上觅食,晚上在小岛栖息。湖面封冻,它们无法获得食物,老夫妇就敞开他们茅屋的门,直至湖面彻底解冻。

日复一日,年复一年,这对老夫妇就这样奉献着他们的爱心。

有一年,他们老了,离开了小岛,天鹅从此消失了。不过它们不是飞向了南方,而是在第二年湖面封冻期间饿死了。

故事中渔翁夫妇对天鹅的爱,绝对是无私而又真挚的,毕竟这些漂亮可爱的生灵给孤寂的他们带来了慰藉与欢乐,帮助他们排遣了心灵的寂寞。在寒冷的冬天里,不能适应北方严寒的天鹅肯定也需要他们的照顾与呵护。可是渔翁夫妇无论如何也没有想到,习惯了他们爱护的天鹅一旦失去了他们的怀抱,结局将是十分悲惨的。

而父母在教育孩子的时候,同样要避免这样的惨剧发生。如果父母一味地包办孩子所有的事情,让孩子养成坐享其成的习惯,那么孩子长大后就会像失去照顾的天鹅一样,失去生存的能力,经不起任何挫折。

张国强的学习成绩一直非常好,从小学到高中,他总是名列前茅。每次考完试,他都会问老师:"这次考试谁是第二?"因为他坚信,第一名肯定是属于他的。如此出众的他,深受老师和父母的称赞。

为了张国强能够集中精力学习,父母可谓是操尽了心,除学习之外的任何事情,父母都会代替张国强去干。比如,吃饭时,妈妈会及时地把饭端到张国强的手边;衣服脏了,当然也是妈妈的事;笔记本用没了,也是妈妈为他去买。久而久之,他习惯了"饭来张口,衣来伸手"的生活,而且有时还为自己的这种生活而沾沾自喜。事实上,到了十七八岁,张国强早应具备洗衣、做饭这些最基本的生活技能,但他和别的孩子不一样,他没有学得这些能力。

后来,张国强参加高考,他以全县第一,全省第二的优异成绩,考取了北京某名牌大学,那是他梦寐以求的学校。这一喜讯,给家里带来了前所未有的欢乐,亲朋好友们无不夸张国强聪明。在同年的9月,张国强和其他刚入学的学生一样,无比兴奋地来到了首都北京。然而在大学生活开始不久,张国强就表现出了困惑。他不会买饭,不会洗衣,甚至常常找不到上课的教室,不知道该怎样和同学相处。虽然好心的同学也在不断地帮助张国强,但还是难以解决他的适应问题,这令张国强万分苦恼。无奈之际,他只好提出了休学,学校根据他入学以后的表现也同意了。

在第二年的7月份,学校及时地寄去了复学通知。收到通知的张国强没有丝毫的兴奋,反而产生了无限的恐惧。他害怕再次离开父母,他担心自己依然不能适应学校的生活。在这种思想的驱使下,他便从6楼阳台跳下,结束了年轻的生命。

这个故事也提醒每位父母:要让孩子自己做自己的事情,别人的事情帮着做,不会的事情学着做。每个人的人生都不是一帆风顺的,一个习惯了坐享其成、不劳而获、养尊处优的孩子怎么去面对困难?孩子总有独自生活、工作的时候,父母不可能永远跟着,也不可能永远帮得上忙。让孩子自己去体验、去感受各种各样的生活,对孩子的成长才是最重要的。

《鸥陂渔话·葛苍公传》中写道:"欲使他人干事,彼坐享其成,必误公事。"成功的桂冠不可能从天而降,掉到那些坐享其成、守株待兔的懒人头上,成功的桂冠只属于那些锲而不舍、坚持不懈的人。一分耕耘才有一分收获,成功之花要靠辛勤的汗水来浇灌。从古至今,每个成功人士的背后都历经沧桑，但他们面对困难都是迎难而上、锲而不舍，为了理想奋发进取，最终才取得了成功。

居里夫人说："在捷径上得来的东西决不会惊人。当你在经验和诀窍中碰得头破血流的时候，你就会知道，在成名的道路上，流的不是汗水而是鲜血；他们的名字不是用笔而是用生命写成的。"

有些父母总是担心做家务活和体力劳动会影响孩子学习或累坏孩子，因此没有给孩子从事体力劳动的机会。慢慢地，孩子变得好逸恶劳、好吃懒做。如果父母从小对孩子过分关怀、事事包办，即使在孩子有动手能力时，他也只会坐享其成，不愿意付出一点点劳动和努力。在家庭教育中，家长一定要注意不能事事以孩子为中心，不能给孩子搞特殊待遇，更不能什么都由着孩子，以免把孩子养成讲究物质享受、奢侈浪费、不懂爱也不懂感恩的纨绔子弟。父母应该理性地引导男孩认识到坐享其成是一种耻辱，他们应主动去抵制这种行为。

美国的家庭教育以培养孩子富有开拓精神，成为一个自食其力的人为出发点。父母让孩子从小就认识到劳动的价值，树立自立精神，让他们自己动手做家务，到外边参加劳动。即便是富豪子女，也同样要外出打工赚钱。前总统里根的儿子，就是不靠父亲的地位和权力来为自己安排舒适的工作，而是靠自己的能力去奋斗。

人类社会发展到今天，创新已是一种时代精神，它呼吁人们奋斗进取、锐意改革，而不劳而获、坐享其成则被人所不齿。有些人只想一劳永逸，甚至不劳而获；有些人依赖思想特别严重，把希望全部寄托在别人身上，自己不劳动就等着享受别人的劳动成果……这些行为都不利于人类的自然发展，也跟不上时代的步伐，注定要被时代淹没、被历史遗弃。如果从小让男孩习惯于坐享其成，只会培养出依赖性强、自私自利、不懂感恩的懒孩子。只有从小培养男孩的自理能力，让他们去经历自己的成功和失败，将来他们才能独立地创造自己的明天。

第九章

独立自主,培养男孩阳刚之气

1.自信成就未来

自信心是一种积极的心理品质,是一种促使孩子向上奋进的内部动力,更是一种能使孩子赢得成功的催化剂。

爱默生说:"自信是成功的第一秘诀。"自信是孩子成长过程中的精神核心,是促使孩子充满信心面对困难、努力完成自己愿望的动力。但它并非与生俱来,必须由家长对孩子从小加以正确引导,使孩子逐渐学会相信自己,从而建立起来。

鲁西南深处有一个小村子叫姜村,离县城有十几公里的距离,但就是这个小小的偏僻的村子在方圆几十里以内却大有名声。原来,从很久以前这个小村子每年都会有几个孩子考上大学,读上硕士、博士。久而久之,大学村成了姜村的新村名。

村里只有一所小学校,每一个年级一个班。在很早以前,一个班级只有十几个孩子。现在不同了,方圆十几个村的家长都千方百计把孩子送到这里来。因为他们觉得把孩子送到了姜村,就等于把孩子送进了大学了。在惊叹姜村奇迹的同时,人们也都在思索着:是姜村的水土好吗?是姜村的老师有教育孩子的秘诀吗?其实村子里的人也不知道这是为什么,但大家都隐隐感觉这件事与当年的那位老教授有关。

事情还得从二十多年前说起。原来的姜村小学也不过是山区里再普通不过的一所小学,可是就在那一年,一个50多岁的老教师被调来了小学。听人说这个教师是一位大学教授,不知什么原因被贬到了这个偏远的地方。这个老师教了不长时间以后,就有一个传说在村里流传:这个老师能掐会算,他能预测孩子的前程。他说有的孩子能成为数学家;有的孩子能成为音乐家;有的孩子能成为作家。

之后,大人们发现,他们的孩子与以前不大一样了,他们变得懂事而好学。老师说会成为数学家的孩子,对数学的学习更加刻苦;老师说会成为作家的孩子,语文成绩更加出类拔萃;老师说会成为音乐家的孩子,课余时不再贪玩而开始专心地练习乐谱了。对孩子们再也不用像以前那样严加管教,他们都变得十分自觉。因为他们都被灌输了这样的信念:他们将来都是杰出的人,而好玩、不刻苦的孩子都是成不了杰出人才的。

就这样过去了几年,当年的那些孩子要参加高考了。奇迹发生了,他们当中大部分人都以优异的成绩考上了大学。

后来,老教授年龄大了,离开了村子。他把预测的方法教给了新来的老师。从那以后,姜村每一年仍然考出一批又一批的大学生。

那位老教授真的是能预测未来的先知吗?当然不是,事情的真相是,老教授只不过是在那些幼小孩子的心里种下了自信的种子而已。

自信可以克服万难,化渺小为伟大。高尔基说过:"只有满怀信心的人,才能在任何地方都怀有自信沉浸在生活中,并实现自己的意志。"反之,一个人如果失去信心,就容易被颓废和绝望所困扰,甚至会毁掉自己的一生。因此,信心对于男孩有着十分重要的影响。

在生活中,拥有自信的男孩总是以乐观、积极的态度来对待生活中的一切;相反,没有自信的男孩,总觉得自己不如别人,做什么事情都畏首畏尾,总是退缩。可见自信是男孩快乐成长,走向成功的必备条件。

美国总统罗斯福还是参议员时,潇洒英俊,才华横溢,深受人们的爱戴。有一天,他在加勒比海度假游泳时突然感到腿部麻痹,幸亏抢救及时,才避免了一场悲剧的发生。经过诊断,罗斯福被证实患上了"腿部麻痹症",医生对他说:"你可能会丧失行走的能力。"罗斯福没有被医生的话吓倒,反而还笑呵呵地对医生说:"我还要走路的,而且我还要住进白宫。"

第一次竞选总统时罗福斯对助选员说:"你们布置一个大讲台,我要让所有的选民看到我这个患麻痹症的人,可以走上去演讲,而且不需要任何拐杖。"当天,他穿着笔挺的西装,充满自信地从后台走向讲演台。他的每一步都让美国人深深感受到他坚强的意志和十足的信心。后来,罗斯福成为美国政治史上唯一一位连任四届的伟大总统。

自信对一个人一生的发展都起重要作用。法国教育家卢梭曾经说过:"自信心对于事业简直是一种奇迹,有了它,你的才干便可以取之不尽,用之不竭;一个没有自信的人,无论他有多大的才能,也不会抓住一个机会。"所以,在孩子健康成长的道路上,自信心的培养是至关重要的一课。

(1)要鼓励和赞扬

当他正在做没有太大把握的事情时,家长不妨对他说:"我相信你能行的。"当他每获取一个成功,哪怕是很小的成功,家长也应该及时地鼓励,使他信心倍增。

在肯定他的同时也要允许他犯错,实际上,小孩犯错是不可避免的。比如,洗碗时把碗打碎。面对他的错误,家长要做的是赞扬他敢于尝试的勇气,让他从犯错误的痛苦中走出来。

(2)帮助自卑的男孩子找闪光点

男孩在小的时候都会有这样一个毛病,他们喜欢把眼光放在别人的优点上,而总盯着自己的缺点不放,因此很容易产生自卑的心理。

帮助自卑的小男孩找回自信,家长要想办法让他认识到自己的优点和长处,使他看到希望、相信自己的能力,从而保护他的自信心。

(3)让他从成功中找到自信

培养自信心还有一个好方法,就是让他不断地获得成功的体验。

(4)要尊重孩子

自尊、被人尊重是产生自信心的第一动力。孩子不是家长的附属物和私有财产,而是独立的人。家长不要把孩子当作自己沽名钓誉的工具。只有尊重孩子,才能使他产生自尊,进而使孩子产生积极向上的内部动力,最终使孩子得到发展。尊重孩子的人格是不分场所的,家长不能用贬义词重伤孩子的自尊,比如"你没出息""我对你完全失望了""你把我的脸都丢光了"等等,家长千万不能为了自己的尊严去伤害孩子的自尊。

(5)培养孩子的特长

每个孩子的天赋都是各异的,能力方面也是各有千秋。在孩子小的时候,他们的能力倾向便会显露出来。有的孩子爱唱爱跳,擅长文艺;有的孩子好运动,擅长体育;有的孩子爱绘画,擅长艺术。家长一定要细心观察孩子,及时发现孩子的特长。这样,即使孩子在学习成绩上不好,他们也不会因此灰心丧气,反而会在自己擅长的领域奋发努力。孩子有了竞争的优势和上进的动力,自然也会变得越来越自信。

信心是男孩成功的催化剂,会使男孩一步步跨入成功的行列。男孩有理想和追求,对未来充满信心、充满希望,是走向成功的开始。每位父母都要注重男孩自信心的培养,促进男孩的健康成长。

2.自控为成功保驾护航

萧伯纳曾说过:"自我控制是最强者的本能。"它是一个人意志和毅力的一种锻炼,是智力因素和非智力因素的完美结合,是高尚的道德境界的一种表现,是一个人的精神支柱。自我控制能力是一个人能正确地摆正自己应有的位置,有效地优化结构方式,调动自身各种积极因素,并把这种积极因素推向一个极佳的状态。

每个人都具有一定的自我控制力,但自控能力的大小有别。自我控制力强的人思维敏锐、视野开阔,分辨是非能力强。这类人能在纵横复杂的环境中,始终保持一种极佳的精神状态——坚定的信心、振奋的情绪,自觉抵制各种不良思想的侵入,充分发挥自己的特长,讲求实效的工作方法,在实践中不断地充实和完善自己。

大概是在20年前,在一个榆树成荫的礼堂里住着一位老绅士,他的脾气十分古怪。他60多岁了,非常富有,有些奇怪的习惯,但他的慷慨和仁慈没人赶得上。他对那些需要抚慰的农民、那些需要帮助的病人甚至乞丐,都会慷慨解囊,没有一个人空手离开过他的大厅。

现在,这位老绅士想请一个小孩照顾他的日常生活,帮他做些事情,因为他很喜欢年轻人。但他十分讨厌多数年轻人的好奇心,虽然他对他们的世界很感兴趣。他常说:"偷看抽屉的孩子是试图从里边拿出一些东西,在年轻时偷过一分钱的人总有一天会偷一元钱。"

人们听到这个消息后,都想获得这个位置。不久之后,老绅士就收到20多封来信。可是老绅士决定要找一位没有好奇心,不爱管闲事的人。

周一早上,大厅里来了7个穿着盛装、打扮漂亮的小伙子,每个人都暗下决心一定要得到这个工作。老绅士准备好一间房子,这样,他很容易就会发现哪些人爱管闲事,喜欢往抽屉或壁橱里偷窥。他做好安排,让大厅里的这些年轻人依次进入房间。查尔斯·布朗第一个被叫进房间,老绅士请他在里边等一会儿。查尔斯在门边的一把椅子上坐下,刚开始他很安静,坐在椅子上朝周围看。当他发现屋里有许多珍奇的东西后,终于站了起来偷偷地观察。

桌子上有一个罩子,他很想知道下面是什么,但他不敢掀开罩子。坏习惯对人有很大的影响,查尔斯又是那种十分好奇的人,他终于忍不住掀开罩子想看个明白。结果很使人扫兴,罩子下边是一堆轻飘飘的羽毛。羽毛被流动的空气卷起来,在房里飞来飞去。他十分害怕,赶忙把罩子放下,但桌上剩下的那些羽毛又被吹到地上了。

怎么办?他一根一根地捡着羽毛。老绅士一直就在隔壁,他听到这声音,就知道了发生的事情。他走了进来,正好碰见查尔斯·布朗慌成一团的样子。老绅士很快就把他打发走了,因为他认为查尔斯连最小的诱惑都无法抵制。

老绅士又重新弄好房间,叫来亨利·威尔金斯。老绅士刚离开房间,亨利就被一盘诱人的樱桃吸引住了。他特别爱吃樱桃,他想,这么多樱桃,即使吃掉一个老绅士也不会发现。他想了又想,看了又看,正准备从椅子上站起来拿樱桃时,他好像听到门口有脚步声,幸好是他听错了。

他又鼓起勇气,小心谨慎地站起来,拿了一个很好的樱桃放进嘴里。美味极了!他想,再来一个也没什么,于是又拿了一个匆匆地塞进嘴里。

在这堆樱桃里,老绅士有意放了几个假樱桃,假樱桃里边全是辣椒。很不幸的是,亨利碰巧就拿到了一个假的,他嘴里立即像着了火一样刺痛起来。老绅士听到咳嗽声,明白是怎么回事了。这个孩子既然会拿樱桃,肯定会拿别的东西。老绅士不喜欢他,于是他也被打发走了。

接着,鲁弗斯·威尔森被叫进来了,独自待在房里。待了不到10分钟,他就开始东摸西碰。他的脾气倔强鲁莽,不受规则的约束,要是他能打开这里所有的壁橱、抽屉和储藏室而不被发觉的话,他肯定会这么做。

他向周围看了看,发现桌上有个抽屉,决心看看里边。他刚把手放在抽屉的拉手上,一阵清脆的铃声就响起来了。原来,桌子下面藏有一个电铃。老绅士听到铃声赶忙走了进来。鲁弗斯被这突如其来的铃声吓了一大跳,虽然他的脸皮厚,但这时也觉得羞愧。老绅士问他拉铃是不是想要什么东西,他结结巴巴地想要道歉。但这毫无用处,他被老绅士从候选名单上删除了。

随后,一名老管家把乔治·琼斯领到房里。他性格谨慎,什么也没碰,只是向周围看着。后来,他发现有一扇壁橱的门虚掩着。他想,要是把它打开一点,决不会有人发觉。于是,他看看门的下面,以免碰到东西发出声响,然后把门小心地打开了一英寸。要是他看上面而不看下面就好了,因为门上边系了一个小塞子,塞子堵住一个小桶,桶里装满了小铅球。他大胆地又把门打开了一英寸,接着又是一英寸,最后,塞子被拉了出来,蹦出了许多小铅球。壁橱的底部有个锡盘,小铅球滚到锡盘上发出很大的声音,把乔治的魂都吓掉了。

老绅士很快就来了,把脸吓得像纸一样白的乔治打发走了。

别的男孩都被打发走了,没人知道他们在房中的经历,现在轮到阿尔伯特·杨金斯了。桌上放着一个带盖的小圆盒,阿尔伯特想里边的东西肯定很奇特。他坐立不安,很想打开盒盖。但当他刚刚打开盒子时里边就跳出一条假蛇来,它缠到他的胳膊上,他尖叫了一声向后退去。叫声引来了老绅士，他看见阿尔伯特一手拿着盖子一手拿着盒子，蛇掉在地上。

"快起来，快起来！"老绅士说，"你快出去吧！屋里有一条蛇就够了。"就这样，老绅士任何解释都没听就打发了这个男孩。

接着走进来的是威廉·史密斯。老绅士离开后，他就好奇地左顾右盼。他不仅好奇、爱管闲事，而且更不诚实。他发现钥匙还留在书柜的抽屉上，就踮着脚走过去。但是，钥匙上系着一根与电机相接的电线。他被重重地击了一下，这下可够他受的。当他刚恢复神智可以行走时，老绅士就对他说，以后最好还是让抽屉的主人自己上锁开锁，并叫他离开了。

最后一个男孩叫哈里·戈登。他一个人在屋里待了20多分钟，在椅子上一动不动。他的头上也有眼睛，但他的心灵正直。罩子、樱桃、抽屉、把手、盒子、壁橱门和钥匙，都没能使他离开座位。半小时后，老绅士留他为自己服务。哈里一直服侍老绅士直到他去世。由于他的正直，他从老绅士那儿得到一大笔遗产。

从心理学角度来看，人的逐步成长，就是一个逐步地从"他控"到"自控"的过程。处在中小学阶段的孩子，其心理素质正处于易被塑造而未定型的阶段，其思想和行为明显地表现出不稳定性，最易受到各种因素的干扰，在这个阶段的孩子的可塑性极大。从现实角度来看，我们的孩子正生活在一个开拓、创新、充满活力的社会环境中，他们的思想活跃、感情丰富、接触面广。正因如此，家长要引导孩子从小养成自我控制的习惯。

家庭是孩子的第一堂课。父母是孩子的第一任老师，孩子又是父母的"影子"，父母的言传身教对孩子的健康成长起着潜移默化的作用。随着社会的不断发展，对人口素质的要求越来越高，未来世界的竞争是人才的竞争、知识的竞争，作为独生子，家庭的教育就显得更为重要。目前多数家庭教育存在着一种片面地追求知识记忆及积累，忽视对孩子的生存能力、自我控制能力的培养。所以，家长要充分认识到自我控制力在子女成才问题上的重要性,家庭的德育教育应侧重于对孩子进行自我控制方面的教育,必须懂得从小培养他们的意志凝聚力。

在威特6岁时,父亲带他去附近村子的牧师家去做客,并在牧师家住了几天。第二天吃早餐时,威特弄洒了一点牛奶。按威特家的规矩,洒了食物要受惩罚——只能吃面包和盐。威特很爱喝牛奶,加上牧师全家都非常喜欢他,给他的牛奶是经过特意调制的,此外还有上好的点心。威特的脸红了一下,他迟疑了一会儿,但终于没有喝牛奶。

父亲假装没看见,牧师家的人看到这种情况,沉不住气了,再三要他喝牛奶,可儿子还是不肯喝。牧师家的人不明白他为什么不喝,就一再劝说,威特终于说:"我洒了牛奶,就不能喝了。"牧师家的人都说:"没关系,喝吧,一点关系也没有。"父亲只顾吃自己的点心,仍然假装没看见。威特还是不喝,于是,牧师全家推测,威特一定是因为怕父亲责备才不敢喝牛奶,就向威特的父亲发起了进攻。

这时,父亲让威特出去一下,然后向牧师全家说明了原因。他们听了都说:"一个才6岁的孩子,因为一点小过错就不能吃他喜欢吃的东西,你的教育也太苛刻了吧。"威特的父亲解释说:"不,威特并不是因为怕我才不喝的,而是因为从心里认识到这是约束自己的纪律,所以才不喝。"可牧师一家还是不相信,威特的父亲只好说:"既然这样,那么我离开餐厅,你们把威特叫来,再劝他喝。只是,他肯定还是不会喝。"说完就离开了。

他们把威特叫进去,热情地劝他喝牛奶、吃点心,但毫无作用。接着,他们又换了新牛奶、拿出新点心对威特说:"吃吧,你爸爸不会知道的。"但威特还是不吃,并一再说:"就算爸爸看不见,我也不能撒谎。"他们又说:"过一会儿我们就要去散步,你不吃东西,半路上要挨饿的。"威特回答说:"没关系。"牧师一家实在没有办法,只好把威特的父亲叫进去,儿子激动地流着泪如实地向父亲报告了情况。父亲听完后对他说:"威特,你对自己良心的惩罚已经够了。我们马上要出去散步,你把牛奶和点心吃了,不要辜负了大家的心意,过一会儿我们好出发。"儿子听父亲这么说,才高兴地把牛奶喝了。

为何一个6岁的孩子就有这样的自制力?牧师全家感到十分困惑。

读了这个故事,不知你有何感想?大家可能和牧师家的人一样,也认为老威特的教育太严格了。是的,从某种意义上说他的教育确实很严格。通常,严格的教育会给孩子带来很多痛苦,但老威特的教育却没有,这是因为他的教育方法合理。对孩子的教育就是这样,只要从小抓起,孩子就不会感到有任何的痛苦。孩子之所以害怕严格的教育,是因为在刚开始时的教育方法不当。教育孩子,就像砌砖头一样,一定要打好基础,老威特正是很好地做到了这一点。

按这样的教育思路,老威特从一开始,就对儿子要求很严格,家规始终如一。要知道有时允许孩子这样做,有时又不允许,反而会给孩子带来痛苦。正如席勒所说,我们不会对未曾得到的东西感到不满足。不允许做的事,一开始就不允许,孩子也就不会觉得有什么痛苦了。老威特根据这个道理,从威特1岁时起,就对他严格要求,从未考虑过什么"孩子太小可以放宽一些,长大后再严格一些"。

作为男孩,更要从小培养他的自我约束与控制力,这样才能使他有毅力去摆脱各种诱惑,一直行走在正确的生活道路上。

(1)在游戏中培养男孩的自我控制能力

男孩在游戏中可以获得控制与影响环境的能力,能体验到获得成功的喜悦及克服困难、达到目标的快乐,而快乐作为强化物,它使男孩对游戏本身产生兴趣。兴趣和快乐这两种正面情绪体验相互作用、相互补充,使男孩在游戏中愿意遵守规则,接受成人的教育。因此,我们可以通过让男孩在游戏中扮演各种社会角色，来学习承担责任、学习行为规范和行动准则、学习建立和维护秩序，以及学习轮流、等待、合作等社会技能，从而提高男孩的自我控制能力。

(2)给予男孩充分活动的自由，不要过于压制男孩

心理学家布洛克认为，在严厉、专断、限制模式的控制下，男孩一般有情绪压抑、盲目顺从等过度自我控制的特征。拜克伯尔等人指出，限制控制下的男孩大多有退缩和攻击性行为。所以，我们在日常生活中，应该给予男孩充分活动的自由，对他们不要过于限制和束缚。其实，男孩由于年龄尚小，他们有时的"乱说乱动"并不是故意的。不加区分就加以限制，会造成他们情绪上的压抑，使他们的自我控制能力得不到健康发展。

(3)教师、家长以身作则，为男孩树立榜样

行为主义学家班杜拉等人研究了社会模仿对儿童自我控制能力的影响，认为榜样在儿童自我控制发展中起着重要作用。阿特伍德等人的研究也证明榜样模仿是男孩自控行为的决定因素。父母的一言一行都在男孩的注意当中。因此，父母要时刻保持自己在男孩心目中的良好形象，以自己的言行带动男孩的言行，使男孩自我控制能力得到良好的发展。

3.教会男孩自我保护

生活是美好的，但同时生活中也存在着危险。对于男孩来说，他们一般更好动一些，平时在家里就不老实，更不用说出了家门，他们几乎就像脱了缰的野马，肆意地玩闹，而且缺乏自我保护意识。

有关调查显示,平均每年都有大约两万名14岁以下的孩子非正常死亡,而导致他们非正常死亡的最大原因是交通事故。另外研究人员还发现,大部分的事故发生在家里或者家的周围。因为孩子一回到家里,父母就放松了警惕,认为孩子们没有什么危险了。更重要的是,孩子没有相应的自我保护意识,这导致一些事故频繁地发生在家里——这个本是父母认为最安全的地方。其实,最安全的方法是让他们学会自我保护。

舟舟是个六年级的男孩,他很贪玩,但是父母对他非常放心,因为儿子的自我保护能力很强。有一次,舟舟在同学家玩到将近九点才想到回家。同学家离他家不远,但是要穿过一条车流人流比较少的街道。在九点的时候这条路上的灯火都已经熄灭了,他一个人走在路上,突然感觉身后有一个黑影闪来闪去,他知道这个人肯定有什么企图,要不然不会这么鬼鬼祟祟的。他迅速使自己冷静下来,分析现在离家还有一段距离,要是跑肯定会让对方追上。他想既然逃不了,那就不逃了。他转过身后,用非常惊喜的口气喊道:"爸爸,你还真快呢!"那个人没有说话。

舟舟装作不好意思地笑了笑说:"不好意思,叔叔,我还以为我爸爸追上我了呢!"那人心里有鬼,支支吾吾地说了点什么,便快步超过了他,逃走了。见那人走了,舟舟才感觉自己腿都要软了。

自我保护教育是素质教育的基本内容。如果男孩连自己的生命都保护不了,谈什么长大成才呢?男孩学会自我保护是他们进入社会、适应社会必须学习的第一课。

许多父母为了让男孩成长在一个安全的环境里,便限制他们走出家门的自由,努力为他们创造一个没有危险的空间,但这是非常有害的一种方法。父母的过度保护是男孩缺乏自我保护能力的重要原因。作为父母,最重要的是要让男孩学会自己保护自己,毕竟父母不可能陪伴男孩一辈子,他们最后还是要走上社会,独自去面对人生中的风雨。

作为家长,我们要想尽办法让孩子远离危险,教会自己的孩子如何识别危险,以及在发生危险的时候怎样保护自己。

(1)训练男孩喊"救命"的能力

也许有的父母感到非常奇怪,喊"救命"还用教吗?男孩连救命都不会喊吗?事实上,曾经有个学校开了一堂自我保护的课,许多男孩怕别人笑话就不会喊。父母应该想到,当男孩遇到危险时,如果男孩不能在第一时间反应过来,那么他可能就会错失自救的机会。

因此,平时在家里,父母就应该训练男孩学会喊"救命",让他们在遇到危险时能够顺利地脱身而出,争取到最及时的救援。

(2)培养男孩冷静从容的态度

在面对危险时,失去理智无疑会让男孩陷入更为危险的境地。冷静从容、处变不惊,是男孩自我保护能力的基本前提。如果他们在遇到危险时失去了理智,那么平时学习到的自我保护技巧就都想不起来,更用不上了。

父母应该告诉男孩,要学会隐藏自己的惊慌。遇到危险谁都可能会惊慌,但是惊慌只会让犯罪分子得寸进尺。因此,父母应该告诉男孩,在遇到危险时,要不断地在心里对自己说:一定要冷静下来,想办法。这种心理暗示能在关键时刻让男孩保持冷静的头脑。

(3)给男孩灌输交通安全意识

有关调查显示,交通事故是男孩非正常死亡的主要原因。其实,这主要是由于男孩缺乏交通安全意识。父母主观地认为这没什么好教的,不就是看个红绿灯吗?实际上,在交通事故发生频繁的今天,父母应该重视给男孩灌输交通安全意识。

高军是个四年级的男孩,他平时都是自己走路去上学,放学后自己回家的。父母对他也很放心,因为他们给孩子讲了许多安全知识。那天,他和许多人一起在等绿灯过马路,好不容易等来了绿灯,人群迅速地往前涌。

可是小军没有跟随人群,他依旧仔细地观察着来往的车辆,这是爸爸告诉他的,因为可能有人违章驾驶——闯红灯。这时,果真有一辆车以极快的速度向人行道飞奔,小军马上向后退,迅速地保护了自己。事故造成了两死三伤,经调查,事故原因是司机酒后开车。

父母应该告诉男孩,在马路上追跑嬉闹,不仅是违反交通规则的行为,更容易把自己推向危险的边缘。另外父母应该告诉男孩,即使是绿灯,在过马路走人行横道时,自己也要注意观看来往的车辆,以防意外。

(4)告诉男孩日常自救方法

男孩的主要活动场所是家里和学校,但是家里和学校同样存在着危险。家里的电和气的使用等,父母应该耐心地跟他们讲,不要试图用禁止他们使用的方法来避免事故。在学校里与同学一起游戏时应该注意哪些,父母都应该耐心地给男孩们讲讲。

另外,父母还要给男孩讲讲,在遇到各种暴力犯罪时,应该如何保全自己;在遇到火灾时,应该如何自救;在遇到地震时,应该怎么逃生等。提前学习这些知识,会让男孩在遇到危险时,能迅速转危为安,顺利地逃生。

4.让男孩学会自强自立

"天行健,君子以自强不息。"自强是流淌在中华民族文明血管中生生不息的血液,一个国家只有自强不息才能屹立于世界民族之林;一个人只有自强不息,才能坚忍不拔,不畏困难与挫折,才能志存高远,为理想与目标执著追求。有教养的孩子懂得自强、知道自立。

"百学须先立志。"古往今来,成就伟大事业的人,都是自立自强的人。自立就是要依靠自己的努力做事情;自强就是要能够战胜自己的弱点,克服困难、顽强拼搏。首先,每个人都要自立,依靠自己的努力去做事情,在遇到困难的时候要做到自强,用顽强拼搏来战胜困难。每一个有教养的孩子,也都是懂得自强自立的人。

在现代社会中,依靠自我的独立能力去解决问题,主导自己的人生,已经成为一个人立足社会的基础。作为社会中的个体,如果事事依赖别人,缺乏自立能力,不仅会遭到别人的鄙视,而且对自我人生的定义也往往会处于消极被动之中,很难成就大事业,做自己的主人。

一次,老师带领学生们去野外郊游。

在老师的带领下,同学们玩得很高兴。快开饭的时候,张老师看见本班的一个小男孩盯着一个煮鸡蛋发呆,于是赶忙走了过去,笑着问道:"你不爱吃鸡蛋吗?"

"爱吃。"男孩轻声说。

"那你为什么不吃呢?"

男孩显得很为难:"怎么这里的鸡蛋和我们家的鸡蛋不一样呢?"

老师感到有些好奇,忙问道:"能告诉我,有什么不一样吗?"

"这个鸡蛋太硬，不好咬，而我家的鸡蛋又白又软，特别好咬。"

这下老师才明白。原来他父母非常宠爱他，每次吃蛋前，母亲都会将蛋剥好送到他跟前。所以，他从来就没看过煮鸡蛋、剥鸡蛋的过程，难怪他会说出那样的话！

"你们知道鸡蛋是从哪儿来的吗？"老师问男孩旁边的几个同学。

孩子们齐声答道："知道，是从锅里捞起来的！"

教育孩子必须坚持一个原则：孩子自己能做的事情，就让他自己去做，千万别替他去做。然而，在我们的身边，独生子女居多，对待孩子，家长们总是"含在嘴里怕化了，托在掌上怕摔了"。孩子是家里的小太阳，全家都围着他一个转。殊不知，对孩子过分宠爱、过度保护、过多照顾，在生活上包办代替，给孩子穿衣、喂饭、整理玩具等等，是在剥夺孩子独立做事的机会，这将直接导致孩子缺乏独立性、生活能力低下、依赖性强、意志薄弱。如果让自己的孩子在这样的家庭环境下长大，不要说铸就什么天才了，只会培养出低能儿。

虽然父母为孩子做一切是出于对孩子的爱，但一定要有智慧、有方法地去爱孩子。虽然孩子年龄较小，但是独立性是孩子自我发展的动力，是孩子全面发展的基点。一个孩子有了初步的独立性，他在做力所能及的事情、动脑筋想问题，或是独立地从事一些活动时，往往身体、智力、情绪、性格、意志等方面的发展会变得较快、较好。如果家长过分"关心"、"保护"，一切包办代替，那么孩子就会缺少锻炼的机会。当然，这种方法进而也会影响他们各个方面的发展，造成他们日后能力低下、性格懦弱，并且也会阻碍智力的发展。

季明是家里的宝贝，妈妈总是把他的生活事无巨细安排得十分周到，但季明却对妈妈的劳动不屑一顾。他总是不耐烦地说："妈妈，你烦不烦？我自己也能独自处理好自己的生活。"

妈妈想，那不妨创造一个机会，看看他到底行不行。于是，在一个周末，爸爸出差之后，妈妈留下了一张字条后也走了。字条上说：外公病了，我需要去照顾他。所以，也许三天，也许一个星期，我不会在家，希望宝贝能照顾好自己。妈妈走的时候想，看你怎么生活？离开妈妈，你是无法生活的，我要让你知道这个道理。

妈妈走后的第一天，季明尽情地玩耍，把房间搞得天翻地覆。第二天，他醒来一看，房子里乱糟糟的一片。季明觉得不能再这样疯玩了，要好好安排一下，把房间打扫干净了再玩。

一个上午过去了，季明把房间打扫得干干净净，中午还照着菜谱给自己准备了简单的午餐。

三天后，妈妈回来了，当她看到整洁的房间时，突然间觉得自己很无知："原来，孩子是具备独立做事的能力的。看来，以后要多给孩子创造独立做事的机会。"

当然，孩子独立自主能力的获得也并不是一帆风顺的。对孩子来说，在他的发展道路上每前进一步都是要付出代价的，家长也要有足够的耐心。

自立与自强总是结合在一起的。自强，意味着自力更生、奋发图强；自立，意味着在困难面前知难而进、顽强拼搏。美国的学生中有句这样的口号："要花钱自己挣！"也是这个意思。

一个人做什么事情都不要想着依靠别人，依靠别人的人在长大以后是没有出息的。靠自己的双脚走出人生之路、靠自己的双手创造美好生活的人，不仅会拥有美好的生活，还会受到人们的尊重。

想要我们的孩子有教养，就要从培养孩子的自立能力做起，让我们的孩子自强起来。爱孩子，是人类共同的情感。为了让孩子在失败面前不退却,在胜利面前更积极进取,在孩子很小的时候,父母就应该对他进行培养了。

(1)放手让孩子做力所能及的事

孩子的独立性是在实践中逐步培养起来的。从两岁开始,随着他们身体的发育、大小肌肉群的逐步成熟、心理能力的不断提高,孩子已经可以在家长的帮助下,逐步学会自己吃饭、自己穿衣、自己睡觉、自己收拾玩具等良好习惯,逐渐树立独立意识。

在这个过程中,家长要认识到,年幼的孩子总是在反反复复中感受着劳动的乐趣、独立做事的快乐。从不会做到逐步学会做,从做的不像样到逐步像样,这是必然的规律,也是必经的过程,从中孩子也获得了自身的发展。

正因如此,家长就应放手让孩子锻炼,不要怕他们做不好,也不能求全责备,更不能包办代替。对于孩子独立去做的事,只要他们付出努力,无论结果怎样都要给予认可和赞许,使孩子产生自信。"我行"这种自我感觉很重要,它是孩子独立性得以发展的动力。

孩子自己做事常常做不好甚至失败,在这种情况下,家长应该鼓励孩子再去做,绝不能动辄就说"我说你不行吧,就会逞能",更不要见孩子做不好就动手代劳。

当他们执意去做那些难度较大的事时,家长应予以鼓励并给予帮助。这样会提高他们的积极性,增强他们的自信心,增加他们的锻炼机会,令他们养成独立的行为。

(2)培养孩子初步独立思考的能力

我国著名的儿童教育家陈鹤琴先生说过:"凡是儿童自己能够想的,应当让他自己想。"父母遵循这样的原则教育孩子,就能培养其独立思考的能力。

我们有的家长很注意丰富孩子的知识,也常常耐心地回答他们提出的问题,但家长往往忽略培养他们独立思考问题的能力。例如,我常见家长给孩子讲故事,一页页地讲,一本本地讲,孩子只是静静地听。其实,在给孩子讲故事时,家长也应适当提出问题让他们自己参与,培养孩子独立思考问题的能力。

(3)创造机会,培养孩子自己拿主意作决定的能力

我国传统家教中十分注意培养孩子"听话""顺从",却不注意倾听孩子的意见。小到生活上的事,大到孩子的发展方向,一概由父母决定,孩子缺少自己作决定的机会,这就不能培养他们的抉择能力。然而,自我抉择能力也是独立性很重要的一个方面。

现在,随着家教观念的更新,有一些具有现代家教观、教子有方的家长,不仅注意从小培养孩子独立生活和独立思考的能力,也注意创造机会,培养孩子自己作选择和自己处理问题的能力。

(4)培养孩子克服困难的精神

家长在培养孩子独立性时,往往同时需要培养孩子克服困难的精神和毅力。对于孩子来说,自己穿脱衣服、整理和收拾玩具等,是需要他们付出很大的努力和克服一定的困难的。因此,家长的作用就是对孩子们作出的努力给予充分的肯定,并鼓励和要求他们克服困难。尤其是那些依赖性较强的孩子,家长更要坚持要求。

在家庭中培养孩子独立做事时,最为关键的是家长自己要战胜自我。我们常见有的家长一见到孩子碰到困难,不是鼓励他去克服困难,而是立即代劳。还有的家长明知应要求孩子克服困难、坚持自己去做事,但只要孩子一哭一闹,立即"心软""妥协",依顺孩子,从而前功尽弃。因此,为了孩子的未来,家长应下决心甚至下狠心,培养孩子克服困难的精神和毅力。

5.让男孩拥有自主选择权

人的一生,也就是选择的一生。在我们短暂而又漫长的一生中,无时无刻不处于选择或被选择的状态中。

20世纪伟大的哲学家萨特说过一句富有哲理的话,他说:"人有选择的自由,但是人没有不选择的自由。"这句话道出了这样一个真理:人生处处有选择。

选择是一种能力,这种能力应该从小培养。在人生的十字路口,谁能够理性地作出选择,谁就掌握了人生的命运。

名震世界的男高音歌唱家帕瓦罗蒂,就是因正确的人生选择而向人们展示了他歌唱方面的才华。

帕瓦罗蒂1935年出生在意大利的一个面包师家庭。他的父亲是个歌剧爱好者,他常把卡鲁索、吉利、佩尔蒂莱的唱片带回家来听,耳濡目染,帕瓦罗蒂也喜欢上了唱歌。

小时候的帕瓦罗蒂就显示出了唱歌的天赋。

长大后的帕瓦罗蒂依然喜欢唱歌,但是他更喜欢孩子,并希望成为一名教师。于是,他考上了一所师范学校。在师范学习期间,一位名叫阿利戈·波拉的专业歌手收帕瓦罗蒂为学生。

在临近毕业的时候,帕瓦罗蒂问父亲:"我应该怎么选择?是当教师呢,还是成为一个歌唱家?"他的父亲这样回答:"卢西亚诺,如果你想同时坐两把椅子,你只会掉到两个椅子之间的地上。在生活中,你应该选定一把椅子。"

听了父亲的话,帕瓦罗蒂选择了教师这把椅子。不幸的是,初执教鞭的帕瓦罗蒂因为缺乏经验而没有权威。学生们就利用这点捣乱,最终他只好离开了学校。于是,帕瓦罗蒂又选择了另一把椅子——唱歌。

在17岁时,帕瓦罗蒂的父亲介绍他到"罗西尼"合唱团,他开始随合唱团在各地举行音乐会。他经常在免费音乐会上演唱,希望能引起某个经纪人的注意。

可是,近七年的时间过去了,他还是无名小辈。眼看着周围的朋友们都找到了适合自己的位置,也都结了婚,而自己还没有养家糊口的能力,帕瓦罗蒂苦恼极了。偏偏在这个时候,他的声带上长了个小结。在菲拉拉举行的一场音乐会上,他就好像脖子被掐住的男中音,被满场的倒彩声轰下台。

失败让他产生了放弃的念头。

这时冷静下来的帕瓦罗蒂想起了父亲的话,于是他坚持了下来。几个月后,帕瓦罗蒂在一场歌剧比赛中崭露头角,被选中于1961年4月29日在雷焦埃米利亚市剧院演唱著名歌剧《波希米亚人》,这是帕瓦罗蒂首次演唱歌剧。在演出结束后,帕瓦罗蒂赢得了观众雷鸣般的掌声。

第二年,帕瓦罗蒂应邀去澳大利亚演出及录制唱片。1967年,他被著名指挥大师卡拉扬挑选为威尔第《安魂曲》的男高音独唱者。

从此,帕瓦罗蒂的声名节节上升,最终他成为活跃于国际歌剧舞台上的最佳男高音。

当一位记者问帕瓦罗蒂成功的秘诀时,他说:我的成功在于我在不断的选择中选对了自己施展才华的方向,我觉得一个人如何去体现他的才华,就在于他要选对人生奋斗的方向。

孩子的成长过程是一个不断发展变化的过程。在孩子的成长道路上,会遇到许多十字路口,随时都要面临选择。其实,自主选择是一种能力。家长要注意孩子这种能力的培养,它是建立在对自己负责的基础上的。有的孩子尽管年龄尚小,但也有自己独立的人格,孩子们的事应该由他们自己作决定。如果家长能够把选择的权利交给孩子,尊重孩子的选择,那么孩子就会对自己负责。

然而,许多家长并没有意识到这个问题,依然我行我素地让孩子按照自己的期望去发展,给孩子造成极大的压力,结果可想而知。要知道,促成获得成功的因素有很多,也很复杂,存在着许多机缘和变数,这些都不是人可以左右的。所以,人为地去控制或强行塑造孩子,不仅不会取得良好的教育结果,还会带给孩子巨大的伤害。

中国妈妈带孩子去法国旅游。一天,她带着孩子到法国朋友家做客,热情的女主人问客人喝点什么,妈妈回答说:"随便。"然后,女主人又问孩子喝点什么,未等孩子回答,妈妈抢先说:"别管他,我喝什么,他喝什么。"女主人很不理解:"让孩子自己选吧。"然而,这位妈妈还是固执地表示没有给孩子选择的必要,孩子最终没有得到选择的权利。

有人说,中国的家长太累,责任心太强。的确不假,许多时候,家长成了孩子的"代办者"。从生活琐事到思考问题,家长都代办到底。其实这样容易使孩子形成依赖性和懒惰性,缺乏自主意识、自理能力和自我调控、管理能力。

在法国人看来,孩子喝什么应该由孩子自己来选择,这是孩子的权利,母亲绝不能越权代办。从教育的角度来讲,让孩子学会选择,就是让孩子学会按照自己的意愿办事,发展自己的爱好、兴趣和特长,满足自己的心愿。而中国家长总认为孩子不懂事,一切需要大人包办,养成了孩子的依赖心理,使孩子失去了许多受教育、受锻炼的机会,也失去了学习的机会和了解社会的机会。因此,应该学会尊重孩子的意愿,让孩子自己选择,这样才能更有利于孩子的成长。

　　男孩终归要离开父母,去开拓比父辈更广阔的发展空间。如果他们从小没有选择的权利,从未体验选择的滋味,长大后就难以选择适合自己的发展道路,难以迎接各方面的挑战和竞争。因此,当男孩有了自己的主见,而且表示会对自己的选择负责的时候,家长一定要给予积极的支持。即使最后失败了,对男孩来说也是一次难得的经验的积累。而当这种经验积累到一定程度之后,何愁成功不会到来呢?

　　我们要走出传统的管理和控制,解放自己同时也解放我们的孩子,给予孩子充分选择的自由,放飞孩子的理想与智慧,让我们的孩子享受到民主的空气,实现真正的权利分享。拥有选择权的孩子,可以去做自己感兴趣的事情,可以发挥出最大的潜能,可以飞扬起生命的旺盛律动。

　　(1)让男孩拥有自主选择权,是顺应社会发展的潮流

　　21世纪是人类开始步入知识经济的时代,这是一个信息爆炸的时代,各种资料、信息、画面正排山倒海般地涌现。人们如果想在知识的数量上进行追逐是行不通了,因为以今天的知识产生和传播速度而言,即使是"终身教育",一个人所掌握的信息也是极其有限的。随着网络技术的发展,人们在快捷地接受大量有用信息的同时,也不可避免地要面对一些信息垃圾,甚至还要提防一些信息陷阱。如果我们对来自各方的信息不加分析、理解、取舍,而"照单全收",不但会被搞得晕头转向、无所适从,而且会受到信息的蒙骗和伤害。所以,要培养适应这一时代要求的人才,我们就必须让孩子学会选择信息,使他们做到善于汲取能够"为我所用"的信息,并能正确识别和自觉抵制不良信息的浸染和侵害。

　　(2)让男孩拥有自主选择权,是满足人生成长的需要

　　人的一生都在自觉或不自觉地进行一次又一次的选择,而不同的选择就决定着不同的人生道路。我们知道,世界上不可能有完全相同的人,每个人都有各自的个性特点、智能特点和兴趣爱好。从总体意义上讲,我

们很难评出谁优谁劣。但是，由于各人的选择不同，有的人做出了轰轰烈烈的事业，成了英雄豪杰，有的人却只是成绩平平，变得默默无闻。细细考察就可以发现，伟人们往往是因为根据自己的特点、爱好，调整了自己努力的方向，选择了适合自己特殊才能发挥的职业，才有了不朽的业绩。所以，一个人一生中要想有所作为，正确的选择是至关重要的。

(3)让男孩拥有自主选择权，是实施创新教育的必然

大家清楚，创新是当今时代的主题，培养孩子的创新精神和实践能力是教育的重点。因此，这就需要我们必须把孩子当作独立的个体来看待，要通过对他们施以教育和影响，让他们在主动参与、主动实践、主动思考、主动探索中，善于发现和认识有意义的新知识、新事物、新方法，掌握其中蕴藏的基本规律，从而培养起创新意识，将身上的创新潜能引发出来。教育心理学研究又告诉我们，自主选择是创新教育的基本特性和必要前提。布鲁纳认为："学习者自己发现的东西才是最重要的和最富于独特的个人特色的知识。"孩子有了学习知识的自主选择权，才会有"自己发现的东西"的机遇，才会有创新的才华；没有给予学生自主选择权，教育就没有真正意义上的创新。

第十章

领袖气质,培养男孩与众不同的能力

1.激发大脑潜能,提高男孩的思维能力

思维能力就是一个人运用大脑进行思考的能力,它是人才的必备素质之一。一个人的智力水平,主要是通过思维能力来体现的。

有着"数学王子"之称的德国数学家高斯,是个从小就善于运用思维能力的人。

高斯的父亲是泥瓦厂的工头,每星期六他总是要发薪水给工人。在高斯3岁的那年夏天,有一次当他正要发薪水的时候,小高斯站了起来说:"爸爸,你弄错了。"然后他说了另外一个数目。原来3岁的小高斯趴在地板上,一直暗地里跟着他爸爸计算该给谁多少工钱。重算的结果证明小高斯是对的,这把站在那里的大人都吓得目瞪口呆。

在高斯10岁的时候,老师在算数课上出了一道难题:"把1到100的整

数写下来，然后把它们加起来！"这个难题当然难不倒学过算数级数的人，但这些孩子才刚开始学算数呢！老师心想他可以休息一下了。

其他的学生还在把数字一个个加起来，额头都出了汗水，但高斯却静静坐着。这时候，老师发现高斯没动笔，而是皱着眉头想事情的样子，于是走上前来问他怎么了，为何还不开始计算。小高斯笑了笑，对老师说，他已经知道答案了，是5050。

老师被惊得目瞪口呆。

高斯对老师说，他仔细观察了这些数字，发现这一组数字中1加100等于101、2加99等于101……这样的等式一共有50个，因此这道题可以化简为"50×101=5050"。

一位著名的教育家曾说：教育就是引孩子进行思考。教育是教人知识，但是知识并不能代替思维。孩子学习知识的最终目的在于，运用知识进行思考，否则知识只是一堆无用的文字和数字的堆积。

很多男孩只喜欢玩闹，每天放学回家只想快速写完作业，然后就出去玩游戏，从不认真对所学知识进行主动的联想和思考。这种学习除了增加一些互不相关的知识外，对他们的未来没有任何益处。父母要教会男孩，运用大脑进行思考，整合已经学到的知识，构建自己合理的知识网络，要把知识变活，使其成为自己思考的基础。

从心理学上讲，思维是人脑对客观事物间接的、概括的认识过程，通过这个思考的过程，人们可以把握事物的一般属性和本质属性。世间的万事万物都具有自己的独特性和共性，如果男孩只了解事物的共性，而不在实际情况中对它的独特性进行思考，那么他就不可能真正认识事物。

孔子曾说："学而不思则罔，思而不学则殆。"父母要告诉孩子，伴随着思考的学习才是真正的学习，孩子应该培养和训练自己的思维能力，把大脑的潜能充分激发出来。

(1)培养男孩的归纳类比能力

归纳类比能力是指能够对许多种不同事物的主要特征进行分析,总结归纳出它们共同的特征,从而将之归为一类的能力。它是思维能力的基础,没有归纳类比能力,抽象概括能力、推理能力等都是很难形成的。

当男孩可以识别生活中的物品时,父母要鼓励他们说出某个事物的基本特征,例如,苹果的基本特征是什么,它的皮是什么样的,它的肉是什么样的,它的颜色如何,它的籽是什么样的,等等。

子明是个四年级的小男孩,他很善于思考。在他刚会说话时,妈妈就很注重培养他的抽象概括能力。妈妈有时会拿出梨、苹果和葡萄等水果,让他说出这些东西的共同特征,子明通常会说这些都能吃、都有水、都是果实等。

妈妈并不要求儿子说得特别准确,但是她会鼓励儿子去概括它们的共性,然后告诉孩子这些东西的统称。在妈妈的训练下,子明非常善于总结和归纳,极大地培养了自己的思维能力。

在指导男孩进行思维能力训练时,父母应该提醒他们根据一定的标准进行分类。例如,三角形可以按照不同的标准分成许多不同的类。按是否等腰,三角形可以分为等腰三角形和不等腰三角形;按照角度的大小,三角形可以分为锐角、钝角和直角三角形三种。

当男孩已经会识别东西的时候,父母可以拿一类事物,鼓励他们大胆分析它们的共同特征,并给予必要的指导。如果有不对的地方要及时给儿子举出反例来,让他们掌握归纳类比的基本思维能力。

(2)培养男孩的推理能力

推理是一种高级的思维能力,它是从一个或者几个已知的条件推导出一个新的结论的过程。有关研究表明,如果五六岁的男孩经过良好的系统训练,他们一般都可以进行归纳和演绎推理,有一部分男孩还可以进行类比推理。

曹飞是个六年级的男孩,平时很善于思考,喜欢推理,这是父母对他悉心培养的结果。爸爸从小就很注重培养他的推理能力。爸爸在和他一起散步时,常常谈到这样的内容:槐树长得高大粗壮,有叶有茎有根;李树也长得高大粗壮,有叶有茎有根……那么进行归纳推理后得,树都长得高大粗壮,有叶有茎有根。再进行演绎推理:棕榈树是树,那么棕榈树也应该长得高大粗壮有叶有茎。爸爸就这样,一步一步地训练儿子的推理能力。

推理是男孩思维能力发展的关键,父母平时在生活中,应该有意识地对他们进行这方面的训练。例如,让他们观察同一类事物,总结出它们的共同特征,然后做出一个总结性的结论,再运用这个结论进行演绎推理,由一般到特殊。如玫瑰花有香味,月季花也有香味,可以推理出某类花都有香味,那么指甲花也是花,它可能也有香味。

(3)培养男孩的发散思维能力

条条大路通罗马,即使是为达到同一个目的,也可以通过不同的途径来解决。父母要引导男孩,对一个问题想出多种解决办法。学会发散式思维,是一个锻炼男孩创造性思维的好方法。

宋徽宗时有一次举行画院考试,由皇帝亲自出题、选才。全国的书画人才纷纷报名参加,希望能金榜题名进入画院。

徽宗出了一句古诗为题,要应征者照着诗意画出来。

古诗是"深山藏古寺"。

许多赴试的书生们一看到题目,立即着墨,都觉得很简单。

每一幅交出来的画都有着高耸苍郁、云雾缭绕的深山,庙宇的飞檐从树林中隐约地露出一角。

书生们各显神通,每幅作品都十分的华丽、壮观。

徽宗一一地观赏所有书生的作品,都没有什么表情,最后在看到一幅平实无华的画时,却拍案叫绝。

这幅画不见庙宇飞檐,只简单地画着一位老和尚在山脚的溪边挑水。

妙啊!以和尚点出深山有古寺,这古寺藏得真是巧妙!

画这幅画的书生自然夺得了第一。

在平时,父母可以适当地提出一些问题或生活中一些事情,让男孩去进行多方面思考,然后选择最优的去实施。这样,一方面增强了男孩的平等意识,让他感到自己在家庭中受到了重视,另一方面也很好地开发了男孩的创造性思维。

2.应变能力让孩子的一生更从容

有一位高僧,是一座大寺庙的方丈,因年事已高,心中思考着找接班人。一日,他将两个得意弟子叫到面前,这两个弟子一个叫慧明,一个叫尘元。高僧对他们说:"你们俩谁能凭自己的力量,从寺院后面悬崖的下面攀爬上来,谁就是我的接班人。"

慧明和尘元一同来到悬崖下,那真是一面令人望之生畏的悬崖,崖壁极其险峻陡峭。身体健壮的慧明,信心百倍地开始攀爬。但是不一会儿,他就从上面滑了下来。慧明站起来重新开始,尽管这一次他小心翼翼，但还是从山坡上面滚落到原地。慧明稍事休息后又开始攀爬，尽管摔得鼻青脸肿，他也绝不放弃……让人感到遗憾的是，慧明屡战屡败，最后一次他拼尽全身之力，在爬到半山腰时，因气力已尽与无处歇息，重重地摔到一块大石头上，当场昏了过去。高僧不得不让几个僧人用绳索，将他救了回去。

接着轮到尘元了，他一开始也是和慧明一样，竭尽全力地向崖顶攀爬，结果也屡战屡败。尘元紧握绳索站在一块山石上面，他打算再试一次。但是当他不经意地向下看了一眼以后，突然放下了用来攀上崖顶的绳索。然后他整了整衣衫，拍了拍身上的泥土，扭头向着山下走去。

旁观的众僧都十分不解，难道尘元就这么轻易地放弃了？大家对此议论纷纷，只有高僧默然无语地看着尘元的去向。

尘元到了山下，沿着一条小溪流顺水而上，穿过树林，越过山谷……最后没费什么力气就到达了崖顶。

当尘元重新站到高僧面前时，众人还以为高僧会痛骂他贪生怕死、胆小怯弱，甚至会将他逐出寺门。谁知高僧却微笑着宣布，尘元为新一任的住持。

众僧皆面面相觑，不知所以。

尘元向同修们解释："寺后悬崖乃是人力不能攀登上去的。但是只要于山腰处低头下看，便可见一条上山之路。师父经常说'明者因境而变，智者随情而行'，就是教导我们要知伸缩退变的啊。"

高僧满意地点了点头说："若为名利所诱，心中则只有面前的悬崖绝壁。天不设牢，而人自在心中建牢。在名利牢笼之内，徒劳苦争，轻者苦恼伤心，重者伤身损肢，极重者粉身碎骨。"高僧将衣钵锡杖传交给了尘元，并语重心长地对大家说："攀爬悬崖，意在堪验你们心境。能不入名利牢笼，心中无碍，顺天而行者，便是我中意之人。"

世间痴情之人，执著于勇气和顽强者不在少数，但是往往却如故事中的慧明一样，并不能达到心中向往的那个地方，只是摔得鼻青脸肿，最终一无所获。在危险之中，我们缺少的是一种机智的应变能力。有时候，换一种方式并不意味着信念的不坚定和放弃，只是让我们拥有更多的选择和回旋的余地。

施特劳斯是举世闻名的音乐大师。一次，施特劳斯率领他的交响乐团赴美演出，观众如潮，他们听得如痴如醉。一曲演毕，场内便是雷鸣般的掌声和欢呼声。观众们高呼："施特劳斯先生，再来一首！"然而，一曲之后，观众继续嚷道："再来一首吧！"又一曲之后，热情的观众仍不肯离去，还在狂呼："大师！请再来一首，就一首！……"

施特劳斯和他的乐团既高兴又忧虑：观众这么喜欢自己所带来的音乐，谁能不高兴呢！可是，每天都演出到深夜，人人都筋疲力尽。长此下去，该如何是好？但是，他又不忍挫伤观众的热情，使观众扫兴……这实在让人左右为难。

施特劳斯不愧是一位伟大的作曲家，他很快创作出一支优美的新曲。在第二天晚上演出时，当最后一支曲子演奏完毕，在观众热烈的欢呼声和恳请中，施特劳斯开始演奏这支新曲——观众们静静地聆听着，忽然，只见施特劳斯的指挥棒轻轻一挥，小号停止了吹奏，一位小号演奏家悄悄离场而去。过了一会儿，在节拍的过渡处，施特劳斯的指挥棒，又是轻轻一挥，一位中提琴演奏者停止演奏，悄然退场……

乐手相继退场，但演奏仍在继续。观众们以为这是演奏的一部分，仍陶醉在美好的遐想之中。

当最后一位乐手也停止演奏，退了场后，施特劳斯彬彬有礼地向观众们深深地鞠了一个躬，然后走下舞台。

大幕徐徐落下，演出很自然地宣告了结束。

施特劳斯的表现就是一个典型的随机应变的事例。我们常用"山穷水复疑无路,柳暗花明又一村"来形容一个人在逆境中的变通能力,其实变通也是一种创新。

由此可见,应变能力是一个孩子必不可少的,人生在世,谁都无法预料挫折和突如其来的事件。在以后的人生中,孩子同样也要面对很多措手不及的事情,如果他们不具备较强的应变能力,就可能被未来的社会淘汰。只有一个具有应变能力的孩子,他才能够坦然地面对生活中的挫折,才能够不畏风雨地打造自己的天空,才能够在未来的人生道路上走得矫健。

(1)告诉男孩遇事要冷静

父母要告诉男孩,保持冷静是面对变化时要做出的第一反应。如果不能保持冷静,他就不能理智地分析当前的形势,更不能想出化解危机的办法。

虽然浩洋是个6岁的男孩,但是他遇事从不慌张,因此父母对他也很放心,让他独自坐车去上学。在他小时候,妈妈就经常训练他遇变不惊的能力,不允许儿子遇到什么情况都表现出惊慌失措的样子,总是要求他先想清楚,然后把事情的来龙去脉说清楚。

妈妈经常告诉他,只有冷静才能让人理清思绪,想出解决问题的办法。她要儿子遇到意外情况时,克制自己的恐惧心理,告诉自己要冷静。在妈妈有意识的指导下,浩洋慢慢养成了遇变不惊的好习惯。

父母应该告诉男孩在遇到事情时先不要被事情吓倒,因为一旦被吓倒就连反击的机会都没有了,一定要保持冷静,才能及时有效地走出困境。

(2)培养男孩当机立断的魄力

遇到合适的时机就马上出击,这是应变能力的基本要求。灵活的应变能力最终都要化作行动,如果男孩分析完了当前的局势,但就是不敢行动,那么一切都白费了。因此,父母应该培养他们当机立断的魄力。

孙启阳是个初二年级的男孩,他胆大心细,做事毫不含糊。有一天晚上九点半,在他下了晚自习独自一人骑着车、吹着口哨愉快地往家里赶时,突然前面有三个人骑着自行车朝着自己的方向过来,为首的一个人用自行车的前轮顶住孙启阳的前车轮,另外两个人围在他的左右两边。很显然,他们想抢劫或威胁他。

孙启阳看到为首的这个人很瘦,灵机一动,突然用哭腔向后喊了一声:"爸爸,快来啊!"那三个人的注意力都被转移了,孙启阳迅速撞开为首那个人,疯狂地往家骑去。

父母在平时的生活中,要鼓励男孩勇敢一点,不要让他们养成犹豫不决的不良性格,这样男孩在关键时候才能有拿出行动的魄力。

(3)带男孩参与未预设情景的场合

父母给男孩创造一个可能会出现许多不定因素的环境,让男孩自己去面对,去解决问题。

高阳的母亲带他去公园玩,高阳只顾着往人群里钻,看里面的猴子表演,等看够了才发现妈妈不在身边了,找了半天也没找到。怎么办?高阳又没带手机,正在他愁眉不展的时候,发现前方是个游客中心,他跑过去,向工作人员说明一下情况,用那里的电话很快就联系到了妈妈。

意外能激发孩子的应变能力。父母应有意识地带孩子到特定的场合,对孩子给予暗中观察、保护、引导。如此,男孩的应变能力才会逐步提高。

(4)教给男孩基本应变技巧

如果男孩不懂一些基本的应变技巧，那么他在面对变化时很可能因为无知而不知所措，这不利于培养男孩良好的应变能力。

父母应该教给男孩一些礼貌拒绝别人不合理要求的措辞，例如，先道歉，再寻找一个合适的借口，以免当他人提出不合理要求时，男孩不知道该如何拒绝。而在遇到危险时，父母要告诉男孩不要慌张，要弄清对方的意图，再想办法逃脱。

(5)引导男孩做模拟情境训练

父母可以假设一些意外的变化和情况，让男孩去模拟处理。如果男孩的处理方法不当，父母可以给他们指正。有了充分的心理准备，当男孩以后真正遇到这种事情时，就能够灵活应变了。

在平时的生活中，父母可以有意无意地问男孩，如果你一个人在家，陌生人来敲门应该怎么办？如果在商场走丢了应该怎么办？父母应该鼓励儿子说出自己的处理办法，并对他们的办法进行指导，或者针对这些意外情况进行情景训练，这些都是很好的方法。

3.合作能力是孩子成功的软基础

未来社会是一个竞争与合作并存的社会，"学会交往""学会合作"是时代赋予人才的基本要求。只有能与人合作的人，才能获得生存空间；只有善于合作的人，才能赢得发展。

英国作家塞缪尔·巴特勒说过："不管一个人的力量大小，他要是跟大家合作，总比一个人单干能发挥更大的作用。"

有位行善一生的基督徒,在临终前终于有天使来接他上天堂。天使说:"你是个大善人,积聚了很多的功德,因此,在你临终前,我可以帮你实现一个愿望。"

大善人说:"神圣的天使,谢谢你的仁慈。我一生最遗憾的是,从来没见过地狱是什么样子,也没见过天堂是什么样子。我想在死之前,去参观一下,可以吗?"

天使说:"没问题,因为你即将上天堂,所以我先带你去地狱吧!"

在天使的陪伴下,大善人来到了地狱。他看到了一张很大的餐桌,桌上摆满了丰盛的佳肴。大善人说:"看起来,地狱的生活挺好的嘛!没有我想象中那么悲惨啊!"善人有些疑惑地问天使。

"别急,你再继续往下看。"天使说。

片刻之后,正好是用餐的时间,只见一群骨瘦如柴的恶鬼坐在餐桌旁。每个人都拿着一双十几尺长的筷子,每个人都尝试了各种办法,变换了各种姿势去夹菜,但就是很难夹到菜。最后,每个人吃到的东西都很少。

"这实在是大悲哀了,他们为什么不互相帮助呢?"大善人感叹道。

"你觉得他们很悲惨吗?那再带你去天堂看看。"天使说。

到了天堂,出现在大善人眼前的是同样的情景:一张大桌子上有很多菜肴,每个人都拿着十几尺长的筷子。但是天堂的人笑呵呵地吃饭,而且大家长得白白胖胖的。因为他们互相给别人喂饭菜,这样每个人都吃得很愉快。大善人发现,天堂和地狱的差别就是,人是否懂得通过合作来各取所需。

现代社会对人才的要求越来越高,不仅要求有较高的素质、能力,更要求具有良好合作性,能善于与人合作。

交往合作是现代人必备的性格特点,对孩子加强合作性的训练,是形成一个健康向上的集体的必要条件，也为孩子良好人格的形成打下了坚实的基础。

而在当今社会，随着独生子女家庭的增多，孩子愈来愈成为家庭的核心，因此养成了孩子们唯我独尊、自私等不良的行为习惯。不管是在学校里与同学相处，还是在和小朋友玩耍的过程中，我们经常可以看到，孩子们之间不会合作，看到自己喜欢的玩具，就会你争我抢。有些孩子只会一个人玩游戏，不愿意与同伴交流。

这都是现在孩子心理品质上的弱点，而通过人际交往和孩子间的必要合作，则能够改变和矫治这种不良的心理品质。

13岁的岳磊以优异的成绩升入重点中学的初中部，开始了寄宿生活。可是开学不到一个月，他便向妈妈提出转学的想法。妈妈再三追问，可是他除了一脸不耐烦的表情，就是闭口不答。

于是，细心的妈妈悄悄地去学校做了一场"调研"。老师向妈妈反映，岳磊的学习成绩很好，但是凡事都太争强好胜，太以自我为中心。一次，岳磊和同学一起参加演讲比赛，获得了团体第二名，可是奖状只有一张，两人互相争夺。最后，岳磊一怒之下竟然把奖状撕了，说谁也别想要。平时，他和宿舍其他5个人相处也有很多小矛盾。久而久之，他不受同学欢迎，变成了"独行侠"。

了解儿子的这些情况后，妈妈开展了一连串的行动，让他认识到合作的重要性。

周末，一家三口参加拓展训练营，完成一些只有靠大家共同努力才能完成的任务，活动也都很有意思，岳磊玩得很兴奋。当教练讲评每一次活动胜利的根源都在于彼此信任、支持、互助时，有了切身体验的岳磊频频点头。在回家的路上，爸爸还趁热打铁地聊起了篮球，说一个再棒的球员，如果没有人传球给他，他也不能取胜。如果每个人都想当英雄，没有团队意识,那就绝没有球队的胜利……岳磊听了,也若有所思地点了点头。

　　回到家,妈妈婉转地告诉他:"刚开始住宿生活,一定有很多不适应的地方,但大家只要互相友爱、谦让,多替别人想想,就一定能和谐相处。下周你生日,请同学们来家里做客,怎么样?"岳磊小声问:"他们会来吗?"妈妈笑着说:"只要你有诚意,大家一定不会拒绝的。"岳磊的生日聚会开得很顺利。那天,他还以可乐代酒,发表了致词:"希望这次聚会以后,我能和大家成为好朋友,以后如果有做得不对的地方还请大家当面指正。"

　　俗话说,"众人拾柴火焰高"。一个人的才华再出众,能力再过人,他所能做的事情也是有限的。但是三个臭皮匠真诚地合作,就能顶上一个诸葛亮的智慧。

　　父母为了让男孩更好地适应社会,充分地施展自己的才华,应该重视对他合作精神的培养。要告诉孩子,一个人的能力是有限的,很多工作是无法独自完成的,因而合作是非常必要且关乎生存的。

　　合作是现代人的一项基本素质与品格。如果一个人不能与人真诚合作,他就难以取得成功。当今社会,竞争与机遇同在,只有懂得合作的人才能花最少的力气做最多的事情,把握住成功的机遇。因此,父母在培养了男孩各项技能和应有的品德后,也应该给他们灌输合作的意识。

　　(1)让男孩懂得合作的意义

　　合作的重要性不言而喻,生活中处处可见合作。在生物界,众多蚂蚁一起搬家形成的巨大力量让人震撼;摩天高楼的平地而起,也不是一个人、一个团体能完成的,必须经过多个团体的很多人合作才能实现。还有国家经济、政治、文化等交往,在这些现象背后,都隐含着合作的重要意义,合作可以产生强大的力量。

党文亮是个六年级的男孩,父母很早就培养他与人合作的意识。他在自然课上的实践小组比赛中任组长,通过明确分工的方式,使同学们在有限的时间内都努力完成了自己的任务。最终,小组获得了第一名。而其他小组,每个人都忙忙碌碌,却没有很好的合作,因此收获不大。别人问党文亮你们怎么做这么好,他骄傲地说:"这就是合作的力量。"

父母可以让男孩多观察一些合作的现象,例如,在小蚂蚁搬家的时候,父母可以带着男孩一起在旁边看,让他体会到集体产生的巨大力量。平时父母也可以跟男孩一起观看球类等需要合作的体育比赛,让他们不仅看到进球队员的成就,更看到进球者身后为他创造成功条件的队员,令他们明白合作的重要性。

(2)教男孩学会悦纳他人

三人行,则必有我师。父母要常给男孩灌输这种思想:任何一个人都有自己的长处,都有值得他人学习的地方。这样可以使男孩学会快乐地与人接触,善于发现他人的优点,这是与人合作的基础。

杨杰和是个10岁的男孩,他很聪明,学习成绩好,因此也很骄傲。有一次,妈妈带他去绘画兴趣班上课,在遇到一个学校的同班同学时,他偷偷告诉妈妈说那是他同学,这个同学学习成绩有多差,老师都要放弃他了。

妈妈问他这个同学画画怎么样,他老实告诉妈妈,他画得很好。妈妈说:"你要多看到别人的优点,这才能让你多交朋友,多从他人身上学到东西。"杰和点点头表示自己以后不再戴着有色眼镜看人了,并且表示要向他学习画画,并为他补习功课。

父母应该提醒男孩,多注意同学和朋友的优点。当男孩取笑别人或者老说别人的缺点时,父母就应该告诉他们,每个人都有自己的闪光点,能发现他人优点的人才真正厉害。只有注意到他人的优点后,才能学会愉快地接受他人,从而为合作打下基础。

(3)让男孩在游戏中学会合作

游戏可以使男孩懂得合作,学会合作。现在有不少游戏是集体进行的,许多孩子在一起,被分成几组,在组与组之间进行比赛,因此组内人员是否合作将是比赛胜负的关键。在这些游戏中,男孩不仅学会了与人沟通,更明白了如何与人进行合作。

父母应该鼓励男孩多参加一些锻炼合作能力的游戏,教给他们如何在合作中与其他参与者沟通,掌握一定的合作技能。如要尊重每个组员的建议、认真听取大家的意见、选择一个最可行的方案等。

(4)教给孩子与人协商的技能

人的合作意识不是天生就有的,而是在合作的过程中逐渐萌发并得到强化的,而合作技能的高低直接影响合作的进展和结果。孩子与同伴之间有矛盾发生是因为缺乏一定的合作技能。比如两个孩子都在玩过家家,而小锅子只有一个,谁都想要,就很容易发生纠纷。此时,如果父母能进行及时引导,教孩子掌握一些协商的技能,比如两个人可以轮流玩,或者分配角色,一个烧饭另一个出去买菜等,那么孩子就会从中体验到合作成功的快乐和满足。当然,这样的做法也能激发孩子进一步合作的兴趣和动机。怎样运用适当的语言与人沟通、怎样进行条件交换、怎样对别人表达愿望和好感、怎样推荐自己、怎样拒绝别人不合理的要求等,这些技能都需要父母在日常生活中结合情境教给孩子。

4.培养孩子解决冲突的能力

公园,两个小男孩因为争夺秋千发生了冲突。令人感到惊奇的是,这两个男孩处理冲突的方式截然不同:其中一个男孩去找妈妈,哭着对妈妈说:"妈妈,他欺负我,你去给我报仇!"而另一个男孩却说:"这个秋千你已经玩两次了,这次该我玩了,我玩一会儿还会让你玩的。"

男孩是好斗、好胜的,在集体活动过程中,他们之间发生一些矛盾和冲突很正常。此时,他们处理冲突的惯用方式往往决定着他们是否具备领导才能。例如,在与同伴发生了矛盾时,很多男孩会哭着向老师或家长求救,就像故事中的第一个小男孩,这种类型的孩子对成人一般都具有很强的依赖性。

而故事中的第二个男孩,他与同伴就谁该玩秋千这个问题发生了矛盾,但他没有向成人求救,也没有通过暴力来解决问题,而是与同伴协商:"你已经玩两次了,现在该轮到我玩了,我玩一会儿之后还会让给你的。"在这种逻辑清晰、有理有据的分析下,任何一个孩子都会遵守这个对大家都有利的规则。

所以,当男孩与同伴发生冲突时,家长先不要急于插手帮他们解决,而是应该鼓励他们自己解决,培养他们处理冲突的能力。

一次,楠楠与小表妹悠悠在客厅玩耍。不一会儿,两个小家伙就吵了起来。楠楠跑来向妈妈告状:"妈妈,表妹抢我的积木!"还没等妈妈说话,悠悠就抢着说:"表哥他小气,他那么多积木呢,我用几块他都不给。"

妈妈没有判定这两个孩子谁对谁错,而是这样对楠楠说:"你当小裁判员，你来分析一下这件事情应该如何解决。在此之前，你们可以把自己的想法都说出来。"

楠楠想都不想地说："表妹应该把积木还给我。"

悠悠也不示弱："我不给，你那还有那么多积木呢！"

"但我想用那块半圆型的积木做小房子的房顶。"

"我也要用那块半圆型的积木！"

楠楠和悠悠都看着楠楠的妈妈，楠楠的妈妈仍然不参与他们之间的矛盾，而是对楠楠说："你是小裁判员，你应该自己想出一个既公平又合理的办法。"

楠楠想了想，对悠悠说："这样吧，你是妹妹，我让着你，你先用那块半圆型的积木。但15分钟后你要把它还给我，然后我再用它做房顶。"

就这样，冲突和平解决了。

不少家长总是认为自己的孩子小，不具备独立解决困难或冲突的能力，实际上孩子是有解决困难的方法及策略的。所以，家长不要总去帮助孩子，应当放手让他们逐步学会自己处理事情、自己解决事情。这样，在他以后的人生路上，他会发现自己走得很轻松，知道如何去应对所遇到的一切。

(1)孩子的事情让孩子自己解决

晚饭过后，优优一家三口到院子里打羽毛球。一到楼下，优优看到小球场上有一群同伴在打篮球，就把拍子交给妈妈，兴高采烈地跑去加入孩子们的行列。

只一会儿工夫，爸爸就听到孩子们的争吵声。因为离得远，根本听不清孩子们在争吵什么。爸爸注意到优优很激动地对着一个高他一头的男孩子连说带比划，一个劲儿地指着边线，那个男孩子嘴里也在嚷嚷什么，还抬手推了优优一把，一下子把优优推倒在地。

优优爸爸看到此,把球拍交给妻子,走到球场边,拨拉开人群,先把儿子扶起来,然后一把拉住带头打人的高个男孩:"你怎么动手打人?"见他一脸不屑,优优爸爸更来气了,"你是不是这个院子的?你的父母呢?得让他们好好管管你!"

因为优优爸爸的干预,孩子们不再争吵了。优优爸爸拉住儿子:"都打架吃亏了,咱不玩儿了,回家!"儿子嘟囔道:"我们的事儿,谁要你来管?就是你让我玩儿我也不玩儿了!"

孩子们在一起玩耍时,难免会产生分歧,出现一些矛盾和摩擦,这是很正常的。做父母的有时会因为看到或是怕自己的孩子吃亏,而介入孩子们的矛盾或冲突中,充当调停者,希望通过这样的方式来解决孩子的问题,殊不知,这样反而会使问题复杂化。

(2)给孩子创造与同伴交往的机会

父母应多创设孩子和同伴交往的机会,邀请小朋友来家做客或者主动去别人家做客。并且父母应多指导孩子怎样表达对伙伴的喜爱,比如,妈妈告诉宝宝可以拍拍小朋友、亲亲小朋友,并叮嘱他得轻轻地,不要用牙。如果孩子做得很好,父母要给予适时的鼓励,如"宝宝做得真好"、"小朋友真喜欢宝宝这么做"等之类的赞美。如果父母多给孩子创造实践的机会,孩子自然就会从中获得经验。

(3)在必要的时候给孩子正确的指导

在孩子之间发生冲突时,父母不用主动介入其中,成为评判是非的法官。在冲突发生的过程中,如果父母相信孩子的能力,应为他们提供机会,让他们自己解决冲突,而自己只是作为一名引导者适时地介入,不仅可以平息冲突,而且还可以促进孩子社会性交往、道德判断能力、语言表达能力等一系列与社会性有关的因素的发展。

5.培养孩子的领导能力

　　每个男孩都具有领导者的潜能,而父母却常常忽略对这个潜能的开发。美国等西方国家的学校已经把学生领导力的培养引入正常教学实践中,中国的许多教育专家也越来越重视对这个问题的研究。他们发现在领导者的能力中,大多都是可以通过对孩子的培养来获得的,比如胸襟开阔、能与人合作、能支持别人等。

　　从小锻炼孩子的领导才能,让他们能够在群体中脱颖而出,使他们能够带领一班人完成更大的事业,对社会对个人都非常有帮助。任何一个家长都希望自己的孩子成为佼佼者,能够领导人们去实现自己的价值。

　　有些男孩看起来就像天生的服从者,他们经常说:"你看我适合做什么吧,你安排就行了。"这其实是一种消极的态度,在避免承担责任的同时,他们也失去了实现自己梦想的机会。

　　思远是个初一的男孩,他性格温和内向,不太乐于交往。有一次,妈妈为他报名参加了一个野外生存训练营。由于思远经常在家里帮助妈妈做家务,洗衣做饭这些活儿他都能干得较好,于是,小伙伴们一致推举他为队长,但思远却拒绝了。他说自己没有当过领导,不知道如何分配任务和组织大家。小伙伴们没有勉强他,另推选了一位担任过班干部的小朋友当了队长。这个男孩微笑着接受了大家的推举,然后向思远请教各种具体问题怎么处理。男孩认真地把要做的各项工作记录下来,然后分配给各个队员,这次野外活动就在他还算合理的安排下结束了。

　　当今社会,激烈的竞争鼓励男孩要勇于挑战、积极进取,同时不允许男孩存在消极回避的思想。俗话说:不愿意当将军的兵不是好兵。因此,父母一定要注重培养男孩的领导意识。领导意味着更多的责任和担当,这是培养男孩责任感的重要方式。只要父母适当地引导,男孩以后一定会在社会上有一番作为。

(1)告诉男孩:你具有领导潜能

父母要告诉男孩,每个人都具有领导潜能,那些关于自己是否适合当一个领导者的忧虑是不必要的。目前的不成功,是因为男孩缺乏丰富的知识和人生的历练。父母应该经常告诉男孩,不要怀疑自己,你同样具有领导潜能,只是这种潜能没有得到很好的引导和开发,没有形成真正的领导能力。父母应该经常给男孩这种积极的暗示,让他们从内心相信自己。

(2)鼓励男孩把握机会

领导潜能能否最终被激发出来,变成男孩的领导能力,重在锻炼,在经验的积累。因此,父母应该鼓励男孩勇敢地把握当领导的机会,即使失败了,也积累了经验教训,这就是收获。在许多次的锻炼之后,男孩的领导能力就会得到提高。

张夕阳是个六年级的男孩,他以前非常内向,也拒绝当什么班干部,他认为那事就是费力不讨好,一有责任全是自己的。妈妈知道后,告诉他这也是一种锻炼,如果没有领导能力,很难有责任感,也不会受他人的欢迎。

在妈妈的鼓励下,张夕阳开始参与班长的竞选活动。经过几次失败后,他终于被选上了。当选了班长后,他经常组织各种活动,慢慢地培养了自己的领导能力。

父母应该鼓励男孩把握当领导的机会,在学校做班干部同样可以锻炼领导能力,最重要的是,父母应该让男孩做一个有所为的领导,即使是个小领导,如小组长之类,也要努力争取。

(3)鼓励男孩毛遂自荐

父母可以给男孩讲毛遂自荐的故事,告诉男孩,也许你平时默默无闻,也许你成绩一般,但当机会来临的时候,不是要老师或同学任命你当"领导",而是要自己勇敢地去争取。鼓励男孩站起来,向老师同学发布自己的"施政纲领",有了这种勇气,才具备当领导的素质。

(4)要男孩倾听他人意见

父母告诉男孩,领导者领导的是一个团队,他的一举一动都关系着团队的利益,因此,他必须学会倾听他人的意见。任何时候,一个自以为是、听不进劝告的领导者都是不合格的,也不能算是真正有领导能力的。

父母应该告诉男孩做这样的领导者:认真地倾听支持和反对自己的意见,听大家陈述自己的理由,善于收集大家的想法,尽量综合团队所有成员的意向和想法,最终做出最有代表性的结论。

(5)告诉男孩把观念化为具体行动

观念和口号可以激励人产生伟大的理想和激情,但是作为领导,在领导团队进行活动时,必须将观念具体到工作中成为可执行的任务,再分配给团队的成员。空口号谁都会喊,只有真正的领导者才擅长把观念转化为行动。

阳云是个初二的男孩,是学生会主席。有一次,学校组织了一次献爱心的活动,他根据学校团委下达的活动宗旨,制订了具体可行的计划。

他分配各个班级轮流去敬老院看望老人,帮他们打扫卫生,陪他们聊天或者去孤儿院看望那些可怜的孩子,还安排一些班级去帮助环卫工人打扫卫生,并且规定了各项活动内容的规则。在阳云的具体安排下,那次活动办得非常成功,他也因此受到了团委老师的一致好评。

父母应该告诉男孩,在组织活动时不要空喊口号,而是要把口号和活动的主旨化为一项项具体的行动,这样才能真正领导好团体,实现最终的目标。

(6)告诉男孩领导者也是服务者

父母要告诉男孩,领导并不是居高临下的掌权者,也不是一个可以炫耀的身份。事实上,真正的领导者是一个团队的服务者,他懂得尊重团队的意愿,了解团队的需要和目标,并且为实现这个目标而领导团队的工作,服务于团队的利益。

父母应该抛弃那种领导者就是居高临下、高高在上的权威象征的陈旧观念,而告诉男孩,要做一个真正的领导者,必须在心里把自己当成团队的服务者,为团队的利益做出贡献,这样才能真正赢得大家的信赖与支持。

6.学会竞争,培养男孩征服世界的能力

希腊的船业大亨欧纳西斯说过:要想成功,你需要朋友;要想非常成功,你需要的是比你更强大的对手! 当今社会中合作与竞争并存,在提倡合作的同时,竞争也是一个永不过时的主题。合作并没有消灭竞争,而是在一定程度上规范了竞争,使得竞争向着更加公正合理的方面发展。同时竞争不但不与合作相冲突,而且在一定程度上使合作更加频繁,使合作朝着高质量、高水平的方向发展着。

可口可乐公司与百事可乐公司这两个竞争对手在双方激烈的竞争中,突出了竞争的效果。

百事可乐与可口可乐都盯死了对方,只要对方一有新动作,另一方肯定也会有新花样。可口可乐早在20世纪20年代便在古巴用飞机在空中喷出烟雾,画出"COCA—COLA"字样,可惜因为缺少经验而失败。百事可乐在1940年一下租了8架飞机,飞机飞了14.5万公里,在东西两海岸城市,以机尾喷雾,写下百事可乐的广告。

可口可乐当然要及时反击。为强化国民第一饮料的形象,可口可乐赞助了1939年的纽约世界博览会,并请名人啜饮,将其照片刊在杂志封面。相比之下,百事可乐的宣传广告方案更有创意。他们专门设计了一套卡通片,而且还创作了一首风靡全美的广告歌曲。两大巨头在竞争中可谓不遗余力,使出浑身解数来击败对手,但结果却是二者都有了长足的发展。

竞争在激励个人才能上具有惊人的力量。作为未来世界的主人,男孩必须掌握良好的竞争能力,了解什么才是真正的竞争。我们提倡公正合理的竞争,这可以使人们充分发挥出自己的聪明才智,为社会的发展、人类的进步做出贡献。父母应该努力培养男孩的竞争能力,让他们在未来的社会上不怕竞争、敢于竞争,并在竞争中获胜。

王立阳在初中毕业后,从农村来到市里的重点高中上学。由于以前学校的教学质量不是很好,所以,他进入重点高中之后,就觉得不能适应了。尤其在英语课上,他觉得自己总是听得云山雾罩。

第一学期的期末考试,他竟然没有一门功课及格,最惨的一科是英语,只得了36分。这一打击对王立阳来说太大了,他觉得农村孩子始终比不上城市孩子,开始自卑和苦恼起来。于是,他就到小说里面寻找自己的"心灵寄托",寻找一些虚无缥缈的感觉,并沉溺其中不能自拔。结果成绩更是一团糟,还差点儿被学校开除。他觉得自己与其在这里丢人现眼,还不如放弃学业。

爸爸在知道他的这个想法之后，就对他说道："什么？放弃学业？这同战场上的逃兵有什么两样，即使你暂时能够逃避学习的竞争，但步入社会后，你还能逃避社会竞争吗？难道你真想一辈子当一个逃兵？"爸爸的这句话，一下子激起了王立阳强烈的自尊心。"逃兵？我怎么会是逃兵呢？逃兵会被人说三道四的，我绝对不做逃兵！"就这样，王立阳为了不让自己成为逃兵而树立了坚定的信念，开始刻苦学习。

其实，王立阳并不是个笨孩子，刚开始成绩不好，只是因为他还没有适应新的环境。现在他树立了竞争意识，不甘心学习落后于人，决心超过别人，他的成绩也就自然提高了。在高考的时候，他以780分的成绩打破了学校有史以来的最好成绩，进入了自己向往已久的大学。

从这个事例我们可以看出，如果王立阳在暂时落后的时候，不想和别人竞争，一味地逃避，那么他就不会得到现在这样好的成绩，只能是个"逃兵"。

在实际学习、生活中，总有一部分孩子对学习或某项活动甘心落后、怯于竞争，表现出动摇、胆怯、逃避等消极的意志。身为父母者，要让孩子明白竞争是现代生活中不可或缺的内容，学会竞争是现代人基本的生存能力。同时，让孩子明白要在竞争中体现自我，从竞争中走出精彩人生。

(1)培养男孩的竞争意识

竞争意识是指对外界活动所做出的积极、奋发、不甘落后的心理反应，它是产生竞争行为的前提。在今天，每一个男孩都应该视竞争为常态。家长必须教育男孩面对现实，让他们知道有竞争就会有成功者和失败者，任何试图回避或逃避竞争的做法都是错误的。培养孩子的竞争意识，鼓励孩子参与竞争，对于男孩的健康发展具有重大意义。

长大后，人都会有一种渴望成功的愿望，有一种超过别人的冲动。这种心理如果运用得好，就可以成为鼓励自己前进的驱动力。因此，在生活中,父母要树立男孩的拼搏精神和竞争意识,在学习科学文化知识中要不甘落后,敢于脱颖而出;在人生道路上,要敢于冒尖,争当"出头鸟"。不难想象,一个缺乏竞争意识、学习成绩平平、工作不积极的人,是很难赢得他人的尊重和好感的。

(2)帮男孩找到竞争的优势

鼓励男孩相信自己有力量和能力去实现所追求的正确目标。相信自我,本身就是一种"自我竞争意识",连自己都不敢相信的孩子,从根本上就失去了和别人竞争的能力,他必然不会朝气蓬勃、乐观向上,甚至干任何事情都体验不到一种"把握感和成功感"。

鼓励男孩建立自信,敢于面对竞争。每个人都不可能是全才,有长处也有短处。帮助男孩找到自己的优点,帮助男孩建立坚定的自信,这是在面对竞争时合格家长首先要做到的两点。家长要引导孩子挖掘自己的优点,不断强化,使男孩走出自卑的困扰而变得自信起来。事实上,这种教育方法可以帮助孩子发现自身优点和长处,是克服害怕竞争的良方。

一个人的兴趣和才能是多方面的,要注意发挥自己的长处,挖掘自己的潜能,这样就能增加成功的机会,减少受挫的可能。同时,有竞争就会有胜负,即使在处于劣势时,也要保持积极进取的态度,而不要采取贬低或破坏对方的方法来获得自己的优势,也不要心生嫉妒,更不要因此一蹶不振。

(3)指导男孩正确地认识竞争

男孩在与人竞争时,往往容易产生一些不好的意识和想法。有些男孩没来由地排斥一切竞争,他们认为竞争没有意义;有些男孩过分追求结果,为了竞争胜利不择手段,例如,考试抄袭等。这都是他们没有正确地认识竞争造成的后果。

父母应该经常与男孩沟通,告诉他们有竞争才有进步,才能更好地调动人们工作和生活积极性,使人们都充分发挥自己的聪明才智,为社会做出贡献。但是不择手段的竞争是不利于社会发展的,是害人害己的,这种竞争不值得提倡。

(4)指导男孩正确地与人竞争

如果一切思想准备都做好了,那就鼓励男孩行动起来,参与到竞争中去。男孩在竞争中才能真正体会到,竞争带给人的激励和鼓舞。父母可以鼓励男孩参加一些竞赛活动,例如,数学竞赛、作文竞赛或者其他一些比赛,让男孩在竞赛中学会正确地面对自己和别人。

父母还应该指导男孩在与他人竞争中保持宽广的心胸,自己有问题可以向对方请教,同时也认真对待对方向自己提出的问题。

(5)指导男孩坦然面对失败

有竞争就一定会有输赢,父母要告诉男孩,胜败乃兵家常事,不要对结果太在意,过程更重于结果。有许多男孩往往接受不了失败的结果,而因此失去继续追求和竞争的勇气。因此,父母应该指导男孩,要坦然地面对失败,认识到一次的失败不代表永远的失败,其实在奋斗的过程中他已经得到很多了。

当男孩在竞争中失败时,父母应该耐心地劝导他们,鼓励他们重新树立竞争的勇气。父母可以多陪他们散散心、聊聊天,鼓励他们发泄出心中的抑郁,及时用名人名言来开导男孩,让他们振作起来,重新投入到下一轮的竞争中去。